David Irving

Görings Geheimdienst

Das „Forschungsamt" im Dritten Reich

ARNDT

Titelseite unter Verwendung eines Fotos von Walter Frentz
(Porträt Hermann Göring)

Bibliographische Information der Deutschen Bibliothek
Die Deutsche Bibliothek verzeichnet diese Publikation in der Deutschen Nationalbibliographie; detaillierte bibliographische Daten sind im Internet über www.dnb.de abrufbar.

ISBN 978-3-88741-304-0

Inhaltsgleiche Neuausgabe 2019
Früherer Titel des Buches: „Das Reich hört mit“

ARNDT-Verlag
D-24035 Kiel, Postfach 3603

Gedruckt in der Europäischen Union

Perfekte Geheimhaltung bis zum Ende

Die Dokumente, die hier zum ersten Mal veröffentlicht werden, sind die einzigen bekannten Überreste eines der legendärsten Nachrichtendienste des Dritten Reiches, des „Forschungsamtes des Reichsmarschalls". Nachdem es 1933 gegründet worden war und in seiner Blütezeit über 6.000 Experten mit dem Entschlüsseln von codierten Texten, dem Abhören von Telefonleitungen und all den anderen schwarzen Zauberkünsten beschäftigte, die heute als „Nachrichtenaufklärung" bezeichnet werden – also die genaue Entsprechung des modernen US-Amtes für nationale Sicherheit, NSA (National Security Agency) und Großbritanniens staatlicher Nachrichtenzentrale, GCHQ (Government Communications Headquarters) in Verbindung mit dem MI5 –, arbeitete das Forschungsamt ununterbrochen bis zum Ende des Hitler-Reiches und sogar darüber hinaus: Unter der Leitung der Kriegsmarine wurde bis zum Juli 1945 in Eutin/Schleswig-Holstein der Funkbetrieb überwacht. Seine Agenten, die ständig ganz im Geheimen gewirkt hatten, gingen schließlich in ihrer Umgebung auf; Monate vergingen, ehe den alliierten Besatzungsmächten klar wurde, daß das Forschungsamt überhaupt existiert hatte, und sie endlich eine lahme, verspätete Suche nach seinen Mitarbeitern und deren Akten begannen. Die ehemaligen Bediensteten des Forschungsamtes jedoch blieben wortkarg, und die Aufzeichnungen über ihre Amtszeit waren verschwunden – die Reißwölfe der Abteilung 1 des Sicherheitsbüros im Forschungsamt hatten sehr fein geschnitzelt, und sie hatten in den letzten Wochen des Krieges unermüdlich gearbeitet, um alle Spuren der Archive des Forschungsamtes zu vernichten. Verstreut in den Sammlungen erbeuteter deutscher Akten in aller Welt – vor allem in den britischen diplomatischen Archiven – finden sich nur noch einzelne Schriftstücke, deren braunes Papier und blaue hektographierte Maschinenschrift ihre exotische Herkunft erkennen ließen.

Hermann Göring (Preußischer Ministerpräsident, Reichsminister der Luftfahrt und als solcher oberster Dienstherr des Forschungsamtes)

„Klar ist", so schrieb ich 1987 in meiner Biographie über Hermann Göring, „daß das Forschungsamt eine der leistungsfähigsten und präzisesten Nachrichtensammelstellen der Welt war, deren Perfektion durch die strengen Dienstvorschriften für den Mitarbeiterstab und durch die Persönlichkeit Görings als ihrem höchsten Chef gewährleistet wurde."[1]

Es ist merkwürdig, daß die siegreichen Alliierten mit seiner Existenz anscheinend nicht rechneten, obwohl sie selber über ähnliche Einrichtungen verfügten. Die für die britische innere Sicherheit zuständige Abteilung MI5 zapfte die Telefonleitungen von groß und klein gleichermaßen an: Als Winston Churchill 1938 Ränke gegen Premierminister Neville Chamberlain schmiedete, ließ letzterer dessen Telefon anzapfen, wie aus den Briefen Chamberlains an seine Schwester klar hervorgeht.[2] Der Originaltext der Tagebücher von Sir Alexander Cadogan, dem ständigen Leiter des Foreign Office, enthüllt das Ausmaß, in dem die Telefone britischer und ausländischer Diplomaten

1 David Irving: Göring. London u. New York 1986; Kiel 1999.

2 Keith Feiling: The Life of Neville Chamberlain. London 1946.

angezapft wurden.[3] Der MI5-Bericht über den Tyler-Kent-Spionagefall zeigt, daß die Telefone amerikanischer und italienischer Diplomaten sowie britischer Mitglieder des Parlaments angezapft wurden.[4]

Im Vorkriegsamerika hörte das FBI (Federal Bureau of Investigation) die Telefonleitungen tausender von Personen ab, wie die Archive des FBI und Präsident Franklin D. Roosevelts, einem der eifrigsten Leser der Ergebnisse, zeigen. Zu diesen Abgehörten zählten der im Ölgeschäft tätige W. Rhodes Davis, der Gewerkschaftsführer John Lewis, sowie die Nazi-Globetrotterin und High-Society-Agentin Prinzessin Stefanie von Hohenlohe – die das Forschungsamt ebenfalls abhörte, wenn sie sich in Deutschland aufhielt.[5] Nachdem die Vereinigten Staaten in den Zweiten Weltkrieg eingetreten waren, überwachte die US-Kriegsmarine die internationalen Telegramm- und Telefonleitungen für die US-Zensurbehörde.[6]

Die vorrückenden Truppen Hitlers stellten fest, daß die Tschechoslowakei, Österreich, Frankreich und die skandinavischen Länder ebenfalls allesamt gut funktionierende Abhörorganisationen unterhielten. Hinsichtlich Italiens offenbaren die privaten Papiere Benito Mussolinis, des italienischen Duce, und das Tagebuch des Generals Ugo Cavallero, seines Oberbefehlshabers, das Ausmaß, in dem auch die Italiener das Anzapfen von Telefonleitungen als Mittel der Überwachung benutzten.[7] In der heutigen Bundesrepublik Deutschland dauert das Abhören von Telefonleitungen an – nur daß bis vor wenigen Jahren die Alliierten die frühere Funktion Hermann Görings wahrnahmen, mit dem alleinigen Vorrecht, die Abhöreinsätze zu genehmigen.

---

3 Sir Alexander Cadogan: Tagebücher. Original im Churchill College, Cambridge: Cadogan Papers. Siehe z.B. die Eintragungen vom 29. April 1938, dem 3. Mai 1939 und dem 25. Mai 1940.

4 Denkschrift über den Tyler-Kent-Fall in den Akten der US-Botschaft in London: NA, RG-84 (Federal Records Center, Suitland, Box 1).

5 President's Secretary's File, Franklin D. Roosevelt Library, Hyde Park, New York, an verschiedenen Stellen, z.B. PSF, Box 76, Akte „Justice Dept. 1938–44".

6 Berichte der Zensurbehörde, NA, RG-216. In den Akten des US-Außenministeriums finden sich verstreut einige Schriftstücke der Zensurbehörde. Durch Präsidialerlaß von 1945 verfügte Präsident Harry S. Truman, sämtliche Akten der Zensurbehörde seien für immer geheim zu halten.

7 Z.B. von den Italienern abgehörte Ferngespräche des Reichsministers für Volksaufklärung und Propaganda, Dr. Goebbels, mit römischen Behörden im August 1939, in den Akten des italienischen Kultusministeriums: Mussolini-Akten, NA, T 586, Rolle 415. Und abgehörte Ferngespräche zwischen Kesselring und Berlin, im Tagebuch Ugo Cavelleros, Comando Supremo.

Die Alliierten ahnten überhaupt nichts von der Existenz des Forschungsamtes. „Die Kenntnisse unserer eigenen Nachrichtendienste über einen der bedeutendsten Nachrichtenerfassungsdienste Deutschlands, das Forschungsamt, waren sehr begrenzt“, bekannte das Hauptquartier der US-Streitkräfte in Europa, USFET (US Forces European Theater). Gerade weil das Forschungsamt in hohem Maße unabhängig war, vor allem vom Reichssicherheitshauptamt (RSHA) und der Abwehr, war seine Existenz von den Alliierten nicht einmal vermutet worden; wenn es Hinweise darauf gab, wurde es allzuleicht mit dem Reichsforschungsamt verwechselt, der wissenschaftlichen Forschungsstelle, die im Juni 1942 von Göring eingerichtet wurde.

Am 28. August 1944, unmittelbar nach der Befreiung von Paris, nahmen alliierte Truppen deutsche Besatzungssoldaten gefangen, die dort unter der Aufsicht von Beamten des Forschungsamtes gearbeitet hatten; die harmlos klingende Bezeichnung „Forschungsamt“ verhinderte, daß in den Köpfen der Nachrichtendienstler die Alarmglocken klingelten. Im Januar des folgenden Jahres nahm die 7. US-Armee einen einfachen Volksgrenadier,[8] Lothar Günther, gefangen, der für das Forschungsamt von 1937 bis zum Oktober 1944, als er an die Front abkommandiert wurde, gearbeitet hatte. Obwohl Günther, ein Gegner des Nationalsozialismus und „typischer deutscher Intellektueller“, alles ausplauderte, was er über die Geschichte und die Operationen des Forschungsamtes wußte – er verriet auch dessen aktuellen Ausweichstandort in einer Fliegerabwehrkaserne in Breslau –, sickerten diese Informationen offenbar nicht weit durch.[9] „Unser Wissensstand über die Organisation des Forschungsamtes ist sehr dürftig“, bekannte General Dwight D. Eisenhowers Oberkommando der alliierten Expeditionsstreitkräfte, SHAEF (Supreme Headquarters Allied Expeditionary Force).[10]

Für die Amerikaner war es schwer hinzunehmen, daß das Forschungsamt ohne ihr Wissen bestanden hatte; sie waren überzeugt davon, daß es eine rein wissenschaftliche Forschungsstelle gewesen sei.

---

8 Nach dem 20.7.1944 wurden 15 „Sperrdivisionen“ aufgestellt, die kurz darauf in „Volksgrenadierdivisionen“ umbenannt wurden.

9 Haas (OSS-Dossier).

10 Bericht des SHAEF, Counter Intelligence War Room, London, vom 1. Juni 1945, in der OSS-Akte, NA, RG-226, Dossier XE-4986. Gerade dieser SHAEF-Bericht ist in vielerlei Beziehung ungenau, z.B. wurde das Forschungsamt „für die Abteilung 4 des RLM gehalten“. Auf diese Akte wird im folgenden als „OSS-Dossier“ Bezug genommen.

„...andere Berichte ließen darauf schließen", stellt die Spionageabwehr des Hauptquartiers der alliierten Expeditionsstreitkräfte am 1. Juni 1945 ungläubig fest, „und es wurde zunächst auch davon ausgegangen, daß das Forschungsamt ein geheimes kryptographisches Amt von außergewöhnlicher Produktivität gewesen sei; aber offensichtlich ist dies ein Irrtum gewesen, ausgelöst vielleicht aufgrund der Tatsache, daß die Luftwaffe ihren eigenen kryptographischen Dienst unterhielt." – Was nicht stimmte. Noch im September 1945 tappte das Abwehrkorps im dunkeln: „Diese Organisation", mutmaßten die CIC-Agenten James M. Ohlsen und Harvey E. Gutmann, „scheint eine bisher unbekannte Waffe des deutschen Nachrichtendienstes zu sein."[11]

Die britischen Streitkräfte, in deren Hände ziemlich viele leitende Mitarbeiter des Forschungsamtes gefallen waren, begriffen erst allmählich die Wahrheit. „Das Forschungsamt", stellte die britische Rheinarmee, BAOR (British Army on the Rhine) fest, „war angelegt als das zentrale nachrichtendienstliche Amt der NS-Regierung; sein besonderes Arbeitsgebiet war die Auswertung von Telefon-, Funk- und Postüberwachung. Es besaß keine Exekutiv-Gewalt, sondern war ein rein technischer Dienst, der Nachrichten lieferte."[12]

Die ehemaligen Forschungsamtsexperten hielten sich nach dem Krieg versteckt, wobei sie davon profitierten, daß ihre Namen auf jenen Listen der Alliierten, die automatischen Arrest bedeuteten, fehlten. Die Forschungsamtsmänner gingen fälschlich davon aus, daß ihre früheren Feinde ständig über ihr bemerkenswertes Amt informiert gewesen wären. Bei der Beschreibung der sorgfältig ausgearbeiteten Vorsichtsmaßnahmen, die das Forschungsamt 1942 getroffen hatte, um Beschädigungen der wichtigsten Archive durch Luftangriffe möglichst gering zu halten, behauptete ein naiver Überlebender des Forschungsamtes in einer Lizenzzeitung 1946: „Der Intelligence-Service war ebenso wie die übrigen Abwehrorganisationen der Alliierten in aller Stille an die Arbeit gegangen, und so dauerte es nicht lange, bis das Geheimnis, das über dem Gebäudekomplex in [Berlin-] Charlottenburg lag, für die Alliierten eben kein Geheimnis mehr war und man in London, New York und Moskau genau wußte, wer in diesem Häuserblock saß... Der genaue Lageplan des Forschungsamtes lag dem Befehlshaber des britischen Bomberkommandos [Luftmarschall

11 OSS-Dossier.

12 BAOR-Bericht im OSS-Dossier.

Sir Arthur Harris] in allen Einzelheiten vor, und im Herbst ging das Forschungsamt in einem Großangriff der britisch-amerikanischen Luftwaffen in Flammen auf."[13] Dieser Glaube an die alliierte Allwissenheit war weit verbreitet: „Als nach Kriegsende der größte Teil aller Angehörigen des Forschungsamtes in alliierte Hände fiel", erinnerte sich z.B. ein Forschungsamtsabteilungsleiter, „stellte sich bald heraus, daß man dort über die Arbeit und das Wesen dieses Amtes weit besser informiert war, als man dies jemals für möglich gehalten hätte."[14]

Nur wenige Dokumente des Forschungsamtes fielen in die Hände der Alliierten und nur eine Handvoll der halben Million[15] Brauner Blätter, wie die schriftlichen Abhörberichte des Forschungsamtes genannt wurden. Die Amerikaner fanden im Kellergeschoß der ehemaligen „Forschungsleitstelle" (Regional-Büro) in Köln-Deutz ein Bündel Bankbelege. Hierdurch wurde der frühere „Erfasser" im Forschungsamt, Oskar Schröder, in die Lage versetzt, für seine Häscher die Standorte mehrerer Außenstellen sowie Angehörige des Forschungsamtes zu identifizieren.[16] Gegen Ende des Jahres 1946 hatte die militärische Abwehrorganisation der USA CIC (Counter Intelligence Corps) im Unterbezirk Memmingen eine kleinere Menge von Verwaltungsdokumenten des Forschungsamtes zusammengetragen. Es handelte sich um dreizehn Pakete mit Stammkarten, 41 Aktendeckel und zwei Bände mit Vergütungslisten, vier Lohnlistenbücher, eine Liste mit Anschriften von Soldaten, sowie einen Aktendeckel mit Karteikarten.[17] Im Nürnberger Gerichtsgebäude zeigten amerikanische Untersuchungsbeamte dem letzten Amtsleiter des Forschungsamtes, Gottfried Schapper, das letzte interne Telefonbuch des Forschungsamtes, und fragten ihn erstaunt, wie es die Beamten des Forschungsamtes fertiggebracht hätten, dessen Existenz vor den Alliierten zu verheimlichen.[18] Nachdem es 40 Jahre in den Archiven des amerikanischen CIC verwahrt

[13] Artikel über das Forschungsamt in: Neue Presse, Coburg, vom 3. August 1946 (IfZ-Akte über Goebbels).

[14] Ulrich Kittel, MS. Kittel war ein „kleiner Mann" in der Hauptabteilung V, wie deren Leiter W. Ohlbrecht im Gespräch mit Fritz Tobias am 8.2.1977 erklärte.

[15] Noch vorhandene Dokumente tragen Nummern mit einem vorangestellten N für Nachrichten, die fortlaufend vergeben wurden. Sie reichen von N 28.000 im November 1935 bis N 425.140 vom 26. Januar 1945.

[16] Befragung von Oskar Schröder (OSS-Dossier).

[17] Brief des Sonderermittlungsbeauftragten Robert S. Taylor an den CIC-Bezirk IV, CIC Abteilung 970 vom 24. Oktober 1946 (OSS-Dossier).

[18] Schapper berichtete dies dem ehemaligen FA-Erfasser Dr. Gerhard Neuenhoff (Gespräch des Verfassers mit Neuenhoff).

wurde, befindet sich dieses Telefonbuch übrigens heute im Nationalarchiv in Washington D.C.[19]

Verstreut in anderen Archiven finden sich weitere Spuren des NS-Amtes. In den Akten der Adjutantur des Führers im Bundesarchiv in Koblenz befinden sich mehrere Briefe Schappers an die Adjutanten Hitlers, in denen er – höflich, aber bestimmt – an die Rückgabe einiger überfälliger Brauner Blätter aus den Jahren 1936 bis 1939 sowie von Berichten des im Außenministerium tätigen Rudolf Likus, die allesamt offenkundig auf Forschungsergebnissen des Forschungsamtes beruhen, erinnert.[20] In Box Nr. 1 der etwas dürftigen Hermann-Göring-Sammlung der Hoover-Stiftung in Stanford, Kalifornien, gibt es auch einige nicht identifizierte Stücke aus dem Forschungsamt, einschließlich einer Empfangsbestätigung seines Stabsamtes über 70 einzeln verzeichnete Braune Blätter, die im September 1937 mit Nummern zwischen N 64.000 und N 79.000 versehen worden waren.

Das bekannteste Ergebnis des Forschungsamtes ist die Aufzeichnung von Görings und Hitlers eigenen Telefongesprächen während der Anschlußkrise im März 1938; diese Akte wurde dem Internationalen Militärtribunal in Nürnberg von der Anklage als Beweismaterial vorgelegt.[21] Ebenfalls von historischer Bedeutung sind zwei größere Berichte, die im Anhang dieses Buches abgedruckt sind: ein Dossier des Forschungsamtes über geheime „feindliche" Telefongespräche zwischen Prag, London und Paris im September 1938 (aus dem Public Record Office, London),[22] sowie eine Ausarbeitung des Forschungsamtes unter dem Titel „Zur englischen Politik vom Münchner Abkommen bis zum Kriegsausbruch", aus dem politischen Archiv des Auswärtigen Amtes.[23] Die einzige weitere bekannte Quelle von urkundlicher Bedeutung ist die Forschungsamtsakte von Generalfeldmarschall Erhard Milch, Staatssekretär der Luftfahrt, im Bundesarchiv-Militärarchiv in Freiburg/Br.; sie enthält aufschlußreiche

---

19 „Fernsprechanschlüsse der Dienststellen des Forschungsamtes (RLM) im Weitverkehr." Offensichtlich geschaffen im März oder April 1945, denn das Telefonbuch weist die FA-Leitstelle Breslau aus, nicht aber Köln! Eine maschinengeschriebene Abschrift befindet sich im OSS-Dossier.

20 BA, NS-nm. Insbesondere NS-10/35, /36, und /89.

21 ND, 2949-PS.

22 PRO, FO 371/21742.

23 Politisches Archiv des AA in Bonn, Akten des Unterstaatssekretärs Woermann, „Dokumente zum Kriegsausbruch 1939". NA, T 120, Rolle 723, S. 3510 ff.

Verwaltungsdokumente des Forschungsamtes vom 26. Januar 1936 bis zum 5. Februar 1945.[24] Es kann jedoch nicht ausgeschlossen werden, daß noch Forschungsamtsdokumente vom amerikanischen Amt für nationale Sicherheit (NSA) zurückgehalten werden;[25] ebenfalls ist nicht ausgeschlossen, daß DDR-Archive, die erst kürzlich widerwillig die Joseph-Goebbels-Tagebücher herausgegeben haben, noch einen Forschungsamts-Schatzfund verborgen halten. Vor vielen Jahren übergab der Ost-Berliner Journalist Richard Peet dem Schriftsteller Anthony Cave-Brown eine angeblich vom Forschungsamt aufgefangene heimliche Mitteilung von Vizeadmiral Wilhelm Canaris, dem Chef der Amtsgruppe Ausland / Abwehr, über Stockholm nach London.[26]

Die ersten Anfänge

In anderen Ländern ist die Nachrichtenerfassung immer als ein ehrenwerter Beruf angesehen worden, bei dem selbst die unterste Büroebene mit Offizieren und vornehmen Leuten aus den ältesten und ehrbarsten Familien besetzt war. Im Deutschland des 19. Jahrhunderts hingegen wurde die Spionagetätigkeit als etwas Anrüchiges, ja sogar Unehrenhaftes empfunden, und die Haltung lebt noch stark im 20. Jahrhundert fort.[27] In der Zeit nach König Friedrich II. war ein Niedergang nachrichtendienstlicher Operationen zu verzeichnen gewesen, und erst mit dem Ersten Weltkrieg wurde wieder

[24] BA-MA, RL 1/25.

[25] Die NSA verfügt sicherlich über noch freizugebende von ihr erbeutete Akten der Abteilung Pers Z (Entzifferung) des Auswärtigen Amtes.

[26] Gespräch des Verfassers mit Cave-Brown.

[27] Ulrich Kittel, MS. Kittel verfaßte diese Aufzeichnung über das Forschungsamt anhand von vielen Interviews mit früheren FA-Angehörigen; er selbst war untergeordneter Referent in der Abteilung V. In einem Brief an den Verfasser vom 15. Januar 1981 gibt Klaus v. Klitzing, FA-Angehöriger von 1935–1939 in der Abteilung V (Auswertung) an, daß der einzige ihm bekannte Kittel beim Forschungsamt „Auswerter" nach Tarifgruppe III unter Dr. Kurzbach (Abteilung Va) war.

ein angemessen strukturierter Nachrichtendienst unter Oberst Walter Nicolai eingerichtet.[28] Nicolai gelang es, einen Mitarbeiterstab aufzubauen. Der Einzug der drahtlosen Telegraphie auf den Schlachtfeldern erweiterte den Umfang nachrichtendienstlicher Tätigkeiten beträchtlich, und das Große Hauptquartier des Kaisers wurde bald mit einem neuen Amt, unter dem Decknamen „Geheimwissenschaftliche Abteilung", geschmückt; es wurde eigens geschaffen, um auf dem Schlachtfeld Operationen der Nachrichtenaufklärung durchzuführen.

Dieses Amt überstand den Zusammenbruch von 1918 nicht. Drei Jahre später richtete Reichswehrminister Gustav Noske innerhalb der militärischen Abwehrorganisation eine neue „Chiffrier- und Horchleitstelle" ein, die Korvettenkapitän Hans Schimpf unterstellt wurde. Dieses Amt hatte einen ganz bescheidenen Umfang – nicht-militärische Daten, wie etwa wirtschaftliches oder politisches Nachrichtenmaterial, erfaßte oder verbreitete es überhaupt nicht.

Schimpf, der als ein ruhiger Mann mit sonnigem Gemüt beschrieben wird, gewann für dieses neue Amt einige der hervorragendsten Nachrichtenaufklärungsbeamten des Ersten Weltkrieges – unter ihnen den damaligen Hauptmann Gottfried Schapper, der 1918 aus der Reichswehr ausgeschieden war und an der revolutionären Münchner Politik sowie dem Freikorps Epp beteiligt gewesen war. Der frühere Major der Abwehr, Georg Schröder, der das Kommando über ein Infanterie-Bataillon gehabt hatte und 1921 46jährig entlassen worden war, trat wieder in das Reichswehrministerium ein und kam 1926 in Schimpfs Chiffrierabteilung; ebenso der am 9. November 1896 geborene frühere Hauptmann der Nachrichtentruppe Walther Seifert, der die Horchsammelstelle bei der Festungsfunkstelle Königsberg geleitet hatte.[29]

In ihrer Arbeit behindert durch die Anhäufung nicht-militärischer Nachrichten innerhalb des Reichswehrministeriums – das keine Veranlassung sah, diese Daten an andere Regierungsstellen weiterzuleiten, die daraus möglicherweise hätten Nutzen ziehen können – empfahlen Schimpf und seine Regimentskameraden Schapper, Schröder und der SS-Untersturmführer Max Böttger 1932, daß die Republik ein

[28] Gespräch des Verfassers mit Dr. Ludwig Krieger, Bonn; Krieger war Nicolais Sekretär, und zur Zeit dieses Gesprächs verfügte er noch über alle seine stenografischen Tagebücher bezüglich dieses Zeitabschnittes.

[29] Interview David Kahns mit Walther Seifert am 19. August 1970 in Osnabrück.

zentrales Nachrichtenamt einrichten sollte. Dieses Projekt wurde gebilligt, aber „aus Gründen der Ressortschwierigkeiten" nicht verwirklicht.[30]

Das Auswärtige Amt hatte eine eigene Dienststelle zur Überwachung und Entschlüsselung von Funksprüchen eingerichtet, und verschiedene Polizeibehörden hatten gelegentlich Telefongespräche abgehört; aber der Umfang dieser Aktivitäten war sehr begrenzt. Walther Seifert, 1925 bis 1932 im Wehrmachtamt des Reichswehrministeriums bei der Abwehr tätig, berichtet, daß die Abhöreinrichtung damals aus etwa 20 „Klinken" bestand. Abgehört wurden die fremden Attachés und Botschafter; ausgeschlossen dagegen war es, daß die Minister oder gar der Reichskanzler Brüning abgehört worden wären.

Als die Nationalsozialistische Partei im Januar 1933 in eine Koalitionsregierung eintrat, erneuerte Schimpfs Abteilung offensichtlich ihren Vorschlag auf Schaffung eines vereinheitlichten Amtes. Helmut Ohlbrecht, der damals bei Görings Polizeibefehlshaber Kurt Daluege im Innenministerium saß, schildert, wie eines Tages Schimpf, Schapper und auch Walther Seifert zu ihm kamen und zu Göring wollten – sie hätten die Absicht, ein Nachrichtenamt einzurichten. Das war um die Monatswende Februar/März 1933. Ohlbrecht trug ihre Absicht dem Minister vor; die drei Männer durften dann diesem selbst ihre Pläne vorlegen. Gedacht war dabei an die Einrichtung eines zentralen Reichsnachrichtenamtes, das – von den Ministerien völlig unabhängig – nur der Regierungsspitze, dem Reichskanzler persönlich, unterstellt sein sollte. Diese Institution sollte alle Nachrichtendienste – die des Heeres, der Kriegsmarine, des Außenministeriums – in einem Amt mit eigener Verwaltung unter direkter Aufsicht eines Sonderbeauftragten der obersten Rechnungsbehörde in sich vereinigen. Aber Hitler etablierte gerade dabei sein System des „teile und herrsche": Er fürchtete die Zusammenlegung von soviel Macht in einem Amt und zog es vor, mehrere rivalisierende nachrichtendienstliche Abteilungen zu unterhalten, die miteinander um seine Aufmerksamkeit wetteiferten. Die Daten von der Abwehr, von der Geheimen Staatspolizei, vom Auswärtigen Amt, von Alfred Rosenbergs Außenpolitischem Amt, von Gauleiter Ernst Bohles Auslandsorganisation sowie den Luftwaffen- und Militär-Attachés sorgten für die Art von Mehrgleisigkeit, die er als notwendig und nützlich für seine eigenen autokratischen Ziele

[30] Ulrich Kittel, MS.

erachtete.[31] Hitler lehnte Schimpfs Vorschlag der Schaffung eines „Reichsnachrichtenamtes“ ab und ordnete statt dessen an, daß Nachrichtenaufklärung von einer völlig neuen Abteilung ohne Verbindung zur Reichskanzlei und ohne zusätzlichen Einsatz von Spionageagenten betrieben werden sollte. Nach Ansicht einiger seiner Beamten[32] setzte diese Beschränkung das „Forschungsamt“ gegenüber den anderen Nachrichtenaufklärungsämtern zurück, aber dies war nur die Ansicht einer unbedeutenden Minderheit.

Hitler ordnete an, daß das neue Nachrichtenaufklärungsamt unter seinem getreuen Paladin Hermann Göring, in dessen Eigenschaft als Preußischer Ministerpräsident, eingerichtet werden sollte.[33] Dies bewies das Vertrauen, das Hitler dem ehemaligen Flieger schenkte – es war vor allem die Art von Vertrauen, die ein Blinder zu seinem Blindenhund haben muß. Hitler übertrug dem neuen Amt das Monopol für die Fernsprecherfassung im ganzen Reich. Sein Anfangsetat mußte aus den Mitteln des preußischen Staatsministeriums bestritten werden, in dessen Organisationsverzeichnis es weder bedeutender noch unbedeutender aufgeführt wurde als verschiedene andere Dienststellen, z.B. das Reichsforstamt.[34]

Das neue Amt hatte sich den allgemein üblichen Haushaltsrichtlinien anzupassen, wie etwa der Reichshaushaltsordnung und den Reichswirtschaftsbestimmungen, die bis 1936 in Kraft waren. Das Amt wurde als eine geheime Reichsbehörde gemäß §92 des Reichsstrafgesetzbuches eingerichtet; die Gesetzmäßigkeit seiner Hauptfunktion, das Abhören von Telefonleitungen, war bereits ein Jahr zuvor durch

[31] Ulrich Kittel, MS. Ulrich Kittel berichtet sogar über frühe Versuche des Forschungsamtes, sich die NSDAP vom Leibe zu halten, dies wird aber von anderen Beamten des Forschungsamtes nicht bestätigt. Nach der NS-Regierungsübernahme wäre das Eindringen der NSDAP in den gesamten Nachrichtendienst befürchtet worden – „daß [er] zu einem rein parteipolitischen Instrument gestempelt werden könnte.“ Das Reichswehrministerium habe dies verhindern wollen.

[32] Z.B. die Befragung von Peipe, FA-Angehöriger von 1935–45, im OSS-Dossier.

[33] Göring wurde von den Amerikanern zweimal bezüglich des Forschungsamtes vernommen, am 10. Juni 1945 (CCPWE Nr. 32, Bericht DI-7) und am 7. Juli 1945 (CCPWE Nr. 32, Bericht DI-36). In der letzteren Vernehmung gab er an, das Forschungsamt habe, bevor er es 1933 übernahm, V-Männer beschäftigt, aber nach einem Gespräch mit Hitler sei entschieden worden, das Forschungsamt als eine rein technische Organisation zu nutzen, um mittels mechanischer Abhörvorrichtungen Nachrichten zu sammeln.

[34] Der ursprüngliche Beamte des Forschungsamtes gehörte, nach Aussage des Forschungsamtsangehörigen Peipe, bis zum Kriegsbeginn 1939 dem Preußischen Staatsministerium an (OSS-Dossier).

Reichspräsident Paul von Hindenburg hergestellt worden, indem er mit Hilfe von Vollmachten aufgrund eines Notstandsgesetzes gemäß Artikel 48 der Verfassung bestimmte durch Artikel 117 geschützte verfassungsmäßige Grundrechte aufgehoben hatte, konkret gesagt die Unverletzlichkeit des Postgeheimnisses im Bereich der postalischen, telegraphischen und telefonischen Netze der Republik. Dem neuen Amt wurde die Tarnbezeichnung „Forschungsamt" gegeben.[35]

Das alles entscheidende „G"

Das Forschungsamt wurde am 10. April 1933 in aller Form gegründet. Hermann Göring, in seiner damaligen Eigenschaft als Preußischer Innenminister, hatte offenbar schon vorher Zugang zu Abhörmaterial gehabt. Nachdem Hitler seinem überwältigenden Wahlerfolg vom März 1933 ein Ermächtigungsgesetz folgen ließ, überschwemmte eine Flut von bösartigen Anti-NS-Greuelmeldungen die Zeitungen in aller Welt. Sogar Dr. Heinrich Brüning, bekannt als „der letzte Weimarer Kanzler" und gewiß kein Freund der Nationalsozialisten, beobachtete mit Zorn, wie „im Frühjahr 1933 ausländische Korrespondenten darüber berichteten, daß die Spree bedeckt wäre mit den Leichnamen ermordeter Juden", zu einer Zeit, als – wie er nachdrücklich betonte – kaum gegen Juden vorgegangen wurde, mit Ausnahme der Führer der Kommunistischen Partei. „Es war verhängnisvoll für die Juden in Deutschland", betonte Brüning in einem privaten Memorandum, das er zehn Jahre später im Exil schrieb, „daß in der Anfangsphase des NS-Regimes die gelegentliche schlechte Behandlung der Juden von den ausländischen Korrespondenten [in Berlin] übertrieben wurde."[36] Durch den Einsatz seiner neuen Abhörmöglichkeiten identifizierte

[35] Befragung von Oskar Schröder (OSS-Dossier).

[36] Unveröffentlichte, 13 Seiten umfassende Denkschrift in englischer Sprache von Dr. Heinrich Brüning aus dem Jahr 1943. Das Original befindet sich in der Syracuse University, New York, George Arents Research Library: Dorothy Thompson Collection, Box 1, Akte „Brüning".

Göring die Schuldigen und berichtete in einer Kabinettsitzung am 29. März 1933, daß die Greuelmeldungen hauptsächlich durch den Vertreter der (amerikanischen) Hearst-Presse, Deuss, nach Amerika gekabelt worden seien. „Durch Abhören seiner Telefongespräche sei das einwandfrei erwiesen", heißt es im Sitzungsprotokoll.[37]

Göring hatte das neue Amt zunächst im Dachgeschoß des erst in seinen Kinderschuhen steckenden Reichskommissariats für die Luftfahrt, dem getarnten Luftfahrtministerium, untergebracht. Es war das Gebäude der inzwischen erloschenen Donat-Bank in der Behrenstraße,[38] einer Nebenstraße mitten im Herzen des Berliner Regierungsbezirkes, die Wilhelmstraße und Friedrichstraße miteinander verband. Das Amt verblieb hier nur einige Monate, bis es auf der gegenüberliegenden Straßenseite ein eigenes Gebäude bezog. Der erste kryptoanalytische Arbeitsraum wurde eingerichtet und lieferte bald Daten an mehrere Regierungsressorts und -dienststellen.

Die Aufsicht auf Verwaltungsebene über das Forschungsamt übertrug Göring Paul Körner.[39] Körner, ein eleganter Junggeselle mit schütterem Haaransatz, war sein persönlicher Freund – ein Mann fürs Grobe und Staatssekretär im Preußischen Staatsministerium.

Das Forschungsamt nahm seine Arbeit in den Büros in der Behrenstraße mit etwa 20 Mitarbeitern, einschließlich Hans Schimpf selbst, als Amtsleiter, und Gottfried Schapper, einem sehr regen, impulsiven Organisationsmenschen, der immer gebremst werden mußte, auf.

Anfangs berief Göring Personen, die er persönlich kannte, zum Forschungsamt. So traf er eines Tages im April zufällig vor dem Preußischen Innenministerium auf Helmut Ohlbrecht. Göring kannte Ohlbrecht aus der Wehrschaft Markomannia. „Du kommst zu mir", bestimmte er und verlieh ihm sofort einen Posten beim Forschungsamt.[40] Hier wurde Ohlbrecht „Nummer 7". Die Besoldung entsprach der eines Oberregierungsrates. Von den primitiven Anfängen des For-

---

[37] Sitzungsprotokoll der Ministerratssitzung vom 29. März 1933 (Bundesarchiv, Koblenz).

[38] So schreibt Klaus von Klitzing: „In der Behrenstraße wurde ich 1934 eingestellt, zunächst zum Auswerten von abgehörten Rundfunkmeldungen unter Dr. Rakenius."

[39] Bezüglich Körner als Verantwortlichem für das Forschungsamt: Erhard Milch, MS (IfZ, Sammlung Irving); Berlin Document Center, Akte „Paul Körner", sowie Dokumente und Beweisstücke, die vorgelegt wurden im Fall XI, Vereinigte Staaten gegen Paul Körner und andere, insbesondere Eidesstattliche Erklärungen von Schapper.

[40] Laut BDC-Akte mit Wirkung vom 27. April 1933.

schungsamtes in drei Zimmern, als die abgehörten Gespräche überhaupt nicht schriftlich fixiert wurden, über eine schwarze Kladde, in der die Gesprächsfetzen aufgenommen wurden, bis zu der Riesenorganisaton mit über fünftausend Angestellten sollte Ohlbrecht alles miterleben. Er wurde Abwehrbeauftragter des Forschungsamtes.

Im Juni kam Ferdinand Niedermayer hinzu. Niedermayer, der am 14. Januar 1903 in St. Petersburg geboren war, beherrschte viele slawische Sprachen. Die Objekte der Überwachung, die ihm von Körner vorgegeben wurden, spiegelten die Besorgnisse Görings zu jener Zeit wider: russische und französische Diplomaten, Personen aus der Stahlhelm-Organisation, die unterschiedlichsten Kriminellen und politisch Verdächtigen und Reinhard Heydrich höchstpersönlich, der vielgefürchtete Chef der Geheimpolizei von Heinrich Himmlers SS.[41]

Die Untersuchungen des Hauptquartiers der alliierten Expeditionsstreitkräfte 1945 hinsichtlich des Forschungsamtes führten zu der Einschätzung, daß Görings Kontrolle des Forschungsamtes „eine ernstzunehmende Lücke" in Himmlers stetig wachsendem Polizeinetz darstellte. Die ungewöhnliche Abhängigkeit des Amtes von Göring war ein historisches Überbleibsel aus der Zeit, als er in seiner Eigenschaft als Preußischer Ministerpräsident viele repressive Polizeifunktionen ausgeübt hatte, die im April 1934 unter Himmler zusammengefaßt wurden.[42] Walther Seifert, ein gutmütiger, lebhafter, zigarrerauchender Auswerter, kam im August 1933 zum Forschungsamt.[43] Es folgten Georg Schröder, Petzel, Wächter und Emil Ludwig von Recnicek; der letztere, Sohn des Komponisten, hatte während seiner Dienstzeit im Reichswehrministerium italienische diplomatische Mitteilungen entziffert und saß nun bis zu seinem Tod 1935 am italienischen Tisch des Forschungsamtes.[44] Ein anderer typischer Neuling war Rudolf Radtke, ein 25jähriger Bayer, der fließend Französisch sprach; nachdem er Anfang 1934 im Forschungsamt aufgenommen worden war, wurde er im Juni zur Forschungsstelle Trier versetzt, um dort Telefongespräche im Zusammenhang mit der bevorstehenden Saar-Volksabstimmung zu überwachen.[45] Chef der Te-

[41] Befragung von Ferdinand Niedermayer (OSS-Dossier).

[42] SHAEF-Bericht vom 1. Juni 1945 (OSS-Dossier).

[43] Gespräch mit Seifert. Er war 1914 als Funker zur Nachrichtentruppe gekommen und blieb bei der Reichswehr.

[44] Gespräch mit Seifert; und Soltikow.

[45] Befragung von Rudolf Radtke (OSS-Dossier), geh. 1909.

lefonüberwachung im Forschungsamt-Hauptquartier in Berlin war Dipl. Ing. Fritz Stabenow, ein einmeterachtzig großer, blonder, hilfsbereiter Berliner.[46] Ein weiterer Mann der ersten Stunde war Georg Schröder, der 1933 in das neue Amt wechselte, wo er sich sofort an die Schulung der Mitarbeiter in der schwarzen Kunst der Kryptoanalyse machte.[47]

Gegen Ende 1933 flossen die Forschungsamtsergebnisse in einem stetigen Strom, und es war notwendig geworden, ein strenges bürokratisches Verfahren zu schaffen, um das Geheimnis der Existenz des Forschungsamtes zu bewahren. Göring allein hatte die Vollmacht, jedes Anzapfen einer Telefonleitung zu genehmigen. Genehmigte Anträge wurden – versehen mit seiner Initiale „G“ – an das Forschungsamt zurückgeschickt; die Reichspost schuf Einrichtungen für das Abhören von Telefonleitungen und führte selbst genaue Kontrolle über jeden dieser Einsätze; sie legte dem Forschungsamt vorschriftsmäßige Kontrollisten über genehmigte, abgehörte Telefongespräche vor, wo sie in dessen Sicherheitsabeilung einer Gegenkontrolle mit den eigenen Anträgen unterzogen wurde. Für die ersten Jahre wurde dieses Monopol des Forschungsamtes auf das Anzapfen von Telefonleitungen im Reich rigoros durchgesetzt. Niemand, nicht einmal Himmler und Heydrich, kam um die Notwendigkeit herum, sich das „G“ auf der Erstgenehmigung zu verschaffen, und selbst dann überprüften Göring oder Körner persönlich die Ergebnisse, um festzustellen, ob sie überhaupt die Daten enthielten, die der Antragsteller berechtigt war entgegenzunehmen.

Erhard Milch, Körners enger Freund und Kollege als Staatssekretär im Reichsluftfahrtministerium, beobachtete, wie Göring argwöhnisch die ausschließliche Kontrolle über diese Abhörvorrichtung an sich zog und sich mit den „Forschungsergebnissen“ amüsierte. „Es war [zunächst] ein reiner Spionageapparat für Göring persönlich in seiner politischen Eigenschaft“, erinnerte Milch sich 1968 dem Autor gegenüber, als er ihm erklärte, auf welche Art und Weise Göring die Forschungsamtsexperten aus General Kurt von Schleichers Reichswehrministerium übernommen hatte. „So ist uns dieser Bonbon kleben geblieben.“

Rudolf Diels, der erste Chef der von Göring aufgestellten Geheimen Staatspolizei, hat sich persönlich damit beschäftigt, auf Schleichers

---

46 Brief von Michael Graf Soltikow an den Verfasser vom 28. März 1981. Er sagt, daß Stabenow damals in Berlin-Tempelhof, Peter-Strasse-Weg 2, wohnte.

47 Befragung von Georg Schröder (OSS-Dossier).

Walther Seifert (Leiter der FA-Hauptabteilung V, Auswertung)

Georg Schröder (Leiter der FA-Hauptabteilung IV, Dechiffrierung)

Reichsluftfahrtministerium (Forschungsamt)

Personenausweis Nr. 5365

Herr Rudolf Radtke

geb. am 17.2.1909 in Berlin

steht im Dienste des Reichsluftfahrtministeriums, Forschungsamt

Berlin, den 10. März 1943

Im Auftrage

Eigenhändige Unterschrift des Inhabers

(Vor- und Familienname)

Regierungsrat

Dienstausweis von Rudolf Radtke (Leiter der Telefonüberwachung bei verschiedenen Forschungsstellen)

Privattelefon abgehörte Gespräche zu lesen.[48] „Was ist's?" hörte man da Frau von Schleicher einen Freund hänseln: „Ohne ein I will es keiner sein. Mit einem I jeder!" „Gibst Du auf? Arisch!" lachte sie. Auch Milch bekam gelegentlich die Braunen Blätter zu lesen, wie er sich erinnerte – „auch lustige Sachen, z.B. [die] Abschrift eines Telefongespräches zwischen dem zweithöchsten Mann des katholischen Bischofs von Berlin mit einer Nonne, die nur über ihre sexuellen Leidenschaften am Telefon sprachen. Da ist Casanova ein armes Würstchen dagegen gewesen! So etwas hat [Göring] gesammelt, das hat er [uns] dann vorgelesen."[49]

Erfasser Dr. Gerhard Neuenhoff erinnerte sich an einen bestimmten Amtsrat im Reichsjustizministerium, der, wie so viele andere, wegen „Verdachts auf Spionage" überwacht wurde.[50] Dieser führte regelmäßig Telefongespräche mit seinem Freund Wüsterfeld, dem er zum Vergnügen des gesamten, wachsenden Mitarbeiterstabes des Forschungsamtes über seine nächtlichen amourösen Abenteuer berichtete. Er war ein gewohnheitsmäßiger „Ausgucker nach Straßenprostituierten", und seine übliche Feststellung über seine flüchtigen Frauenbekanntschaften war: „Mensch, die hatte wieder einen Alabasterarsch, das kannst Du Dir nicht vorstellen!" Und die gesamte Nachtschicht der Erfasser im Forschungsamt versuchte es sich vorzustellen.

Zoten wie diese wurden Göring von Ministerialrat Walther Seifert, dem Leiter der Forschungsamtshauptabteilung V (Auswertung), regelmäßig vorgelegt. Er wußte, daß die Spanne der Aufmerksamkeit bei Göring begrenzt war. Seifert ging auch dazu über, längere Forschungsamtsberichte zu kürzen. „Ich habe immer Witze, die über ihn gemacht wurden, reingeschrieben", erinnerte sich Seifert in einem Interview 1970. „Und die waren meist sehr häßlich. Die wollte er immer haben. Er interessierte sich sehr dafür."[51]

---

[48] Rudolf Diels: Lucifer ante Portas. Zürich o.J. Dieser Vorfall muß sich im ersten Jahr des Bestehens des Forschungsamtes zugetragen haben: Diels trat als Gestapochef im April 1934 zurück; Schleicher wurde am 30. Juni 1934 ermordet.

[49] Abschrift eines Gesprächs des Verfassers mit Generalfeldmarschall Erhard Milch am 14. Mai 1968 (IfZ, Sammlung Irving).

[50] Gespräch des Verfassers mit Neuenhoff.

[51] Gespräch mit Seifert.

Unabhängigkeit und Objektivität

Hermann Göring hielt seine strenge Kontrolle über das Forschungsamt fast bis zum Ende ununterbrochen aufrecht. Nur die großen Fernmeldeleitungen, die kreuz und quer durch Deutschland liefen, durften ohne seine schriftliche Zustimmung angezapft werden. Er legte strenge Richtlinien fest, nach denen der Abnehmer – ob ein Ministerium, die Abwehr oder die Gestapo – nur mit Ergebnissen beliefert werden sollte, die in den Rahmen der von diesem gestellten Erfassungsbegründungen fielen. Da dies dunkle Fischzüge durch Heydrich ausschloß, setzte die Gestapo oft eine bewußt vage gehaltene Begründung ein, woraufhin Ministerpräsident Göring in solchen Fällen kurzerhand die Schaltung ablehnte.

Göring, erklärte ein FA-Referent, war immer bestrebt, die Neutralität und Ungebundenheit des Amtes in jeder Beziehung zu wahren. In konsequenter Wahrung seines Charakters als absolut „passives Nachrichteninstrument" habe das Forschungsamt auch die Verwendung von Lauschmikrophonen rundweg abgelehnt. Göring oder Körner entschieden, welche Ministerien empfangsberechtigt sein sollten, und Göring ernannte einen Mann, der dort saß und dafür verantwortlich war, daß die Forschungsamts-Ergebnisse nur dem Chef vorgelegt wurden.[52]

Wenn aus diesen Tatsachen der Eindruck entsteht, Göring hätte reges Interesse an der Arbeitsweise des Forschungsamtes gehabt, so trügt der Schein. Er nahm keinerlei Anteil an der technischen Seite und überließ sogar grundsätzliche Entscheidungen seinem Staatssekretär „Pili" Körner.[53] Er verwies bei Befragungen durch amerikani-

[52] Ulrich Kittel, MS.

[53] Befragungen Görings, CCWPE Nr. 32, am 10. Juni (DI-7) und am 7. Juli 1945 (DI-36).

sche Vernehmungsbeamte über Einzelheiten wie die Verbindungsstellen des Forschungsamtes zu den Ministerien, den Sitz seiner untergeordneten Büros, die jeweilige Anzahl der Angestellten des Forschungsamtes, die Struktur seiner Zentrale, seine Arbeitsanweisungen und sein Verbindungsnetz in den von Deutschland besetzten Gebieten auf Ministerialdirektor Dr. Schapper, den letzten Amtsleiter des Forschungsamtes. Göring „erwartete gewisse Ergebnisse vom Forschungsamt. Das Problem, die Ergebnisse zu erzielen, lag bei den Verwaltungsbeamten und Technikern, und [Göring] beschäftigte sich nicht mit den Einzelheiten."

Der einzige Punkt, der Göring todernst war, war der Kampf um die Unabhängigkeit seines Forschungsamtes. „Es ist richtig", bezeugte er in Nürnberg, „daß die Polizei danach strebte, dieses Instrument in die Hand zu bekommen. Sie hat es aber nicht von mir bekommen... Die entscheidende Überwachung, die ja technisch nur durch das Postministerium geschaltet werden mußte, die konnte nur ich anordnen."[54]

Staatssekretär Körner, der sich bei seinen ersten Nachkriegsbefragungen[55] hinsichtlich der Leistungen des Forschungsamtes völlig unwissend stellte, unterstützte Göring in diesem Kampf. Genauso tat dies auch der letzte Amtsleiter Schapper. Der vertrat die Auffassung, daß ein Nachrichtendienst, wie es das Forschungsamt war, absolute Unabhängigkeit von Politik, Partei und Ressorteinflüssen, unbedingte Objektivität und peinlichste Sauberkeit seiner Arbeit und seines Personals benötige. Körner, das bezeugte Schapper 1948,[56] stellte sich in dieser Hinsicht vor das Forschungsamt. „Bis in die letzte Zeit immer wiederholte Versuche, besonders des Oberkommandos der Wehrmacht (OKW), des Auswärtigen Amtes und des RSHA, das Forschungsamt zur Durchführung unsachlicher und persönlicher Aufträge zu veranlassen oder es ganz für sich zu vereinnahmen, hat er [Körner] stets zugunsten der Aufrechterhaltung der Selbständigkeit und vollen Neutralität des Forschungsamtes abzuwehren gewußt."[57]

Von 1934 an entstanden zwischen dem Amtsleiter Schimpf und Heydrich im Zusammenhang mit den machtpolitischen Bestrebungen der Geheimen Staatspolizei erhebliche Differenzen. Aber Diffe-

[54] Zeugenaussage Görings vor dem IMT, Bd IX, S. 490 (vgl. Bd. IX, S. 325).

[55] Z.B. CIC-Befragung von Paul Körner, 18. Juli 1945, Vernehmungsakten des US State Department.

[56] Eidesstattliche Erklärung von Gottfried Schapper, 2. März 1948, Fall XI, Beweisstück Körner.

[57] Ulrich Kittel, MS.

renzen waren unvermeidlich. Heydrich wandte sich besonders gegen die strenge Objektivität des Forschungsamtes. Einmal, etwa 1936/37, machte er Seifert Vorhaltungen wegen einer Forschungsamts-Zusammenstellung über einen Journalisten. Seifert erwiderte, sie sei objektiv nach bestem Wissen und Gewissen zusammengestellt. „Sehen Sie", stöhnte der SS-Gruppenführer, „Sie sind der Bourgeois, der Objektivität wünscht. Sie müssen lernen, staatspolitisch subjektiv zu denken." Da platzte dem Forschungsamts-Hauptabteilungsleiter der Kragen: „Gruppenführer, das werde ich nicht mehr lernen."[58]

Die Fehde zwischen Forschungsamt und Reichssicherheitsamt fand kein Ende. Den Mitgliedern des Forschungsamtes war die Zugehörigkeit zum Sicherheitsdienst (SD) verboten; ebenso grundsätzlich wurden (Kittel: „Um unerwünschte Querverbindungen zu vermeiden") keine Bewerber eingestellt, die von der Geheimen Staatspolizei kamen.

Bis zu seinem vorzeitigen Lebensende im Juni 1942 war Heydrich gezwungen, jeden Abhörantrag Göring vorzulegen. „Ohne das ‚G' darauf", erinnerte sich Seifert, „war es mir nicht gestattet, die Überwachung anzuordnen." Im Laufe der Jahre brachten Himmler und Heydrich jedes nur erdenkliche Argument vor, um das Forschungsamt mit allem Drum und Dran zu übernehmen. Hitler empfahl ihnen lediglich, die Sache mit Göring zu besprechen.

Was auch immer Nachkriegshistoriker und ehemalige Beamte des Forschungsamtes aus Sorge um ihre Pension später behaupteten – in Wahrheit verließ Adolf Hitler sich hochgradig auf das Forschungsamt und fällte seine historisch wichtigsten Entscheidungen nach den einmaligen Einblicken, die ihm seine Braunen Blätter boten. Sie spielten eine entscheidende Rolle bei seinem Sieg ohne Blutvergießen in München im September 1938 (er lobte dies bei einer geheimen Rede vor NS-Redakteuren am 10. November 1938),[59] ein Jahr später bei seiner endgültigen Entscheidung, den „Fall Weiß" – den Polenfeldzug – zu lancieren, und bei seinen Entscheidungen, in Norwegen, den Balkanländern und der Sowjetunion einzumarschieren.

Trotzdem wurde es nach dem Zweiten Weltkrieg modern zu behaupten, der Führer habe bewußt die glänzende Arbeit des For-

---

[58] Gespräch mit Seifert.

[59] Adolf Hitler, Rede vor den Schriftleitern der NSDAP vom 10. Nov. 1938, BA, NS-11/28.

schungsamtes außer acht gelassen. Ulrich Kittel, der Forschungsamts-Referent, der als erster die Geschichte des Forschungsamtes untersuchte, schrieb ihm „eine ausgesprochen nachrichtenfeindliche Einstellung“ zu.[60] Vielleicht neigten die Fachleute des Forschungsamtes begreiflicherweise dazu, den Rückhalt und die Anerkennung, die Hitler dem Amt gab, zu bagatellisieren. Doch die noch existierenden Akten beweisen, daß eine Flut von Braunen Blättern zwischen dem Forschungsamt und der Adjutantur des Führers hin und her wechselte, wo Hitlers Adjutanten Julius Schaub, Paul Wernicke und Fritz Wiedemann zu denen gehörten, die sie abzeichneten.[61] Seifert erinnerte sich daran, daß ein Adjutant ihm gegenüber protestierte: „Wie können Sie dem Führer in diesem Augenblick eine solche Meldung vorlegen!“ Ein anderer sagte: „Wenn der Führer einen Entschluß gefaßt hat, dann darf man seine Intuition nicht mehr stören.“[62] Folgt man Kittel, der sich auf gewisse Äußerungen von Schaub stützte, dann sah Hitler zwar die Notwendigkeit der Ressort-Ungebundenheit des Amtes ein, es störte ihn aber trotzdem, daß es nicht in seinen Parteiapparat einzuspannen sei. (Auch Reichsleiter Martin Bormann sei forschungsamtsfeindlich gewesen, er habe es „als ein Instrument Görings“ betrachtet.) „So erklärte Schaub z.B. während der Polenkrise [1939]“, nach Kittel, „als den Forschungsamtsmeldungen immer wieder zu entnehmen war, daß eine weitere Forcierung der deutschen Außenpolitik ein Eingreifen der Westmächte nach sich ziehen würde, Hitler lehne das ‚pessimistische Material des Forschungsamtes‘ ab, weil es ihn in seinen Intuitionen störe.“[63]

Tatsächlich war Hitler der Gründervater des Forschungsamtes und sein größter Wohltäter. Er lobte es uneingeschränkt, ließ gegenüber seinen Redakteuren (s.o.) Generälen und Ministern Hinweise fallen über das faszinierende Orakel, das ihn mit diesen erlesenen Kostbarkeiten versorgte. Er ließ sich ständig bis zum Ende mit „Forschungsergebnissen“ beliefern.

[60] Ulrich Kittel, MS.

[61] Ein Dokument beweist, daß Julius Schaub die FA-Meldungen im Auftrag von Hitler annahm: ein Brief vom 15. April 1940, in dem das Forschungsamt die Rückgabe von etwa 30 Forschungsergebnissen verlangte, die vom 26. August bis zum 20. November 1939 geliefert, aber nie vorschriftsmäßig an das Forschungsamt zurückgegeben worden waren (BA, NS-10/37).

[62] Seifert, Interview.

[63] Ulrich Kittel, MS.

Charakter und Können gehen vor Parteizugehörigkeit

Das Forschungsamt erlebte in den Jahren vor dem Kriege einen glänzenden Start. Zusammengeschweißt durch gemeinsame Ziele und beflügelt durch ihre Ideologie, schuf die Ursprungsbelegschaft einen leistungsfähigen Nachrichtendienst, der die Spinnwebfäden der Kabel, Telefonleitungen und Radiowellen, die kreuz und quer durch Europa liefen, ausplünderte. Nach seinem ursprünglichen Aufbau durch Hans Schimpf war das Forschungsamt in sechs Abteilungen gegliedert, und es ist interessant, sie hier kurz aufzuführen. Auch die fünf verschiedenen Arten von „Forschungsstellen", die das Rohmaterial zusammentrugen, sollen hier aufgelistet werden.

Abt. I: Verwaltung
Abt. II: Personal
Abt. III: Erfassungsansatz
Abt. IV: Dechiffrierung
Abt. V: Auswertung
Abt. VI: Technisches Amt

Diese werden später noch im einzelnen dargestellt, ebenso die fünf Arten von „Forschungsstellen":

„A": Telefonüberwachung
„B": Funküberwachung
„C": Rundfunküberwachung
„D": Fernschreib- und Telegrammüberwachung
„F": Briefüberwachung

Als das Forschungsamt das Geschäft der Funküberwachung aufnahm, übernahm es von der Reichspost die Überseefunkstelle Beelitz;

aber diese ursprüngliche „B"-Stelle erwies sich als funktechnisch unzulänglich, so daß bis Ende 1933 das Forschungsamt bereits neue Funkstellen in Templin und Glienicke eingerichtet hatte.

Natürlich liefen nicht alle Fernmeldeleitungen, die Deutschland durchquerten, über Berlin; 1934 errichtete das Forschungsamt regionale „A"-Stellen in Köln, Nürnberg, Hamburg und 1935 eine in München. Die Reichspost-Fachleute waren in der Lage, sich unmerklich in das sogenannte „Indo-Kabel", das von England nach Indien ging und auch deutsches Territorium berührte, einzuschleifen. „Das war recht ertragreich", erinnerte sich Seifert später. Die Überseekabel aus Paris (Frankreich) nach Tallinn (Estland) und Helsinki (Finnland) durchquerten die Ostsee; Froschleute des Forschungsamtes zapften sie an; Und natürlich vernachlässigte man auch all die Überlandleitungen zwischen Wien, Prag, Paris, Moskau und London nicht, die Reichsgebiet durchquerten.

Allein in Berlin hatte das Forschungsamt, wie ein Forschungsamts-Beamter schätzte, eine Abhörkapazität von 500 Telefon-Anschlüssen. Das war nicht viel, wenn man bedenkt, daß das Amt eine Routine-Überwachung rund um die Uhr bei jeder Botschaft und Gesandtschaft, all den privaten Wohnungen der Mitglieder dieser Auslandsmissionen und den Anschlüssen der Auslandskorrespondenten durchführte. Als besonders aufschlußreich sollten sich die Äußerungen der Auslandsdiplomaten untereinander oder mit ihren Außenministerien erweisen, wie die hier abgedruckte Zusammenstellung (Anlage, S. 141 ff.) zeigt. „Vor allem in Spannungszeiten", berichtete ein Forschungsamts-Referent, wurde „erstaunlich viel und aufschlußreich über Draht gesprochen." Während die Russen und Japaner in dieser Hinsicht vorbildliche Disziplin zeigten, hielten sich die Italiener, Franzosen, Belgier, Holländer und die Balkan-Diplomaten so gut wie gar nicht an die ihnen auferlegte Schweigepflicht.[64]

Da seine Arbeit Hand in Hand mit der Reichspost erfolgte, war das Forschungsamt vom allerersten Augenblick an an den Amtsschimmel gefesselt. Kittel beschreibt die Zusammenarbeit als korrekt, jedoch nicht immer glücklich. Laut Verfügung hatte die Reichspost das gesamte technische Inventar der Erfassungsstellen zu liefern und zu beaufsichtigen. Die Verstärker, Stahltongeräte, Magnetophone usw. auf sämtlichen Forschungsstellen waren dagegen Eigentum des Forschungsamtes. Die Reichspost besaß sämtliche „B"-Stellen: Grund,

[64] Ulrich Kittel, MS.

Boden, Gebäude, Einrichtungen von der Antenne bis zum Empfangsgerät und, so Kittel, „dem Stuhl des Erfassers."

Reparaturen an Einrichtungen des Forschungsamtes konnten nur von Reichspost-Technikern ausgeführt werden; in den größeren Forschungsstellen stand ein kleiner ständiger Stab von Reichspost-Ingenieuren zur Verfügung.

Ein hoher Prozentsatz der anfänglich in die Belegschaft aufgenommenen Mitglieder bestand aus Fernmeldeveteranen des Ersten Weltkrieges. Nachfolgende Einstellungen wurden diskret über Zeitungsinserate und Mundpropaganda, Empfehlungen von Amtsangehörigen oder befreundeten Behörden durchgeführt. Kittel deutete darauf hin, daß die Hauptentscheidungskriterien Charakter und Haltung, Anlage und Leistungsfähigkeit waren, und fügte hinzu, daß Parteizugehörigkeit o.ä. nicht verlangt wurde. Seifert behauptete auch, daß man keinerlei Aufmerksamkeit darauf richtete, ob ein Kandidat Parteigenosse war oder nicht: „Das war mir ... vollkommen wurst. Mir kam es nur darauf an, 1.) Charakter, und 2.) Kann er was. Und zwar setzte ich Charakter vor Können."[65] Wahrscheinlich waren die meisten höheren Beamten, und 50% der Jüngeren, Parteimitglieder. Dagegen wurde die Einstellung eines Freundes von Klaus von Klitzing abgelehnt, weil ein entfernter Verwandter Mitglied der Kommunistischen Partei gewesen war. Eine britische Untersuchung vom Januar 1946 stellte fest, daß eine positive Haltung dem System gegenüber zwingend erforderlich war. Die neuen Mitarbeiter mußten politisch zuverlässige Techniker oder Sprachkundige sein, und diejenigen, die im Ausland gelebt hatten oder aktiv in NS-Organisationen gewesen waren, wurden bevorzugt. Kenntnisse in Chemie oder Physik waren ebenfalls von Vorteil.

Im Einklang mit Görings eigenem Charakter zeigte das Forschungsamt bemerkenswerte Toleranz, besonders angesichts der heiklen Natur seiner Geheimdienstoperationen, gegenüber der Einstellung von Nicht-Ariern. Kittel wies ohne namentliche Nennung auf die Verwendung und sogar spätere Beförderung eines höheren Beamten hin, der nur zur Hälfte arischer Abstammung war – möglicherweise eine Anspielung auf den Forschungsamts-Angehörigen Goldschmidt. Schapper betonte in einer Zeugenaussage 1948, daß Rasse oder Parteimitgliedschaft für Staatssekretär Körner keine Rolle spielten. Er ordnete an, daß ein ehemaliger sozialdemokratischer Funktionär angestellt wurde, und er hatte Funktionäre der NSDAP, einschließlich eines (na-

[65] Seifert, Interview.

mentlich nicht genannten) Ehrenzeichenträgers entlassen, die den charakterlichen Anforderungen nicht entsprachen, dagegen hatte er einen Forschungsamts-Angehörigen behalten, der Jude war.[66]

Anfangs war das Forschungsamt eine ausschließlich männliche Hochburg. Typisch für die neuen Mitarbeiter waren Leute wie Hermann Rebien, geboren 1901, der ein Jahr für den Norddeutschen Lloyd in New York gearbeitet hatte; Rudolf Radtke, geboren 1909, der fließend Französisch sprach; Barthel, von Beruf Fremdsprachenkorrespondent, dem im April 1938 eine „C"-Stelle zugewiesen wurde; Klaus Schwarz, 27, der von 1937–39 die Temple Universität, Philadelphia, besucht hatte und fließend Englisch sprach.[67] Rebien wurde im Dezember 1939 mit 16 anderen Bewerbern zu Tests in das Reichsluftfahrtministerium (RLM) bestellt; nur zwei davon wurden angenommen. Rebien wurde zu einer „A"-Stelle (Telefonüberwachung) in Stuttgart als Erfasser geschickt.

Ein Freund hatte Radtke geraten, sich beim RLM um eine Stelle zu bewerben. Er wurde auch davon informiert, daß er über die Art der Arbeit erst in Kenntnis gesetzt würde, wenn er die Tests bestanden hätte. Zusätzlich zu einem Sprachentest bestanden diese aus einem normalen Intelligenztest, aus Fragen über die Regierungsform und politische Persönlichkeiten gewisser ausländischer Staaten und sorgfältig abgefaßten Fragen über Deutschlands wirtschaftliche Lage und seine Beziehungen zu ausländischen Staaten, die darauf ausgerichtet waren, Kandidaten herauszufinden, die für die später außerordentlich wichtige Abteilung 12 des Forschungsamtes, wissenschaftliche Auswertung, geeignet sein könnten.[68]

Das Forschungsamt stellte hohe Anforderungen an persönliche Leistung und Zuverlässigkeit, und die meisten seiner Lektoren und Referenten hatten einen Universitätsabschluß. Die Gehälter waren überdurchschnittlich, und die meisten seiner Beamten wurden nach der Reichsbesoldungsordnung bezahlt und nach einer Probezeit nach hohen Beamtenrängen eingestuft, vornehmlich als Ministerialrat und Oberregierungsrat. Angestellte und Arbeiter wurden nach den Tarifordnungen A und B bezahlt.[69]

---

66 Schapper, Eidesstattliche Erklärung, 2. März 1948, Fall XI, Beweisstück Körner.

67 Die genauen Befragungen von Rebien, Radtke, Barthel und Schwarz sind in dem OSS-Dossier enthalten.

68 Die Informationen über die Tests stammen aus der Befragung von Rebien (OSS-Dossier) und dem Gespräch mit Neuenhoff.

69 Ulrich Kittel, MS.

Die meisten unerfahrenen Neulinge hatten keine Ahnung, auf was sie sich einließen. „Um Himmels willen", dachte Klaus Schwarz, 27, als er 1940 schließlich in das Forschungsamt eingeführt wurde, „in was für einen Verein bin ich da geraten!" Dann war da Dr. jur. Gerhard Neuenhoff, geboren am 14. Oktober 1907. Christian Peemöller, der sich später selbst der Forschungsstelle Hamburg anschloß, empfahl Neuenhoff – einem Mitbewohner seiner Junggesellenwohnung in Berlin – sich beim RLM um eine Stelle zu bewerben. Im Mai 1936 tat Neuenhoff das, erwähnte seine französischen Sprachkenntnisse und wurde schließlich von Korvettenkapitän a.D. Regierungsrat Fritz Kempe und dem bereits erwähnten Dolmetscher Rudolf Radtke getestet; er erhielt die Anweisung, sich beim Forschungsamt zu melden. Davon hatte er noch nie gehört. „Ich befand mich", berichtete Neuenhoff dem Verfasser, „plötzlich in einem großen Raum mit ‚Postschränken', an denen viele Herren mit Kopfhörern saßen. Nun wurde ich eingeführt und landete vor einem derartigen Schrank mit Tasten, kleinen Blinklichtern, Hebeln und Nummern. Dazu kam ein größerer Block mit Durchschreibemöglichkeit, Überschrift ‚Geheime Reichssache', numerierten Seiten, zur Aufnahme von Berichten. So begann die Arbeit der Telefonüberwachung … von der belgischen Botschaft, dem französischen Militärattaché und einigen Journalisten."[70]

Göring verlangte, daß die Führungspositionen dieses lebenswichtigen Dienstes von zuverlässigen Nationalsozialisten besetzt sein müßten. In den Anfangsjahren ermutigte das Forschungsamt seine Beamten, sich bei der Allgemeinen SS zu melden. Die Logik hinter diesem scheinbar paradoxen Schritt war, daß sie das Innehaben von ehrenamtlichen SS-Positionen ohne Arbeitsaufwand der Notwendigkeit enthob, Parteiaufgaben außerhalb des Amtes wahrnehmen zu müssen. Das entsprach vollkommen dem Wunsch des Forschungsamtes: Außenkontakte aus Sicherheitsgründen auf ein Minimum zu beschränken. Die Mehrheit der Wachposten und inneren Wachen dieser Dienststelle waren in einem SS-Sturm unter SS-Sturmbannführer Hirsekorn und SS-Oberscharführer Terzenbach organisiert. Den Hauptabteilungsleitern des Forschungsamtes, ebenso wie den ranghöheren Beamten in anderen Regierungsabteilungen, wurden Ehrenämter in diesem „Reichsführer-SS-Sturm z.B.V." – später umbenannt in „Stab SS-Hauptamt" – gegeben. Schapper und Seifert

[70] Neuenhoff, Interview und MS.

traten zusammen in die SS ein und wurden gleichzeitig am 9. September 1934 zu Obersturmführern befördert; Georg Schröder hatte von 1934 bis 1935 den Rang eines Obersturmführers. Schapper und Schimpfs Nachfolger, Prinz Christoph von Hessen, wurden beide erneut am 20. April 1936 befördert. Auf Ersuchen des Prinzen, eines SS-Veteranen, und Scholz', eines Verbindungsoffiziers zum RSHA, wurde der Sturm jedoch vor dem Krieg aufgelöst, da er nicht den hohen Ansprüchen der SS entsprach. Wenige der Forschungsamts-Beamten entschieden sich dann dafür, anderen SS-Einheiten beizutreten.[71]

Die Rolle des Forschungsamtes bei der Röhm-Affäre

Am Anfang wurde das Forschungsamt offensichtlich mehr als NS-eigene Führungswaffe in den innerpolitischen Machtkämpfen denn als feingeschliffenes Werkzeug der Außenpolitik benutzt. Auf den Ziellisten der Erfasser waren eine Fülle rebellischer Geistlicher, ehemaliger Gewerkschafter und verstimmter, früher einmal mächtiger Politiker, die von der nationalsozialistischen Revolution über Bord gefegt und in Vergessenheit geraten waren. So wurde nach einer zeitgenössischen Darstellung Otto Wageners dieser am Abend des 28. Juni 1933 in die Reichskanzlei befohlen. Als er das Arbeitszimmer Hitlers nach langem Warten betreten durfte, fand er diesen in großer Erregung. Auf Hitlers Aufforderung habe Göring Auszüge aus abgehörten Telefongesprächen von Wageners Mitarbeitern vorgelesen, die den Beweis erbrachten, daß diese darauf gedrängt hätten, Wagener als Nachfolger des eben zurückgetretenen Wirtschaftsministers Alfred Hugenberg vorzuschieben. (Göring hatte für diese

71 Quelle z.T. BAOR, Bericht vom 2. Jan. 1946; Befragungen von Peipe und Rebien; dem Counter Intelligence Tagesbericht Nr. 68 des HQ XX Corps, CIC-Sonderkommando 220, vom 6. Sept. 1945, in Sachen Georg Schröder (alle im OSS-Dossier).

Stellung einen reichen Freund und finanziellen Gönner, Dr. Kurt Schmidt, vorgesehen.) „Ich hatte Sie eigentlich kommen lassen", sagte Hitler zu Wagener, „um Ihnen zu sagen, daß ich Sie zum Staatssekretär im Reichswirtschaftsministerium ernennen wollte. Nun aber ist das aus." Er befahl Göring, Wageners Mitarbeiter festnehmen und verhören zulassen.[72]

Als die internen Differenzen innerhalb der Evangelischen Kirche überkochten, genehmigte Göring das Anzapfen des Telefons von Martin Niemöller, dem prominentesten regimekritischen Geistlichen, der sich bemühte, Hindenburgs Gehör zu finden bei dem Versuch, Hitlers ersten Reichsbischof, Ludwig Müller, seines Amtes zu entheben. Als es am 25. Januar 1934 zu einer endgültigen Machtprobe mit diesem Geistlichen kam, stand Göring breitbeinig an Hitlers Seite und umklammerte eine Kopie einer an diesem Morgen abgefangenen Meldung von Niemöllers alles andere als frommen Bemerkungen gegenüber einem Mitverschwörer.[73] Dieses frühe „Forschungsergebnis", das einen hohen Seltenheitswert besitzt, hat in einer Mappe Görings in den Akten der Reichskanzlei überlebt: „Politische Ausschreitungen evangelischer Geistlicher".

> Jac. / Re. (Streng vertraulich)
> Betrifft: Kirchenkonflikt. Berlin, 25. Januar 1934
> Niemöller spricht mit Unbekannt und sagt ihm unter anderem, daß Hitler um 1.00 Uhr zu Hindenburg befohlen ist. ‚Der Reichspräsident empfängt Hilter in seinem Ankleidezimmer. Die letzte Ölung vor der Besprechung! Hindenburg empfängt ihn mit unserem Memorandum in der Hand. Auch über das Innenministerium ist der Weg gut gewesen.' (Zusatz des FA: Wie? War nicht zu erfassen.) ‚Ich bin froh, daß ich den ...? nach hier geholt habe und wir alles so gut über Meißner eingefädelt haben. Wenn es schiefgeht – was ich nicht glaube – haben wir eben einen schlich-

72 Schreiben Otto Wageners an die 1. Kammer des Parteigerichts in München, 22. 1. 1934 (BDC, Akten des Obersten Parteigerichts).

73 Laut BAOR-Bericht vom 2. Jan. 1946 waren die kirchlichen Würdenträger im allgemeinen vorsichtig beim Gebrauch des Telefons, aber „Pastor Niemöller soll von Göring mit der Aufzeichnung eines Gesprächs konfrontiert worden sein, das er abgestritten hatte, geführt zu haben." Aus den vielen Telefongesprächen Niemöllers, die dem FA-Angehörigen v. Klitzing bekannt sind, ergab sich, daß die meisten seiner Predigten von seiner viel intelligenteren Ehefrau verfaßt wurden.

ten Absprung mit der Freikirche. Rufen Sie mich spätnachmittags an, dann weiß ich schon mehr.'
(Aufgenommen 10.15 Uhr) (Z)[74], [75]

Göring machte zweifellos mehr daraus, indem er den Bericht offensichtlich frei ausschmückte, als er Niemöller mit seiner eigenen schonungslosen Ausdrucksweise konfrontierte.

Unter Anwendung von „heuchlerischen Worten und vielen Bibelzitaten" erschien Pfarrer Niemöller am selben Tage bei Hitler mit einer Abordnung evangelischer Geistlicher und bestritt, diese Worte geäußert zu haben. Hitler vertraute zu recht Görings Forschungsamt. Er wurde nicht müde, diese Episode immer wieder zu erwähnen, so zum Beispiel beim Abendtisch am 7. April 1942: Göring habe ein Telefonat des Pfarrers Niemöller mitschreiben lassen, in dem im Hinblick auf eine Besprechung bei Hindenburg gesagt wurde: „Dem Alten haben wir eine letzte Ölung gegeben. Wir haben ihn so eingeschmiert, daß er den Hurenbock [Reichsbischof Müller] jetzt endgültig raussetzt."[76] – Das war der Anfang vom Ende für Niemöller, zumindest zu Hitlers Lebzeiten.

1934 waren es nicht nur die NS-Gegner, die sich noch nicht darüber klar waren, daß jedes Telefongespräch möglicherweise abgehört werden könnte. Es gibt eindringliche Beweise aus gut unterrichteten Quellen, daß es die Telefonerfasser des Forschungsamtes waren, die den Ausschlag gegen Ernst Röhm, Stabschef der Sturmabteilung (SA), im Juni 1934 gaben und Hitlers endgültige Entscheidung bewirkten, die SA-Führung landesweit zu liquidieren, um dem zuvorzukommen, was Göring und Himmler, die in einer unheiligen Allianz zusammenarbeiteten, ihrem Führer als einen aufkeimenden Putsch durch die SA darstellten. Nach dem Krieg schrieb Staatssekretär Erhard Milch in unveröffentlichten Notizen über Persönlichkeiten um Hitler: „Am 29. Juni

[74] (Z) bezeichnet eine abgefangene telefonische Meldung. Weitere solcher Quellenvermerke waren (F): Funkmeldungen; (FS): Fernschreiben; (P): Auslandspresse; (XA): Meldungen von V-Männern im Ausland; (E): entzifferte Depeschen (BAOR-Bericht vom 2. Jan. 1946, OSS-Dossier).

[75] Hermann-Göring-Mappe „Politische Ausschreitungen evangelischer Geistlicher", 9.1. bis 25.1.1934, BA, Akte R 4311/163; vgl. auch /156 und /161.

[76] Hitlers Tischgespräche, Bonn 1951, S. 357, 7. Apr. 1942; Tagebuch Alfred Rosenberg, 19. Jan. 1940; Brief von Niemöller an den Verf.; Befragung von Göring durch Georg Shuster, 20. Juli 1945, OCMH-Akten; Notizen von Lammers, Dönitz u. Schwerin von Krosigk, Juli 1945 (auch OCMH).

1934 ließ mich Göring kommen und teilte mir mit, daß in den nächsten Tagen eine Revolte der SA befürchtet werde, ich solle möglichst viele Sicherheitsmaßnahmen treffen … Die Revolte richte sich gegen Hitler und alle hohen Persönlichkeiten … Meine Information, hauptsächlich von [Staatssekretär] Körner [dem unmittelbaren Vorgesetzten des FA] gegeben, ging dahin, daß die SA-Chefs unter Röhm im Wiessee (Bayern) zusammengekommen seien, um einen Aufstand zu machen. Die SA habe man zum Schein beurlaubt, um alles in Sicherheit zu wiegen. Hitler solle zur Abdankung gezwungen werden und auf einem alten Schloß an der Dalmatischen Küste gefangen gehalten werden … Göring", so führte Milch im September 1945 ferner aus, „habe Körner im Flugzeug am 29. Juni nachmittags mit den letzten Beweisen der Schuld von Röhm und Konsorten, wohl meist abgehörte Telefongespräche, zu ihm nach Essen geschickt. Dadurch sei Hitler überzeugt worden …"[77] Die auf ungewöhnlich guten Informationen beruhende britische Untersuchung vom 2. Januar 1946 wußte auch zu berichten: „Die Enthüllung des Röhm-Putsches soll weitgehend auf die Telefonüberwachung durch das Forschungsamt zurückzuführen sein."[78] Da Hitler ausdrücklich untersagt hatte, daß politische Persönlichkeiten der Reichsebene telefonisch überwacht werden sollten, ist es wahrscheinlich, daß Röhm – seit Dezember 1933 Reichsleiter und Kabinettsmitglied – durch seine Gespräche mit anderen, weniger wichtigen Persönlichkeiten, die überwacht wurden, in die Falle ging.

Forschungsamts-Veteranen haben die Rolle ihres Amtes in der Röhm-Krise bestätigt. Als der FA-Erfasser Dr. Gerhard Neuenhoff die bis dahin unbekannte Enthüllung dieser Tatsache durch den Autor dieses Buches[79] las, bestätigte er sie mit einem privaten Randvermerk von vier Worten in seinem Exemplar: „Popp hat das gemacht."[80] (Regierungsrat Rudolf Popp war im Juni 1934 der erste Dienststellenleiter für den gesamten Bereich „Erfassung" im Forschungsamt Berlin.) Was genau Popps „Z"-Meldungen enthielten, ist nicht bekannt: Möglicherweise hörte das Forschungsamt Röhm über Hitler spötteln als „den unwissenden Weltkriegsgefreiten", eine der weniger schwerwiegen-

[77] Erhard Milch, MS: „Persönlichkeiten um Hitler", Kaufbeuren, 1. Sept. 1945 (IfZ, Sammlung Irving). Und Gespräche des Autors mit Milch 1967. Klaus von Klitzing bestätigt in einem Schreiben an den Verfasser vom 8. Juni 1989: „Röhms Gespräche mit seinen Untergebenen wurden abgehört."

[78] BAOR-Bericht, 2. Januar 1946 (OSS-Dossier).

[79] David Irving: Hitlers Weg zum Krieg. München 1979, S. 96.

[80] Neuenhoff zeigte dies dem Autor bei einem späteren Gespräch.

den Vorhaltungen gegen Röhm. Vielleicht hatte das Amt gehört, wie er mit General von Schleicher konspirierte – das Telefon in dessen Villa in Babelsberg wurde immer noch angezapft.[81] Oder vielleicht hörten sie einen ausländischen Diplomaten (vielleicht den französischen Botschafter André François-Poncet?) Röhm ermuntern, er könne „der Bonaparte des Dritten Reiches" werden. Hitler sagte später, 1939: „Daß es zu keiner Einmischung [Frankreichs] gekommen ist, verdanke ich allein … François-Poncet. Ich kenne alle seine Berichte.[82] Ich wußte, daß Röhm mit ihm und Frankreich in hochverräterischen Verhandlungen stand."[83]

Dissonanzen: Forschungsamt und Reichssicherheitshauptamt

Gerade wegen seiner Unabhängigkeit wurde das Forschungsamt ab 1935 zum Gegenstand von Neid und Argwohn. Nach dem Zweiten Weltkrieg bemerkte das CIC, daß die endgültige Arbeitsstruktur des Forschungsamtes (FA-Hauptleitstelle, -Leitstelle, -Stelle) der des RSHA sehr ähnlich war.[84] Aber Göring war allmächtig, und er genoß noch die bedingungslose Unterstützung Hitlers. Die Beziehungen zwischen Göring, Himmler und Heydrich beruhten auf erzwungener gegenseitiger Achtung. Das hinderte Heydrich nicht daran, weiterhin Druck auf das Amt auszuüben, und die wachsenden Reibereien mit dem RSHA tru-

---

81 Abhören des Schleicher-Anschlusses in Babelsberg: siehe die zeitgenössischen Dokumente des Oberstaatsanwaltes beim Landgericht Potsdam, Tetzlaff, in „Zur Ermordung des Generals Schleicher", in: Vierteljahrshefte für Zeitgeschichte, 1953, 71 ff.

82 Siehe S. 56–57.

83 General Nikolaus von Vormann, MS Erinnerungen (IfZ).

84 CIC-Bericht über Rebien, OSS-Dossier. Organisationsstruktur: Hauptleitstelle war z.B. Berlin; eine Leitstelle hatte reine Verwaltungsaufgaben und regelte die Bereitstellung von Gebäuden, Personal, Finanzmitteln; eine Forschungsstelle war die technisch operierende Dienststelle.

gen zu der Tragödie bei, als am 10. April 1935 Korvettenkapitän Hans Schimpf, der erste Leiter des Forschungsamtes, der aber auch ein fröhlicher Frauenheld war, in Breslau Selbstmord beging.

Es gingen Gerüchte über seinen Tod um. Einige sagten, er sei von der Gestapo ermordet worden oder von einem tschechischen Geheimagenten erschossen worden; aber die Wahrheit ist, daß er sich selbst in einem Breslauer Hotel erschossen hatte, nachdem er in Liebesbeziehungen mit einer anderen Frau verwickelt war, die er zuerst tötete, um mit ihr zusammen zu sterben. Tatsächlich war sie nicht nur irgendeine Frau, sondern eine ausländische Agentin, eine V-Person. Um dieses Geheimnis vor seiner Witwe zu verbergen, ließen loyale Beamte des Forschungsamtes durchsickern, daß er bei einem Autounfall gestorben sei.[85]

Schimpfs Nachfolger als Leiter des Forschungsamtes war Prinz Christoph von Hessen, geboren 1901, ein überzeugter Nationalsozialist und persönlicher Freund Hermann Görings. Prinz Christoph lebte in Berlin-Dahlem mit seiner Frau Sophie Battenberg, Prinzessin von Griechenland und Dänemark. Ihre Referenzen waren buchstäblich makellos – alle ihre drei (deutschen) Schwestern waren mit SS-Obergruppenführern oder Gauleitern verheiratet; das einzige schwarze Schaf in ihrer Familie war ihr Bruder Philip, der später Prinz Philip, Herzog von Edinburgh und Gemahl der englischen Königin Elisabeth II. werden sollte. Prinz Christoph diente schon als Oberregierungsrat in Görings preußischem Staatsministerium.[86]

Vor seinem Tode hatte Schimpf dem Forschungsamt noch einen sehr wichtigen Dienst geleistet. Er hatte die Vorbereitungen für dessen Umzug in ein eindrucksvolles, dabei aber doch diskretes neues ständiges Hauptquartier in Berlins vornehmem Vorort Charlottenburg in die Wege geleitet. Die Losung hieß eher Diskretion als Anonymität: Das Forschungsamt war nicht geheim, es war mit Anschrift sogar im Berliner Fernsprechbuch zu finden. Aber es tat nichts, um

[85] Befragungen von Peipe (Mitarbeiter im Forschungsamt von 1935 bis 1945) und Rebien (OSS Bericht); Gespräche mit Neuenhoff und Seifert; BAOR-Bericht vom 2. Januar 1946; Kittel, MS. Nach Aussage von v. Klitzing war die Frau eine tschechische Agentin; Ohlbrecht bestätigte dies gegenüber Fritz Tobias (Interview, 25.9.1968).

[86] Nach Aussage von Prinz Christophs Freund Michael Graf Soltikow (Brief an den Verf. vom 28. März 1981) waren es Reibereien mit der Gestapo, die den Prinzen dazu bewogen, sich 1939 freiwillig als Major der Luftwaffe zu melden; er wurde 1943 über den Abruzzen abgeschossen.

Prinz Christoph von Hessen (Leiter des Forschungsamtes)

die Aufmerksamkeit auf sein Vorhandensein zu lenken. Die Behörden hatten alle Mieter aus einem ausgedehnten Mietshaus in der ruhig gelegenen Schillerstraße Nr. 116–124, wo Gustav Stresemann einmal gelebt hatte, ausgesiedelt und hatten es ohne sichtbare äußere Veränderung in die modernste und umfassendste Nachrichtendienststelle verwandelt, die je existiert hatte, zumindest in Kontinental-Europa. Die Büros innen waren dafür konzipiert, Zeit zu sparen und Sicherheit zu gewährleisten. Das ganze Gebäude war von einem modernen Rohrpostsystem durchzogen. Im Keller waren 50 Mitlauffernschreiber in einem riesigen Saal installiert; die Maschinen liefen Tag und Nacht und druckten auf Papier Kopien jedes Telegramms und jeder Fernschreiberbotschaft aus, die von den überwachten Anschlüssen stammten. Vor allem hatte das neue Gebäude Platz für buchstäblich unbeschränkte Ausdehnung in dem Maße, wie sich die Aufgaben des Forschungsamtes vielfältiger gestalteten.[87]

Der Routinebetrieb

Am Ende beschäftigte das Forschungsamt 3.000, 4.000 und dann 5.000 zuverlässige Leute – einen großen Teil von ihnen in dem neuen „Flaggschiff", dem geheimnisvollen Haus mit grauen Mauern in Berlin-Charlottenburg, in der Nähe des von den Berlinern immer so ge-

[87] Befragung von Rebien; Kittel, MS.

nannten „Knies".[88] Jeden Morgen strömten sie aus der U-Bahn-Haltestelle in der Hardenbergstraße, einfach gekleidet und nicht zu unterscheiden von dem Heer anderer Büroangestellter in dem Gewühl ringsumher. Sie gingen die paar Meter zur Schillerstraße, verschwanden durch ein großes, eisernes, goldgehämmertes Tor in dem riesigen Steinkoloß, der einmal das Wohnhaus Nr. 116–124 gewesen war, zeigten den Wachen innen ihren mit Lichtbild versehenen Ausweis und gingen ihren verschiedenen Aufgaben nach. Die Fenster des Gebäudes waren eng vergittert und, wie die Türen, mit elektrischen Alarmanlagen gesichert.

Walther Seifert schilderte seinen Tagesablauf in der Abteilung V, Auswertung: „Ich ging um 8 Uhr hin [und] stellte meine Rohrpost an. Dann kamen die ersten Sachen gleich angeschossen, dann mußte ich die Meldungen durchsehen [und] unterschreiben. Ich hatte vor meinem Schreibtisch ein Förderband, da warf ich die Sachen darauf, dann gingen sie zu der Vervielfältigung, und dann sah ich sie nicht mehr. Das war meine Tätigkeit, und so ging das ununterbrochen."[89]

Innerhalb des Labyrinths sprach die Belegschaft des Forschungsamtes trotz des ständigen Patrouillierens bewaffneter Wachen und der Sicherheitskontrollen, erstaunlich offen über die Aufgaben, die sie für „MP", wie sie Ministerpräsident Hermann Göring nannten, erledigten. Michael Graf Soltikow, der von der Abwehr in das Forschungsamt versetzt worden war, hatte zwar sein eigenes Dienstzimmer, durfte aber zum gemeinsamen Mittagessen im Casino unter dem Ökonom Barthels am sogenannten „Regierungstisch" mit Platz nehmen, so daß er durch die hier geführten offenherzigen Gespräche und durch seine dienstlichen Abwehraufgaben einen Einblick ohnegleichen in die innere Geschichte der Nationalsozialistischen Revolution bekam.[90] Gerhard Neuenhoff, Erfasser im französischen „Bereich" des Forschungsamtes, erinnert sich an die herrlichen Räume, die Kameradschaft und den Humor; es war ein interessantes Leben mit vielen Erzählungen der weit herumgekommenen Kameraden, allerdings auch mit recht kritischen Stellungnahmen zu den nun auf sie zukommenden Aufgaben.[91] Ihre Existenz war einmalig, sie wirkten in einer Atmosphäre von Logik,

---

[88] Siehe Beschreibung im Zeitungsartikel, Neue Presse, Coburg, 3. August 1946 (IfZ, Akte über Goebbels). Das FA-Gebäude wurde auch von Peipe beschrieben (OSS-Dossier).

[89] Seifert, Interview.

[90] Brief von Michael Graf Soltikow vom 28. März 1981 an den Verfasser.

[91] Neuenhoff, Interview.

Sachlichkeit und Einsicht, in einem Reich, wo Propaganda und Zwecklüge überall herrschten. Das Amt verlor nie seine NS-Ausrichtung, obwohl sich der vor dem Kriege vorherrschende begeisterte Einsatz für den Nationalsozialismus ab 1939 durch die Aufnahme ungezählter Wehrpflichtiger milderte. Alle FA-Hauptbeamten waren überzeugte Parteimitglieder. Als Hitlers Triumphe zahlreicher wurden, sah man in den Korridoren die vielfältigen Uniformen aller Parteigliederungen.

Die Fenster eines Stockwerks des Gebäudes waren ständig mit Vorhängen verdeckt. Das war die „A"-Stelle, wo die Fernsprechüberwachung stattfand. Im innersten Bereich jeder „A"-Stelle, ob hier oder in einem Feldbüro, war der Klappenschrank oder die Abhörschaltanlage.[92] Davon gab es wahrscheinlich 25 allein im Forschungsamt Berlin. Jeder Klappenschrank hatte 20 Schalter, die von dem „Z"-Mann oder Erfasser, der sie kontrollierte, „Klinken" oder „Klappen" genannt wurden. Jeder Klappenschrank war von der Reichspost direkt durch eine Eingangsstelle und Verstärker, die in diesem Gebäude untergebracht waren, mit 20 Anschlüssen, die überwacht werden sollten, auf dem örtlichen Hauptfernsprechamt verbunden. Wenn der Anschluß benutzt wurde – der Verdächtige rief entweder selbst an oder wurde angerufen –, leuchtete eine kleine Birne auf; indem er den Schalter umstellte, konnte der Erfasser durch eine Induktionsschaltung seine Kopfhörer geräuschlos mit diesem Anschluß verbinden.

Die Überwachung im Fernsprechamt war von einem Reichspostverbindungsoffizier arrangiert worden, der jeder „A"-Stelle beigeordnet war.

In indirekter Rede schrieb der Erfasser seine Meldung über die Unterhaltung in Langschrift auf einem mit Sicherheitsnummern versehenen Block, bei dem seinerseits Seite für Seite numeriert war. Kein numeriertes Blatt durfte fehlen, und es mußte dafür Rechenschaft abgelegt werden, ob es vernichtet oder in den Archiven abgelegt worden war. Nur in wichtig erscheinenden Fällen und bei schwierigen Dialogen wurde die direkte Rede benutzt.

Jeder Erfasser hatte die aufgenommene Meldung mit seiner Kontrollnummer zu versehen, ohne Namenszeichnung. Neuenhoffs Kontrollnummer war z.B. „maW212". Diese erste handschriftliche Notiz sauste per Förderband zu einem Beamten, der „Z"-Meldungen in doppelter Ausfertigung auf weiße Blätter schrieb, mit der Überschrift „Geheime Reichssache". Je 50 Stück wurden in Bündel zusammengefaßt.

[92] Neuenhoff, Interview; Befragung von Rebien (OSS-Dossier).

Jede „A“-Stelle hatte ein Magnetophon, eine Stahltonmaschine, die von Lorenz Elektronische Apparate Bau AG in Berlin-Tempelhof hergestellt wurde; der Erfasser konnte dieses Gerät sofort anstellen, wenn die Unterhaltung zu lange dauerte oder überraschend in einer fremden Sprache erfolgte, für die kein Dolmetscher an einem anderen Klappenschrank zur Hand war.[93]

Die Forschungsstellen schickten diese Aufnahmen an das Forschungsamt, Berlin, zur Übersetzung und Untersuchung; sie übermittelten ihre eigenen „Z“-Meldungen über andere abgehörte Telefongespräche an das Forschungsamt in Berlin per Siemens-Geheimschreiber, einem automatischen Chiffrier- und Dechiffrierfernschreiber, der dann in Berlin auf Endlospapier ausdruckte; der Chiffrier-Schlüssel wurde jeden Tag vom Forschungsamt Berlin geändert.

Die weiße „Z“-Meldung wurde von der Hausrohrpost mit der Geschwindigkeit einer Gewehrkugel innerhalb des Forschungsamtsgebäudes an die aktuellen Auswerter weitertransportiert, die mit gleicher Geschwindigkeit die „Forschungsergebnisse“ vorbereiteten – die „N“-Meldungen (Nachrichten), die entweder auf braunem oder gelbem Papier verteilt wurden. Das gelbe Papier, das nur für den Gebrauch der im Forschungsamt Arbeitenden bestimmt war, kam in numerierten Durchschreibblöcken mit 50 Seiten mit der Überschrift „Geheime Reichssache“: eine gelbe Kopie ging in die Abteilung Kartei-Auswertung, wurde auf Karteikarten übertragen, dann in den Personen- und Sachkarteien, die über die Zielpersonen geführt wurden, abgelegt; der zweite gelbe Durchschlag ging an das Geheime Nachrichten-Archiv des Forschungsamtes.

Das braune Papier – die berühmten Braunen Blätter – wurde nur zur Außenverteilung an die Abnehmer aufbereitet. Der aktuelle Auswerter schickte diese Meldungen auf fertig geschriebenen Matrizen mit der Hausrohrpost über seine Vorgesetzten zur Vervielfältigungsstelle. (Kittel berichtet uns, daß Konferenztelefone den Abteilungs- und Gruppenleitern Besprechungen mit ihren Referenten erleichterten.[94]) Das Forschungsamt gab die Braunen Blätter gegen Quittungen in dreifacher Ausfertigung heraus. Sie mußten sowohl von ihrem Sonderkurier wie auch dem empfangsberechtigten Abnehmer gezeichnet und gegengezeichnet werden.

[93] Befragungen von Rebien, Oskar Schröder und Roese (OSS-Dossier).

[94] Ulrich Kittel, MS.

Auf dem Kopf jedes Braunen Blattes war in roter Farbe diese Warnung gedruckt:

> Geheime Reichssache!
> 1. Dies ist ein Staatsgeheimnis im Sinne des §88 des Strafgesetzbuches (StGB).[95]
> 2. Nur für die vom FA verpflichteten und zum Empfang berechtigten Personen bestimmt und diesen gegen Empfangsbescheinigung auszuhändigen.
> 3. Beförderung nur in doppeltem Umschlag und durch Kurier oder Vertrauensperson.
> 4. Vervielfältigung jeder Art, Weitergabe im Wortlaut oder Herstellung von Auszügen im Wortlaut verboten.
> 5. Empfänger haftet für sichere Aufbewahrung im Geheimschrank, Nachweisbarkeit und Rückgabe. Verstoß hiergegen zieht schwerste Strafen nach sich.

Nach dem Gebrauch mußten die Abnehmer diese Forschungsergebnisse sofort an das Forschungsamt zurückgeben. Das Forschungsamt zerstörte seinen streng geheimen Abfall mit dem Reißwolf in 2-mm-Streifen, färbte sie blau ein und schickte sie dann an Papierfabriken zum Einstampfen.

„Feind hört mit!“: Die Sicherheitsbestimmungen

Die Angestellten durften nie die Sicherheitsbestimmungen vergessen. Auf jeder Seite des internen Fernsprechverzeichnisses des Forschungsamts waren Parolen gedruckt wie: „Alle Leitungen und Quer-

[95] Der Text wurde im Frühjahr 1945 in diese Form gebracht. Vorher lautete er: „… im Sinne des RStGB. (Abschnitt Landesverrat) in der Fassung des Gesetzes vom 24.4.1934.“

verbindungen sind abhörbar!", „Feind hört mit!" und „Vorsicht bei Gesprächen!" Es ist nicht überraschend, daß Abteilung 1 der Hauptabteilung I die Sicherheitsleitstelle des Forschungsmates war, die von einigen Mitarbeitern als die Haus-Gestapo beschrieben wurde. Nach Aussagen von Schwarz hörte sie sogar die Abhörer des Forschungsamtes ab und überwachte ihre politischen Haltungen und ihre persönlichen Kontakte außerhalb der Bürozeit. Diese Abteilung war verantwortlich für die elektronischen Sicherheitsmaßnahmen des Gebäudes: Laut Kittel schützten bis ins kleinste durchgearbeitete Sicherungsanlagen Räume, in denen Geheimmaterial lagerte, SS-Streifen patrouillierten Tag und Nacht in dem Haus, und besonders geheime Abteilungen wie die Erfassungsstellen und Abteilung IV (Entzifferung) lagen unter besonderem Verschluß.[96]

Die Geheimhaltungsverpflichtungen wurden allen FA-Mitarbeitern strengstens eingeprägt: Sie bestanden in einer vereinfachten Form für die Arbeiter und Verwaltungsangestellten und in erweiterter Form für die Angehörigen der nachrichtendienstlichen Abteilungen. Jeder Angehörige mußte die Gebote der Schweigepflicht jeden Monat lesen und unterzeichnen, und es fanden regelmäßige „Mitarbeitervorträge" über Geheimhaltung in jeder Abteilung statt. Klaus von Klitzing bezeugt: „Nicht mal meine eigene Frau war über meine Tätigkeit im Bilde."

Folglich gab es sehr wenige Sicherheitsverfehlungen, und im Durchschnitt brauchte nur ein Angestellter des Forschungsamtes pro Jahr wegen Sicherheitsverstößen entlassen zu werden. Es gab nicht einen einzigen aufgedeckten Fall, daß ein Angestellter des Forschungsamtes für eine ausländische Macht spioniert hätte. Die Archive enthalten Aufzeichnungen über geringfügige Sicherheitsverletzungen. Nach dem Attentatsversuch in München vom November 1939 nahm die Kölner Gestapo einen Leutnant der Reserve, Heinz Siewert, geboren am 8. Juli 1915 in Berlin, „wegen Verdacht des Hochverrats" fest. Siewert wurde als Angestellter des Forschungsamtes bezeichnet, vielleicht von der Forschungsstelle Köln.[97] Nach dem Einmarsch in Frankreich 1940 wurde der Leiter einer FA-Funkstelle als potentieller Spion

---

[96] BAOR-Bericht vom 2. Januar 1946 und USFET-Bericht; Klaus Schwarz, MS; Befragungen von Günther (FA-Mitarbeiter von 1937–1944) und Barth (alle im OSS-Dossier).

[97] Kriminalrat Dr. Schmitz teilte dem Wehrbezirk Köln mit, „Siewert hat sich am 17.8.39 von Saarbrücken kommend in Köln angemeldet." (BA-MA, RH 1/V 58).

festgenommen, aber bei der Untersuchung stellte sich heraus, daß es sich nur um Verfehlungen aus seiner früheren Tätigkeit im Reichswehrministerium handelte, von denen die Abwehr bei der Auswertung von in Frankreich gefundenen Unterlagen des Deuxième Bureau Kenntnis bekam.[98] Neuenhoff – er war nunmehr Personalreferent im Forschungsamt geworden – wußte nur von zwei anderen Sicherheitsfällen: „Einmal hatte ein ‚Franzose‘ [d.h. ein Erfasser im französischen FA-Bereich] seine Telefonkenntnisse versucht auszunutzen und eine Erpressung angefangen. Ich habe ihm dann im Gefängnis die Entlassungspapiere ausgehändigt.“ Und einmal passierte es, daß ein „Russe“ einen FA-Stenogrammblock mit nach Hause nahm. Er kam ins KZ bei Hamburg und starb dort.[99]

Das Forschungsamt betrieb das altbewährte Sicherheitsprinzip der Aufsplitterung der Abteilungen in genauso extremer Form wie das Manhattan Project. Peipe erklärte, daß neu aufgenommene Mitglieder nur in ihre Abteilung eingeführt und nicht über die Existenz der anderen informiert wurden. Barth bestätigte, daß Leute, die in einer Abteilung arbeiteten, sich nicht nach den anderen erkundigen durften; wenn sie einmal vereidigt waren, durften Angestellte des Forschungsamtes nicht kündigen, und sie wurden unabkömmlich gestellt, um ihre Einberufung in die Wehrmacht zu verhindern. Versetzungen „nach oben“ aus Forschungsstellen ins Forschungsamt Berlin waren selten. Einige meinten, die Aufsplitterung sei zu weit gegangen: Abhörer, die mit Sendungen in russischer Sprache beschäftigt waren, durften nicht bei den Englisch-Stationen hereinhören. Es war den Angestellten untersagt, mit Ausländern zusammenzukommen oder an Fremdsprachenkursen teilzunehmen. Von den FA-Angestellten wurde auch verlangt, über die politische Zuverlässigkeit ihrer nahen Angehörigen Bericht zu erstatten.

Es gab mehrere Beispiele der rücksichtslosen Wirksamkeit dieser Methoden. Dr. Ertle von der Hauptabteilung IV (Entzifferung) wurde dabei abgehört, wie er NS-feindliche Bemerkungen machte, und dabei beobachtet, daß er Hitlers Foto von der Wand seines Zimmers im Forschungsamt entfernte. Die SS-Männer Sauerbier und Tondorf zeigten ihn bei Abteilung 1 an. Ertle verließ das Forschungsamt und ging zum Deutschen Nachrichtenbüro in Stockholm, um dort zu arbeiten; nachdem die Gestapo festgestellt hatte, daß er Kontakt zu antideutschen

[98] Ulrich Kittel, MS.
[99] Neuenhoff, Interview.

Kreisen hatte, beging Ertle dort Selbstmord. Sauerbier verließ später das Forschungsamt, um zur „Konkurrenzfirma", dem RSHA, zu gehen.[100]

Mißbrauch der Braunen Blätter

„Die Arbeit des FA", betonte Prinz Christoph von Hessen 1938, „hat nur dann Zweck und Erfolg, wenn ihre Geheimhaltung mit allen Mitteln gesichert wird. Nicht genügende Geheimhaltung hat Vorsichtsmaßnahmen der Gegner und damit Verschüttung der Quellen zur Folge." Er verbot jegliche Diskussion von „Ergebnissen" in Dokumenten oder am Telefon, außer auf dem besonderen Sicherheitstelefonnetz, das das Forschungsamt im gesamten Regierungsbezirk von Berlin installiert hatte. Die Sicherheitsverfahren wurden regelmäßig überprüft und auf den neuesten Stand gebracht.[101]

Das Forschungsamt untersuchte jedes ungeklärte Rauschen in den nach außen führenden eigenen Leitungen, das auf illegales Abhören hindeuten konnte – vielleicht sogar durch einen konkurrierenden Dienst oder ein Ministerium. Es stellte aber meistens fest, daß es sich dabei um Kontaktgeräusche und um deutlich vernehmbare Wählgeräusche handelte. „Um die Möglichkeit des Mithörens mit Sicherheit aufzuschalten [sic]", schrieb Prinz Christoph an Milch, „[muß] die Geheimhaltung der auf dem Sonderfernsprechnetz des FA geführten Gespräche … unbedingt gewährleistet sein; aus Sicherheitsgründen bitte ich deshalb, damit einverstanden zu sein, daß der Anschluß des Herrn Staatssekretär [Milch] an das Sonderfernsprechnetz des FA nicht auf den Reihensonderapparat, sondern auf einen Einzelapparat im Arbeitszimmer gelegt wird."[102]

---

[100] Peipe, Befragung, OSS-Dossier.

[101] Auszüge aus den Bestimmungen über die Kontrolle des Forschungsamts: siehe Faksimile im Anhang.

[102] Brief Prinz Christoph von Hessen an Milch, o.D., August [1936 oder 38?], BA-MA, RL 1/25.

Das Abhören durch das Forschungsamt selbst erfolgte geräuschlos, obwohl Tausende von Deutschen sich einbildeten, daß sie ein Knakken wahrnahmen und abgehört würden. Der FA-Erfasser Oskar Schröder erklärte, daß manchmal eine tatsächlich abgehörte Person vermuten mochte, daß sie im Augenblick abgehört würde, und dumm genug war, das am Telefon zu sagen. Das Ergebnis war eine „TU"-(Technische Überwachungs-) Meldung in dreifacher Ausfertigung zum ausschließlichen Gebrauch innerhalb der „A"-Stelle.[103]

Die Braunen Blätter wurden nur in doppelten Umschlägen, verschließbaren Mappen oder Rohrpostbüchsen befördert. Das Recht auf einen FA-Mappenschlüssel wurde eifersüchtig überwacht, ungeachtet des Ranges. Am 27. Januar 1936 mußte Görings Staatssekretär der Luftfahrt, Milch, eigenhändig bescheinigen, vom Forschungsamt einen Mappenschlüssel („St 3") erhalten zu haben, man gab zur Kenntnis, daß er hierfür haftbar war, den Schlüssel nicht aus der Hand geben und die Mappe nur persönlich öffnen dürfe, sowie bei Verlust die entstehenden Kosten für Anschaffung einer neuen Mappe zu tragen habe.[104]

Charakteristischerweise waren das Auswärtige Amt und sein Minister, Joachim von Ribbentrop, diejenigen, die die schlimmsten Verstöße gegen die Sicherheitsbestimmungen des Forschungsamtes begingen. Einmal schickte Seifert eine entschlüsselte italienische Meldung an Ribbentrop mit dem Vermerk, das Wissen aus dieser Meldung dürfe auf keinen Fall in dieser Form gebracht werden, es müsse etwa als Agentenmeldung aus der Türkei kaschiert werden. „Was tat Ribbentrop?" erinnerte sich der Abteilungsleiter Jahre später, er „ließ den italienischen Botschafter sofort kommen und tat sich groß, was wir nun wissen." Die Italiener änderten sofort ihre Codierungen, und die FA-Hauptabteilung IV brauchte zwei Jahre, um sie wieder zu knacken.

Höchst unkorrekt ordnete Ribbentrop ständig an, die interessanteren Braunen Blätter auf weißem Papier abzutippen. Rudolf Likus, Mitarbeiter des „Büro des Reichsaußenministers", plagiierte rücksichtslos FA-Ergebnisse und schickte sie, versehen mit dem Urheberstempel des Auswärtigen Amtes, an Ribbentrop.[105] Ribbentrop seiner-

[103] Befragung von Oskar Schröder (OSS-Dossier).

[104] Milch, Empfangsbescheinigung, 27. Januar 1936, BA-MA, RL 1/25.

[105] Als ein Beispiel dieses Plagiats siehe FA-Erfassung vom 30. Aug. 1939, 17 Uhr (abgedruckt in der Anlage „Zur englischen Politik vom Münchner Abkommen bis zum Kriegsausbruch", S. 215f): Sie ist identisch mit Likus' Version in den Akten des AA, Serien-Nr. 43, Blatt 29636.

seits ließ sie auf der speziellen großtypigen Führerschreibmaschine zu Hitlers Erbauung abtippen.

Führeradjutant Hauptmann Fritz Wiedemann tat dasselbe, wobei er offensichtlich die Abschriften selber mit zwei Fingern tippte und sie, als kämen sie aus anderen Quellen, unter anderem Freiherrn Konstantin von Neurath und Hitlers Chefadjutant der Wehrmacht, Oberst i.G. Rudolf Schmundt, unterbreitete; Briefe dieser Empfänger, die den Eingang dieser Abschriften und ihre Rücksendung bestätigen, befinden sich in den Akten der Adjutantur des Führers.[106]

Typische Abschriften dieser Art von Wiedemann beinhalteten zwei Führermeldungen, datiert ungefähr vom 7. März 1938; ein Bericht über einen Besuch des polnischen Präsidenten, Marschall Rydz-Smigly, in Paris „in den letzten 14 Stunden", und über Hitlers Staatsbesuch in Italien im Mai 1938 und einen Bericht über Bemerkungen des britischen Botschafters Sir Nevile Henderson am 8. Juni 1939.[107] Die Autorität des Forschungsamtes war jedoch über jede Anfechtung erhaben. Es belieferte weiterhin die Adjutantur des Führers – die aus Parteiveteranen wie Wiedemann, SS-Gruppenführer Schaub und SA-Obergruppenführer Brückner bestand –, wenn auch nur bis 1938, dann jedoch, als die Besorgnisse über ihre Sicherheitsverstöße zunahmen, griff es rigoros durch. Am 4. Juni 1938 ersuchte die Abteilung V Wiedemann, eine große Anzahl überfälliger Brauner Blätter zurückzugeben und ebenso die FA-Schlüssel von Brückner, Schaub und ihm selbst. Wiedemann entgegnete am 9. Juni, „daß mit der Rückgabe der sonstigen Schreiben nicht gerechnet werden kann, da sie vernichtet worden sind." Dies war ein schwerwiegender Verstoß, und das Forschungsamt – das inzwischen die Telefone sowohl von Wiedemann wie auch seiner gesprächigen Freundin, Prinzessin von Hohenlohe, überwachte – stoppte unverzüglich seine Belieferung mit weiteren Ergebnissen.

Unter den Forschungsergebnissen, die Wiedemann wohl nie zu lesen bekam, waren diejenigen über die Prinzessin. So berichtete FA-Abwehrbeauftragter Ohlbrecht, welches Vergnügen die Tatsache bereite, daß – wie die Mutter einer Freundin am Telefon anvertraute – die Prinzessin von Hohenlohe laut geschrien habe: „Ich brauche einen Mann – ich brauche einen Mann!", woraufhin sich ihre Mutter

[106] Siehe S. 71f.

[107] NS-10/35, /36, /88, /89.

spätabends auf die Straße begeben und für ihre Tochter dort einen Passanten auflesen mußte.

Als Wiedemann keine Forschungsergebnisse mehr erhielt, schrieb er am 10. Oktober einen schmerzerfüllten Brief „an das Forschungsamt für Luftfahrt" (sic; richtig wäre: Forschungsamt des Reichsluftfahrtministeriums) und behauptete, daß Göring persönlich den besonderen Befehl gegeben hätte, Wiedemann mit FA-Meldungen zu beliefern. „Der Generalfeldmarschall hatte die Absicht, mich über gewisse politische Dinge auf dem Laufenden zu halten", seit längerer Zeit aber bekäme er, Wiedemann, nur den täglichen Auszug aus der Auslandspresse: „So nützt mir das nicht viel, weil ich die Auslandspresse sowieso studiere."[108]

Es half nichts: Wiedemann blieb von der Liste gestrichen. Im Januar 1939 ließ ihn Hitler auf den Posten des Generalkonsuls in San Francisco versetzen. Hier überwachte J. Edgar Hoovers FBI, das beträchtlich weiter ging als das Forschungsamt in Deutschland, nicht nur Wiedemanns Telefon, sondern ließ ihn von Geheimdienstleuten beschatten und die Bettlaken des Hotels, in dem er und die Prinzessin gemeinsam abgestiegen waren, inspizieren.[109]

Generäle durften nicht überwacht werden

In dem grauen Gebäude in Charlottenburg waren, wie Kittel sagt, drei „A"-Stellen – anfangs nur A1 und A2, aufgegliedert nach sprachlichen Gesichtspunkten. Hinzu kam 1937 die A3, eine neue Stelle mit rein weiblichem Erfasserstab, die lediglich für deutsche, vor allem wirtschaftliche Belange zuständig war.

[108] BA, NS-10/35.

[109] Ohlbrecht, Gespräch mit Fritz Tobias, 25. 9. 1968. FBI-Aufzeichnungen über Prinzessin von Hohenlohe vom 28.10.1941 für Roosevelt, im RSF, Box 4, Akte „Hohenlohe".

André François-Poncet
(Französischer Botschafter in Berlin)

A1 und A2 waren in „Bereiche" eingeteilt – je einer für Englisch, Amerikanisch, Italienisch, Portugiesisch, Holländisch, Polnisch, Tschechisch usw. Die Erfasser lernten bald zu unterscheiden, wer gerade sprach, wie ein unsichtbares Familienmitglied, das im Hintergrund bei jedem Gespräch zugegen war, aber sich nie daran beteiligte: Hier war der französische Botschafter François-Poncet, mit seiner langsamen, deutlichen Sprechweise; da die französische Journalistin Madame Tabuis mit ihrer sehr hellen Stimme. „Die allabendlichen Festzeitgespräche der vielen Journalisten, sei es mit ihren Zeitungen oder auch mit [dem französischen Nachrichtenbüro] Agence Havas, waren einem vertraut", erinnert sich Neuenhoff. „An einen recht geschwätzigen Journalisten namens Aguesse erinnere ich mich."[110]

Im allgemeinen waren die Ziele der Überwachung ausländische Diplomaten, Journalisten, offizielle Gäste des Reiches und Abgesandte zu wirtschaftlichen oder politischen Gipfelkonferenzen, sowie die Hotels und Restaurants, die sie besuchten. Neuenhoff hat beschrieben, wie die Erfasser, während offizieller Besuche in Berlin, als Dienststelle des Forschungsamtes Aufschaltungen sämtlicher Telefonnummern der jeweiligen Hotelunterkünfte, wo die Gäste einquartiert waren, zur Verfügung hatten. Das Auswärtige Amt hatte beim Forschungsamt umfangreiche Beurteilungen über bestimmte ausländische Diplomaten, so wie sie im Spiegel des dem Forschungsamt vorliegenden Materials erschienen, in Auftrag gegeben.[111]

Hitler hatte dem Forschungsamt untersagt, seine in Dienst stehenden Generäle abzuhören. Nur wenige glaubten an die Einhaltung dieser Anordnung, aber sie scheint befolgt worden zu sein.

[110] Neuenhoff, Interview.
[111] Ulrich Kittel, MS; BAOR-Bericht vom 2. Januar 1946; Befragung von Oskar Schröder (OSS-Dossier).

Einmal besuchte General Walter von Reichenau das Forschungsamt und bat Seifert, ihm das Archiv zu zeigen. Der General stürzte sich auf die Abteilung mit „R" und fand jede Menge Karteikarten, auf denen seine Ferngespräche aufgezeichnet waren. „Also", triumphierte er, „Sie haben mich doch überwacht!" „Nein, niemals", versicherte ihm Seifert. „Aber Sie haben gesprochen mit dem Journalisten Flixsteger, mit dem französischen und dem englischen Botschafter ... Da sind Sie als Gesprächspartner in mein Archiv gekommen."[112]

Es war dem Forschungsamt auch verboten, ohne Hitlers persönliche Billigung bei Reichs- und Gauleitern zu lauschen. Der FA-Erfasser Lothar Günther erfuhr, daß ein spezielles Büro in dem Gebäude in Charlottenburg, das als die „Giftküche" bekannt war, das einzige Büro mit der Genehmigung war, solche prominenten Nationalsozialisten zu überwachen.[113] Barth, der bei der Forschungsstelle Nürnberg 1938–42 beschäftigt war, stellte fest, daß diese Stelle manchmal die Anweisung erhielt, Parteibonzen abzuhören, die in Verdacht standen, gegen die NSDAP Komplotte zu schmieden.[114] Hitler gab mit Sicherheit die Genehmigung, die Anschlüsse von Julius Streicher, des umstrittenen Gauleiters von Franken, anzuzapfen.[115]

Was die Überwachung von Regimekritikern anbetrifft, berichtete im Juni 1945 SHAEF (das Oberkommando der alliierten Expeditionsstreitkräfte): „Einer der Chefs [des Forschungsamts] soll sich gerühmt haben, daß mehrere Verschwörungen gegen die Nazis durch die Mittel des Forschungsamtes vereitelt worden seien."[116]

Diplomaten, die aus ihrer NS-Gegnerschaft kein Hehl machten, waren besonders leicht in Gefahr, mit dem Forschungsamt in Konflikt zu geraten, wenn auch nur indirekt. Herbert von Dirksen, der letzte deutsche Botschafter in London vor dem Kriege, hatte in Berlin eine offene Aussprache mit Bernardo Attolico, dem italienischen Botschafter, und drückte dabei seine Überzeugung aus, daß England wegen Polen Krieg beginnen würde; aber, beklagte er sich, weder Hitler noch Ribbentrop wollten ihn empfangen. Am 17. oder 18. August 1939 rief

[112] Seifert, Interview.
[113] Befragung von Lothar Günther (OSS-Dossier).
[114] Befragung von Barth; sowie BAOR-Bericht vom 2. Januar 1946 (OSS-Dossier).
[115] Ulrich Kittel, MS.
[116] SHAEF-Bericht vom 1. Juni 1945 (OSS-Dossier).

Staatssekretär Ernst von Weizsäcker Dirksen an, um ihn zu warnen, daß Ribbentrop von diesen Bemerkungen erfahren hatte – offensichtlich durch eine Erfassung von Attolicos Bericht – und außerordentlich wütend war.[117]

Wahrscheinlich gehörte auch Ulrich von Hassell, der frühere deutsche Botschafter in Rom, zu den Opfern des Forschungsamtes. Er wurde nach dem 20. Juli 1944 als Verräter gehängt. Er schrieb in seinem Tagebuch nach einem Abendessen am 25. März 1943 mit Fritz-Dietloff Graf von der Schulenburg (einem ehemaligen stellvertretenden Polizeipräsidenten in Berlin, der später sein Schicksal teilen sollte), „man" habe ihn informiert, er würde vom nächsten Tag an auch telefonisch überwacht – „woran mich nur wundert, daß das wirklich erst jetzt geschehen sollte. Ich möchte also sehr vorsichtig sein; das Ziel der Gestapo sei, den Kreis der Beziehungen der Überwachten festzustellen; aber ich solle ja nicht alle Telefonate mit meinen Freunden plötzlich unterlassen. Als Grund wurde angegeben, daß ich in Bulgarien bei [Zar] Boris[118] gewesen sei und ferner mit dem als Gaullist bekannten französischen Gesandten in Budapest ‚Fühlung' genommen hätte."[119]

Obwohl sich Hassell für sehr schlau hielt, war es für irgendeine schuldige Zielperson unmöglich, angesichts der raffinierten Überwachungstechniken des Forschungsamtes der Entdeckung früher oder später zu entgehen.

Neuenhoff war immer wieder außerordentlich verblüfft darüber, wie sorglos die ausländischen Diplomaten am Telefon waren. Sie mußten wohl über Sicherheitsvorschriften aufgeklärt worden sein, aber wiederholt vergaßen sie sich. Es war allerdings nicht so, daß die Ausländer in dieser Hinsicht die einzigen waren. „Verschiedentlich", so erinnerte er sich, „hörte ich in der Anfangszeit meiner Ausbildung [Herbst 1936] von Ribbentrop [damals deutscher Botschafter] von

---

117 Befragung von v. Dirksen durch die Gesandtschaft des US State Departments, 13. Sept. 1945. „Wahrscheinlich", erkannte von Dirksen etwas später, „hatte Ribbentrop ein Telegramm von Attolicos Bericht über Gespräche mit ihm entschlüsselt..."

118 Hinsichtlich der Sonderoperationen des Forschungsamtes in Sofia, siehe S. 104 unten. Nebenbei bemerkt: einer beobachteten Person einen Wink zu geben, daß sie der Telefonüberwachung unterlag, wurde mit dem Tode bestraft, unabhängig vom jeweiligen Rang, wie Oberregierungsrat Hartmut Plaas aus der FA-Abteilung 13 (Innenpolitik) feststellen mußte (siehe S. 122 f.).

119 Ulrich von Hassell: Vom anderen Deutschland. Aus den nachgelassenen Tagebüchern 1938–1944. Frankfurt 1964, S. 269 ff.

London aus mit Göring sprechen. Seine leichtfertigen bzw. unvorsichtigen Äußerungen erstaunten uns immer wieder. Später erging ein Verbot, Göring aufzunehmen."

Der deutsche Reichskanzler Adolf Hitler mit dem italienischen Botschafter Bernardo Attolico (ganz rechts) in Berlin

Etwa 1935 war das Forschungsamt bereits unentbehrlich. „Als im Jahre 1935 ... Ribbentrop die Flottenverhandlungen in London leitete", berichtete Kittel, „forderte er einige Angehörige der Entzifferungsabteilung [Abteilung IV] des Forschungsamtes an, die die Aufgabe hatten, den Nachrichtenverkehr mit dem Reich so weit als möglich zu verschlüsseln. Wie gut die Aufgabe gelöst wurde, zeigt die Tatsache, daß in den entsprechenden Räumen der Deutschen Botschaft [in London] in diesen Tagen ein Einbruchsversuch gemacht wurde, offenbar mit dem Ziel, entweder Kenntnis von dem verwendeten Code oder wenigstens von den bereits vorliegenden Funksprüchen zu bekommen."

Der Außenminister, ein Todfeind des Forschungsamtes

Ebenso wie es im Zweiten Weltkrieg alliierte Kommandeure gab, die die Bedeutung der britischen Leistungen im Codeknacken in ihrer Tragweite überhaupt nicht erfaßten, so stellte das Forschungsamt jetzt fest, daß es Regierungsstellen und Persönlichkeiten gab, die ihre Braunen Blätter als unerheblich abtaten. „Ich habe oft die Empfindung gehabt", so Seiferts Erinnerung, „daß sie gelesen wurden, aber nicht die Konsequenzen gezogen wurden, die man hätte ziehen können. Ob das nur am Führer gelegen hat, ich weiß es nicht. Ich bin oft deprimiert gewesen, daß man diese guten Nachrichten und dies gute Material so wenig anzuwenden verstand. Wer es gut verstanden hat, war die Wirtschaft ... Und im Auswärtigen Amt zu Neuraths Zeiten zum Beispiel. Wenn der französische Botschafter die Weisung bekam, in irgendeiner Angelegenheit eine Demarche zu machen, dann konnten wir dem Außenminister sagen: ‚Morgen kommt der französische Botschafter um die und die Zeit, er hat den und den Auftrag, er kann verhandeln bis zu dem und dem Limit.' Ich meine, dann kann man Politik treiben!"[120]

Und Hitler begann nun allmählich, große Politik zu treiben. Bis zu dem Zeitpunkt, als er das Rheinland im März 1936 remilitarisierte, hatte das Forschungsamt 34.000 Braune Blätter hervorgebracht. Hauptauswerter Seifert brachte Hitler diejenigen, die über die hysterischen Reaktionen der Auslandspresse auf sein Vorgehen im Rheinland berichteten. Hitler nahm es gefaßt auf. „Sie werden sich schon wieder beruhigen", sagte er.

Die Beziehungen des Forschungsamtes zu Ribbentrop kühlten ab, als er im Februar 1938 Reichsaußenminister wurde. Göring und Ribbentrop waren immer Todfeinde gewesen, und das Forschungsamt

[120] Seifert, Interview.

blieb bis zum Ende ein Dorn in Ribbentrops Auge. Walter Peipe, der von 1935 bis zum Ende in der Hauptabteilung V (Auswertung) arbeitete, erinnerte sich in einer Ausarbeitung, daß Göring – zweifellos in böswilliger Absicht – das Forschungsamt bat, einen Bericht über die Reaktionen der Welt auf Ribbentrops Ernennung zum Reichsaußenminister zu liefern: „Als dieser Bericht Ribbentrop selbst in die Hände geriet", erinnert sich Peipe, „bekam er einen Tobsuchtsanfall und behauptete, es habe auch positive Stimmen gegeben, die, wie er unterstellte, absichtlich vom Forschungsamt übersehen worden seien."[121] Angesichts der Integrität des FA-Personals scheint dies jedoch völlig ausgeschlossen.

Kittel weiter: „Er war einer der schärfsten Gegner des Amtes und gab dem im Lauf der Zeit auch immer wieder Ausdruck. Am unangenehmsten war ihm wohl die Tatsache, daß Hitler FA-Meldungen bekommen konnte, die er selbst nicht sah und nicht kommentieren konnte. So verlangte er wiederholt von Göring, daß alle außenpolitischen Meldungen, die Hitler zugedacht waren, vorher ihm zugeleitet werden sollten, allerdings stets ohne Erfolg." Es habe den eitlen Außenminister außerdem geärgert, daß das Forschungsamt grundsätzlich alle von ihm beantragten Privataufträge ablehnte.[122]

Bis 1937 betrug der Jahresetat des Forschungsamtes durchschnittlich 25 Millionen Reichsmark, eine Summe, die im Budget des Preußischen Staatsministeriums schwer zu verheimlichen war. Göring verfügte, daß das Forschungsamt fortan im Haushalt des Reichsluftfahrtministeriums geführt wurde. Staatssekretär Körner, der ursprünglich eine Kopie jeder Rohmeldung erhalten hatte, wies nun Prinz Christoph an, ihm nur die zuzuschicken, die seinen Arbeitsbereich betrafen: die Wirtschaft allgemein und den Vierjahresplan im besonderen; später ersuchte Körner darum, daß die Ergebnisse noch enger auf seine persönliche Zuständigkeit konzentriert werden sollten.[123]

---

[121] Walter Peipe, Ausarbeitung für CIC: „Reichsluftfahrtministerium Forschungsamt", im OSS-Dossier.

[122] Ulrich Kittel, MS.

[123] Eidesstattliche Erklärung von Gottfried Schapper, 7. Juni 1948. Fall XI, Körner, Beweisstück Nr. 154.

Die Aufgaben des Forschungsamtes

Die Zentrale des Forschungsamtes war jetzt in sechs Hauptabteilungen[124] gegliedert, mit der folgenden Belegschaft:[125]

Hauptabteilung I: Verwaltung
Leiter: Ministerialrat Berggren (Sekretärin: Frl. Weidenhoft); Referenten: Dr. Schumann (Rechtsabteilung); Gerke (Personal); Amtmann Bonke (Beschaffung); Oberregierungsrat Kunsemüller (Finanzen).

Hauptabteilung II: Personal
Leiter: Oberregierungsrat Fritz Kempe (Sekretärin: Frl. Schwartmann)

Hauptabteilung III: Erfassungsansatz und Verteilung
Leiter: Ministerialrat Breuer (Sekretärin: Frl. Hanna Kluth)

Hauptabteilung IV: Dechiffrierung
Leiter: Ministerialdirektor Georg Schröder; Stellvertreter: Freiherr Emil Ludwig von Recnicek[126] (Sekretärin: Frl. Fischer)

---

[124] Ich bezeichne sie der Einfachheit halber als „Hauptabteilungen", obwohl 1938 ihr Titel nur „Abteilungen" war; im Jahre 1941 erfuhr das Forschungsamt eine grundsätzliche Neuorganisierung (siehe S. 102 ff.), wobei diese Hauptabteilungen I bis VI in Abteilungen 1 bis 16 unterteilt wurden.

[125] Quelle z.T. BAOR-Bericht vom 2. Jan. 1946 und Erklärungen von Peipe und Oskar Schröder, ebenso USFET-Bericht. Der Hauptabteilung II unterstanden Personal und Ausbildung; III unterstanden Planung und Ausführung der Pläne; V unterstanden Auswertung und Verteilung.

[126] Die Schreibweise von „Recnicek" ist unterschiedlich; ich habe durchweg diese Schreibweise übernommen. Michael Graf Soltikow schrieb dem Autor am 28. März 1981, daß Recnicek ein genial begabter Entzifferer gewesen sei, der damals in Charlottenburg, Eichenallee 62, gewohnt habe.

Hauptabteilung V: Auswertung
Leiter: Ministerialrat Walther Seifert

Hauptabteilung VI: Technik
Leiter: Oberregierungsrat Fritz Stabenow

Das Auftragswesen an das Forschungsamt war sowohl allgemeiner als auch genau definierter Natur. Das OKW zum Beispiel hatte das Forschungsamt angewiesen, alle Fern- und Durchgangsleitungen abzuhören. Andere Stellen ersuchten um spezielle Abhörschaltungen bei bestimmten Einzelpersonen oder Gesellschaften. Manchmal waren die Aufträge kompliziert und überschnitten sich, besonders auf wirtschaftlichem Gebiet.

Im allgemeinen blieb das Verfahren während der gesamten Lebensdauer des Forschungsamtes das gleiche. Eine hierzu ermächtigte Dienststelle oder ein Reichsministerium legten durch ihre Verbindungsstelle dem Forschungsamt einen schriftlichen Antrag auf eine Abhörgenehmigung oder andere Form der Überwachung vor. In Beratung mit Seifert, als Leiter der Hauptabteilung V, bearbeitete Hauptabteilung III diesen Antrag, erhielt Görings alles entscheidendes „G“ auf der Genehmigung, und leitete sie an die Ansatzabteilung der zuständigen Forschungsstelle in Berlin oder im übrigen Bereich weiter.[127]

Göring genehmigte oder verweigerte einen Antrag gewöhnlich innerhalb von 24 Stunden, aber während des Zweiten Weltkrieges gab es Verzögerungen von mehreren Tagen. Im Falle der Genehmigung ging ein Schaltbefehl an die Reichspost. Auf der Forschungsstelle zeichnete der Erfasser die Erfassermeldungen auf. Diese wurden zunächst an die Abteilung „Auswertung“ der Forschungsstelle zur Katalogisierung (rote Karte) und zur Auswertung weitergeleitet; sie wurden dann in „Z“-Meldung zum Beispiel an die örtliche Stapostelle weitergeleitet, oder per Geheimschreiber an die „Einlaufstelle“ des Forschungsamtes in Berlin. Diese sandte sie entweder direkt an die Hauptabteilung V (Auswertung) weiter, oder – wenn die abgefangene Meldung chiffriert war – an die Hauptabteilung IV zum Dechiffrieren und zur Übersetzung. Nach Auswertung ging eine „N“-Meldung wieder durch die spezielle dortige FA-Verbindungsstelle zurück an die Dienststelle oder das Reichsministerium, von der der Antrag ausgegangen war.

---

[127] Quellen: BAOR-Bericht vom 2. Januar 1946; Rebien; Oskar Schröder und Ulrich Kittel, MS.

Nur selten konnte eine Forschungsstelle im übrigen Reichsgebiet ein Überwachungsziel unabhängig vom Forschungsamt Berlin bestimmen – wofür ein Beispiel eine Notsituation wie der Anschlag auf Hitlers Leben am 20. Juli 1944 war. „In solchen Fällen", erinnerte sich Hermann Rebien, „mußten die Forschungsstellenleiter sofort per Fernschreiber vom Forschungsamt Berlin eine rückwirkende Genehmigung einholen."

Hauptabteilung IV: Dechiffrierung

Am engsten abgeschirmt von allen Aktivitäten des Forschungsamtes war die der Dechiffrierfachleute der Hauptabteilung IV im obersten Stock, „die Knobler da oben", wie Neuenhoff die Mathematiker, Computerfachleute und Akademiker nannte, die die Codes des Feindes unter Verwendung von Hollerith-Lochkartenmaschinen und all der anderen obskuren Werkzeuge ihres Geschäfts entschlüsselten.

Hauptabteilung IV war von sechs Entzifferungsfachleuten aufgebaut worden, die Göring namentlich vom Reichswehrministerium angefordert hatte, als das Forschungsamt 1933 gegründet wurde; mit Georg Schröder – der später von den Engländern gefangengenommen wurde – als Hauptabteilungsleiter, hatten diese Männer ihrerseits eine Generation von neuen Entschlüsselungsexperten und Sprachspezialisten herangebildet. Schröder stellte in der Gefangenschaft fest, daß die Aufgabe der Abteilung darin bestand, verschlüsselte Botschaften, die sowohl auf nationalen wie internationalen Kabeln und durch Radioüberwachung erfaßt wurden, zu entschlüsseln.[128] Seine Chiffrierstelle stand in dem Ruf, die kompetenteste in ganz Deutschland zu sein. Die

[128] Befragung von Georg Schröder; Bericht von der Dienststelle für Personal in Gefangenschaft und erobertes Material, Militärische Nachrichten-Abteilung, 25. Juni 1945, zitiert im USFET-Bericht (OSS-Dossier).

bekannten Codes wurden schnell entschlüsselt und der Hauptabteilung V (Auswertung) zugeleitet. Nicht zu entziffernde Sprüche blieben beim Sachbearbeiter der Abteilung IV in der Hoffnung, daß die Codes später entschlüsselt werden könnten. „Mit Hilfe Tausender von Unterlagen und genauestens geführter Code-Bücher", berichtete Kittel, „wurde mit nie erlahmendem Eifer oft jahrelang an der Entschlüsselung gearbeitet, bis entweder ein Erfolg zu verzeichnen war oder aber nach einer gewissen Zeit festgestellt werden mußte, daß die Arbeit vergeblich blieb."

1932 hatte die Chiffrierstelle des Reichswehrministeriums ungefähr 200 Chiffriersprüche pro Monat entschlüsselt. In der Blütezeit des Forschungsamtes aber waren in den vier Chiffrierabteilungen mit 240 Sachbearbeitern rund dreitausend Chi-Sprüche monatlich entziffert worden.

Die Hauptabteilung IV war gegliedert in vier Abteilungen: eine wissenschaftliche und drei für die verschiedenen Sprachgruppen: englisch, spanisch, portugiesisch, orientalisch sprechende Länder sowie Asien; französisch sprechende Länder sowie Schweiz, Italien und die Niederlande; slawische und nordische Länder sowie alle öffentlichen Codes. Nach Seiferts Erinnerung war die englische Entzifferung Oberregierungsrat Wächter unterstellt, während Oberregierungsrat Petzel Leiter der französischen Abteilung war.

Konstantin von Neurath (Deutscher Reichsaußenminister 1932–1938)

Es ist klar, daß die italienischen und die französischen diplomatischen Codes für das Forschungsamt keine großen Hindernisse darstellten, obwohl auch hier wieder nur die dürftigsten Spuren der tatsächlichen Ergebnisse in den Archiven zugänglich sind. So fing das Forschungsamt nach der bekannten „Hoßbach-Besprechung" in der Reichskanzlei am 5. November 1937, auf der Hitler seinem engsten Stab – dazu gehörten von Neurath und Göring sowie Feldmarschall Werner von Blomberg, Oberbefehlshaber des Heeres

Generaloberst Werner Freiherr von Fritsch und Flottenchef Admiral Erich Raeder – ein militärpolitisches Planspiel darlegte, das folgende raffiniert abgefaßte Telegramm ab, das der französische Botschafter am nächsten Tag abschickte und dabei über die Konferenz in bemerkenswerten Einzelheiten berichtete:

> Chiffriertes Telegramm Nr. 4409-10
>
> Berlin, den 6. November 1937
> abgeschickt um 19.00 Uhr
>
> Diplomatie – Paris
>
> Gestern Nachmittag fand in der Reichskanzlei eine große Konferenz statt, an der eine große Anzahl Generäle und Admiräle teilnahmen, der Marschall von Blomberg, Admiral Raeder, Herr von Neurath und General Göring. Die Presse hat kein Wort darüber verlauten lassen, und es ist schwer zu sagen, welches das Thema dieser Geheimversammlung, die ziemlich lange dauerte, war. Man hat mir berichtet, es sei um die Frage des Problems der Rohstoffe und Schwierigkeiten gegangen, die der Mangel an Stahl und Eisen für die Wiederbewaffnung bedeutet. Admiral Raeder soll eine Erhöhung des Stahlkontingents erhalten haben, und zwar für den Schiffsbau. Es soll ebenfalls angekündigt worden sein, daß Deutschland in elf Monaten seinen Gesamtbedarf an Treibstoff selbst decken würde. Aber es bleibt erstaunlich, daß man, wenn man nur davon gesprochen hat, so viele Offiziere im Generalsrang in die Reichskanzlei beordert hat.
>
> François-Poncet[129]

Hauptabteilung IV hatte andere bemerkenswerte Erfolge zu verzeichnen. Es geht klar aus den hier abgedruckten Dokumenten im An-

---

[129] Zweiteiliges Telegramm von François-Poncet an das französische Außenministerium, 6. Nov. 1937, Nr. 4409 und 4410. Die Tatsache, daß dieser Text vom Forschungsamt erfaßt wurde, ist aus Raeders persönlichen Unterlagen ersichtlich. Göring schrieb an alle anderen Teilnehmer und ordnete eine sofortige Untersuchung darüber an, wer etwas über den ersten, die Rohstoffe betreffenden Teil der Konferenz an den französischen Botschafter hatte durchsickern lassen. (Briefwechsel Blomberg – Raeder – Puttkamer Wangenheim in BA-MA, Akten der Seekriegsleitung, PG/33272). Ich erhielt den Text vom Archiv des Auswärtigen Amtes, Quai d'Orsay, Paris.

hang hervor, daß das Forschungsamt 1939 verschlüsselte Mitteilungen aus England, Frankreich, Japan, der Türkei, Belgien, Jugoslawien und Lettland las. Der Erfolg bei sowjetischen Codes war auf einen Einbruch des Forschungsamtes in die Verbindung zwischen den hinter dem Ural liegenden Rüstungszentren mit Berichten über Kapazität, Ausstoß usw. beschränkt.[130] In die amerikanischen Codes konnte man bis zu einem gewissen Niveau einbrechen, besonders in die der US-Gesandtschaft in Bern; diese waren eine ergiebige Quelle des Geheimdienstes bis 1942, als der deutsche Verräter und Abwehr-Offizier Hans-Bernd Gisevius das US-Büro für strategische Dienste (OSS) in der Schweiz warnte und das Leck gestopft wurde.[131] Gleichzeitig war das Forschungsamt in der Lage, chiffrierte Telegramme des amerikanischen Militärattachés in Kairo, Colonel Bonner Fellers, zu lesen, der die britischen Operationen gegen General Erwin Rommel in der Wüste beobachtete.[132] „Das Amt [FA] hatte besonderen Erfolg", berichteten die Amerikaner nach Verhören Görings im Juli 1945, „in unsere Codes einzubrechen, wodurch sie Informationen von unschätzbarem Wert erhielten. Laut [Göring] erwies sich unsere Gesandtschaft in der Schweiz als besonders nützlich."[133]

Die Hauptabteilung IV war auch verantwortlich dafür, die Sicherheitschiffrierungen zu entwickeln, die vom Forschungsamt selbst verwendet wurden. Abteilung 6, die wissenschaftliche Abteilung, hatte die Aufgabe, die deutschen Codiermaschinen auf Sicherheit zu überprüfen – einschließlich der verhängnisvollen, als absolut „abhörsicher" geltenden Enigma-Maschine (in die die britischen Codeknacker von 1939 an massiv einbrachen). Diese Abteilung bildete auch neue Dechiffreure aus, versuchte die schwierigen Chiffrierungen zu lösen, die die anderen Abteilungen nicht hatten entziffern

---

[130] Seifert, Interview; Lothar Günther, FA-Angestellter 1937 bis Okt. 1944, sagte, daß in Abteilung IV die russischen Codes als am schwierigsten zu entziffern galten (OSS-Dossier).

[131] Siehe das überschwengliche Einführungsschreiben des OSS-Gebietsführers Allan W. Dulles an den amerikanischen Hauptankläger beim Nürnberger Kriegsverbrecherprozeß Robert H. Jackson, in dem er lobend die verräterische Tätigkeit Gisevius' im Solde der Amerikaner hervorhebt (Nachlaß Jackson, Library of Congress, Washington, Akte „Dulles").

[132] Einige Originalmeldungen des US-Konsuls Bonner Fellers aus Kairo befinden sich im Nachlaß des Sekretärs des US-Stabschefs General George C. Marshall, im National Archives, Washington.

[133] Befragung von Göring am 10. Juni 1945: „Forschungsamt des Reichsluftfahrtministeriums", CCPWE, DI-7.

können, arbeitete Techniken aus, um Hollerith-Maschinen für verschiedene statistische und technische Berechnungen zu verwenden und beschaffte und testete die Codes und Codiermaschinen des Feindes.

Die Codes des Hitler-Reiches waren sehr leicht angreifbar. Gottfried Schapper, der sich sehr genau bewußt war, mit welcher Leichtigkeit der Feind die deutschen Marine-, Militär- und diplomatischen Codes im Ersten Weltkrieg entschlüsselt hatte, schlug unter Staatssekretär Martin Luther, den er im Auswärtigen Amt besuchte, vor, daß Ribbentrop seine Codes von einigen der besten Entzifferer des Forschungsamtes auf ihre Sicherheit nachprüfen lassen sollte. Ribbentrop knurrte Luther an (so Kittel): „Das könnte denen vom Forschungsamt so passen!" Das Forschungsamt fing mit seiner Untersuchung an. Als Staatssekretär von Weizsäcker seinerseits die technische Abteilung des Forschungsamtes besuchte, zeigte man ihm, mit welch schockierender Leichtigkeit sich der technisch verschlüsselte Funkverkehr Ribbentrops mit Japan entziffern ließ. Nichts passierte – der Funkverkehr lief in den alten Bahnen weiter, sehr zum Entzücken der britischen Entzifferer, die buchstäblich jedes deutsche diplomatische Telegramm, das sie während des ganzen Krieges abfingen, entschlüsselten.

Schapper nahm dann Kontakt zu General Erich Fellgiebel, dem Chef der Wehrmacht-Nachrichten-Verbindungen, und WNV-Stabschef General Fritz Thiele auf, und schlug vor, daß das OKW das Auswärtige Amt und das Forschungsamt eine gemeinsame Kommission zur Prüfung aller Chi-Verfahren der drei Partner einrichten sollten. Das OKW nahm an – Ribbentrop lehnte ab.

Das RSHA, Abwehr, Kriegsmarine und Auswärtiges Amt unterhielten alle miteinander konkurrierende Dechiffrierdienststellen, und nur das Auswärtige Amt (Abteilung Pers Z) kooperierte auf einer Minimalbasis mit dem Forschungsamt und tauschte Chiffrierungen und Daten mit ihm aus.[134] Bis Ende 1937 hatte man im Prinzip dahingehend Einigung erzielt, daß das Forschungsamt Pers Z übernehmen sollte; Neurath hatte das Abkommen schon paraphiert, als Ribbentrop ihn als Reichsaußenminister ersetzte und alles rückgängig machte. Die Abwehr und das RSHA lehnten jede Zusammenarbeit ab, es sei denn

[134] Oskar Schröder erklärt, daß Abt. IV mit Pers Z zusammenarbeitete, wo Geheimrat von Syrchow und Oberregierungsrat Hoffmann Leiter der Entzifferungsstelle waren (OSS-Dossier).

die Art von Kooperation, die ein Barrakuda von seiner nächsten Mahlzeit erwartet.[135]

Hauptabteilung V: Auswertung

Der wirkliche Kopf in der Charlottenburger Geheimdienststelle, die seit 1937 „Forschungsamt des Reichsluftfahrtministeriums" genannt wurde, war Hauptabteilung V, Auswertung, die größte der Hauptabteilungen.

Hier verdauten mehrere hundert hervorragend ausgebildete Fachleute den lawinenartigen Ansturm unbearbeiteter Daten, die rund um die Uhr eingingen, und verwandelten sie in verwertbare Geheimdienstnachrichten.[136]

Diese Hauptabteilung, die Walther Seifert leitete, war in mehrere Abteilungen gegliedert, jede mit Aufgaben und Untersuchungsgebieten für spezielle Fachleute.

Den Auswertern stand eine der stattlichsten und modernsten Handbibliotheken Europas zur Verfügung: auf dem neuesten Stand befindliche Aktenordner mit Hotel-Gästelisten und Anmeldezetteln (um die Schreibweise von Namen zu überprüfen); umfangreiche Ordner, die gründlich mit Querverweisen versehen und leicht zugänglich waren, mit veröffentlichten Informationen aus jedem Land; beständig auf den neuesten Stand gebrachte Zusammenstellungen wissenschaftlicher, politischer und wirtschaftlicher Literatur, Textbücher, Stadtpläne, Telefonbücher – um die Auswerter bei der näheren Erläuterung und richtigen Einschätzung der unbearbeiteten Da-

[135] Ulrich Kittel, MS. Es ist vielleicht sinnvoll, daran zu erinnern, daß diese Verhöre zu einem Zeitpunkt stattfanden, als Ribbentrop tot oder dem Tode verfallen und nicht in der Lage war, sich gegen diese häufig vorgebrachten Behauptungen zu verteidigen. Die Archive helfen uns da nicht weiter.

[136] Ulrich Kittel, MS. Und Befragungen von O. Schröder, Peipe u.a., sowie USFET- und BAOR-Berichte (OSS-Dossier).

ten, die aus den verschiedenen Arten von „Forschungsstellen" eingingen, zu unterstützen. Jede Forschungsstelle hatte eine direkte Verbindung zum Einwohnermeldeamt im Polizeipräsidium; diese wurde benutzt, um z.B. das Geburtsdatum einer Zielperson zu erhalten – wobei das örtliche Polizeipräsidium unter dem Eindruck stand, daß der Anruf von einer auswärtigen Polizeieinheit kam. Es gab auch direkte Verbindungen zu den örtlichen Abwehr-, Stapo- und Kripostellen.

Die Auswerter mußten in der Lage sein, die flüchtigste Erwähnung irgendeiner Persönlichkeit, eines Straßennamens, Ereignisses oder einer technischen Einzelheit zu identifizieren und sie, wenn dies zum Vorteil des Benutzers nötig war, auf dem Braunen Blatt mit einzufügen, aber immer – klar gekennzeichnet – als Einfügung durch das Forschungsamt. Alle Mitarbeiter betonten, daß das oberste Ziel des Forschungsamtes größtmögliche Objektivität war.

Ursprünglich war die Auswertung in zwei Gruppen eingeteilt. Gruppe A wertete alle Fernmelde- und Geheimdienstergebnisse aus; Gruppe B wertete die Auslandspresse aus und gab ihre Ergebnisse in den „Täglichen Pressedienst". Dieser FA-Pressedienst, über den sich Fritz Wiedemann beschwert hatte, besaß einen archivmäßigen Charakter. Nach der Neuorganisierung des Forschungsamtes im Jahre 1941 wurde Hauptabteilung V, wie man sehen wird, in vier Abteilungen gegliedert:

Die eine (Abteilung 10) sammelte den größten Teil aller Referenz-Auskunftsmittel des Amtes, die anderen drei (11, 12 und 13) waren für die eigentliche Auswertung zuständig: außenpolitische, wirtschaftspolitische bzw. innenpolitische Auswertung.

Typische Mitglieder der Hauptabteilung V in Berlin waren „Karteiauswerter": Willi Püschel, ein Träger des goldenen Parteiabzeichens, der 1937 zum Forschungsamt kam; Eberhard Rahn, der seit 1933 – damals 16 Jahre alt – ein NSDAP-Aktivist, und Mitglied der Allgemeinen SS war, er arbeitete zuerst beim FA in Berlin, dann in München, später in Prag; ein Dritter war Oskar Schröder, ein „Kartei-Auswerter" bei der Forschungsstelle Köln-Deutz, der beim Forschungsamt Berlin im September 1939 zum „Aktuellen Auswerter" umgeschult wurde.[137]

Ihre Hauptabteilung gab regelmäßige Sammelberichte (laut Aussagen von Schröder sogar monatlich) heraus, in denen über die einzel-

[137] Befragungen im OSS-Dossier.

nen Angehörigen der diplomatischen Vertretungen in Berlin alles Wesentliche vermerkt war, auch über alle mit ihnen in Verbindung stehenden Personen. Die Zusammenfassung enthielt eine Charakterkritik, und das Privatleben der überwachten Persönlichkeit wurde in allen Einzelheiten beschrieben. Das OKW erhielt besondere Berichte über die ausländischen Militärattachés in Berlin. Solche Sammelberichte wurden zu Hunderten vom Forschungsamt erstellt.[138]

So hielt Joseph Goebbels – erst ab April 1942 FA-empfangsberechtigt – am 6. April 1942 (vorschriftswidrig) schriftlich fest: „Mir wird eine Analyse der englischen Propagandatendenzen seit Beginn des Krieges, ausgearbeitet von unserem Forschungsamt, vorgelegt. Sie erbringt nichts wesentlich Neues. Die englische Propaganda hat in diesem Krieg gründlichst versagt – Man kann an ihr lernen, wie es nicht gemacht wird." Am 26. Mai 1943 schrieb er: „Aus Abhörberichten des Forschungsamtes bekomme ich nähere Nachrichten über die Mentalität des Roosevelt-Botschafters [Joseph E.] Davies." Und: „Andere abgehörte Telefongespräche zeigen mir den Berliner Botschafter [Dino] Alfieri von einer Seite der Eitelkeit, die nur Lächeln erwecken kann."[139]

Joseph E. Davies
(US-Botschafter in Moskau)

Göring sagte später im Juli 1945 aus, daß sein Forschungsamt gelegentlich auch Zusammenstellungen von Nachrichtenmaterial über besondere Ereignisse, wie die Konferenz von Jalta und Roosevelts Tod, herausgab.[140]

[138] Der einzige noch existierende FA-Sammelbericht „Zur englischen Politik vom Münch[e]ner Abkommen bis zum Kriegsausbruch" ist als Anlage auf S. 166 ff. abgedruckt. Die Titel von vielen anderen waren in dem vom Gesandten Walther Hewel geführten Register sämtlicher diplomatischen Vorlagen beim Führer 1940–1942 (im Anhang auf S. 235 ff.) enthalten.

[139] Die Goebbels-Tagebücher sind als Original im Hoover-Archiv, Kalifornien, bzw. auf Mikrofilm im NA, T-84, einzusehen.

[140] Befragung von Göring am 7. Juli 1945 (CCPWE Nr. 32, DI-36).

Die Haupterzeugnisse der Abteilung V waren die N-Meldungen, die veröffentlichten „Forschungsergebnisse", gemeinhin als „Braune Blätter" oder „Braune Freunde" bezeichnet.

FA-intern ging eine gelbe Kopie davon automatisch an die Karteiauswertung, wo ein Auswerter im Telegrammstil ihre Schlüsseldaten auf weiße Karteikarten tippte; Namen wurden in rot getippt. So ergab sich allmählich ein vollständiges Bild vom Privatleben und den geschäftlichen Aktivitäten einer Person.[141]

Das System der Erfassung auf Karteikarten war überall auf den Forschungsstellen standardisiert.

Es gab eine Personenkartei, die aus Tarnungsgründen „K-P" genannt wurde. Die Angaben wurden auf eine weiße DIN-A 5-Karte eingetragen. Wenn die Person bereits unter Überwachung stand, wurde ein kleines rotes Etikett oben auf der Karte angefügt.

Es gab auch eine Sachkartei („K-S"), die in erster Linie dafür entwickelt war, über Geschäftsabschlüsse auf dem laufenden zu bleiben. Die Zahlensystematik, die für diese Sachkartei 1935 durch das Forschungsamt entwickelt worden war, machte es zum Objekt des Neides der Nachkriegsermittler. In der Ländersystematik bezeichnete 100 Deutschland; 110 Böhmen und Mähren; 200 Frankreich; 201 Belgien; 202 Holland; 210 England; 300 Italien; 301 die Slowakei; 302 Ungarn; 400 Rußland; 410 Schweden; 500 USA, usw. Auf diese Art zeigte z.B. eine Karteikarte „301-24-34" eine abgefaßte Meldung betreffend die Slowakei – Handel – Holz an.

Das Forschungsamt baute auch Kartenordner über Verdächtige auf. Dies waren Mantelkarten, die in Form einer Tasche für Einlegekarten gefaltet waren. Die Mantelkarten enthielten auf der Außenseite die Personalien, zusammen mit dem Grund der Überwachung, Auftraggeber usw. Die Einlegekarten waren gelb, wenn sie Angaben über die berufliche Laufbahn und den Familienstand der Person enthielten, oder blau, wenn sie seine kommerziellen Aktivitäten festhielten. Bis 1942 enthielt nach einer FA-Quelle die Personenkartei mehr als drei Millionen Namen.[142]

---

[141] Die wesentliche Quelle in bezug auf dieses Karteikartensystem ist Oskar Schröder (OSS-Dossier).

[142] Artikel in: Neue Presse, Coburg, 6. Aug. 1946 (IfZ, Akte über Goebbels).

Nächtliche Unterhaltung für die Forschungsstellen

Die Auswertung holte sich ihr Rohmaterial mit Hilfe der Augen und Ohren des Forschungsamtes, den Forschungsstellen. Diese „A"-, „B"-, „C"-, „D"- und „F"-Stellen gab es vor dem Krieg u.a. in Berlin Charlottenburg, Hamburg (im Strafjustizamt),[143] Bremen, Köln (Deutz, Konstantinstraße 1), Düsseldorf (Steinstraße 7: Postamt, Treppe B, 2. Etage), Breslau (Leiter: Regierungsrat Dr. Rautenkranz), München, Nürnberg, Frankfurt/Main (Zeil 106–110, Postamt: Zimmer 318 a), Stuttgart (Thouretstraße 2) und Dresden N 6. Die Anzahl der „Forschungsstellen" sollte sich während des Zweiten Weltkrieges auf ungefähr 70 erhöhen. Die Mehrzahl waren „A"-Stellen, Fernsprecherfassung, und sie lagen (gewöhnlich zusammen mit den „D"- und „F"-Stellen) in Städten, die Hauptmittelpunkte des Postnetzes waren. Jede „A"-Stelle außerhalb Berlins war eine originalgetreue Nachbildung des Berliner Forschungsamtes im kleinen, mit eigener Auswertung und Kartei; sie lieferte direkt an die örtlichen Abnehmer.

Die Linien, die überwacht wurden, umfaßten die Luxushotels und Regierungsgästehäuser, wie z.B. Schloß Belvedere in Berlin.

„Wenn ein Staatsbesuch im Belvedere unterkam", erinnerte sich Neuenhoff, „saßen unsere Leute bereits an Ort und Stelle, um zum Beispiel Mussolini bei seinen allerersten Gesprächen mit seiner Freundin [Clara Petacci] anzuzapfen ... Derartige ‚Staatsgespräche' haben die oft so langweiligen Nachtüberwachungen verkürzt."

Botschafter Alfieri und Graf Ciano waren regelmäßig Besucher des Luxusbordells in der Gieselbrechtstraße in Berlin-Charlottenburg, das vom Auswärtigen Amt zu Spionagezwecken eingerichtet worden war. Die Damen erfuhren gelegentlich ihrer Tätigkeit manches Interessante.

[143] Im folgenden ist ein anderer Standort der Forschungsstelle Hamburg angegeben, möglicherweise auf verschiedene Zeitabschnitte bezogen.

Eine andere der privaten Telefonleitungen, die routinemäßig überwacht wurden, war die des US-Botschafters Thomas Dodd; seine wohlgestaltete junge Tochter Martha hatte eine Reihe ungehöriger Liebesaffären mit führenden Nazis, einschließlich 1934 einer mit Gestapo-Chef Rudolf Diels. „Ich erinnere mich", berichtet Neuenhoff, „daß [sie] einmal bei [Fliegerheld General Ernst] Udet anrief mit der Bitte, ihren Schlüpfer, den sie auf seiner Couch hätte liegengelassen, zu entfernen, damit die Putzfrau ihn nicht finde."

Klaus von Klitzing bezeugt, daß sehr ähnliche, äußerst indiskrete Gespräche Martha Dodds mit dem Atlantikflieger von Hühnefeld und einem jüngeren Mitglied eines ehemaligen Herrscherhauses abgehört wurden.

Im Oktober 1937 besuchten der Herzog von Windsor und seine frühere Geliebte, jetzt die Herzogin, Hitler auf dem Obersalzberg und seinen Stellvertreter Rudolf Heß in Harlaching bei München. Die Telefone des herzoglichen Ehepaares wurden auch abgehört, ebenso wie die führender Persönlichkeiten in der Kulturwelt – der Radio-Kommentator Frick stand wegen des Verdachts der Homosexualität unter Überwachung.[144]

Das Forschungsamt als wirtschaftliches Machtinstrument

Angesichts von Hermann Görings überragender Rolle in der deutschen Wirtschaftspolitik seit der Aufstellung seines Vierjahresplans im Oktober 1936 war es nicht überraschend, daß er dem Forschungsamt eine systematische Belieferung des Materials zur Steuerung der Wirtschaftspolitik als eine Hauptaufgabe zuwies. Das Forschungsamt gab Göring ein entscheidendes Druckmittel bei Handelsvertragsverhandlungen mit anderen Ländern und bei seinen eigenen Verhandlungen im Inland in die Hand. Während der Handelsgespräche in Berlin über-

[144] BAOR-Bericht vom 2. Januar 1946. Er bezieht sich möglicherweise auf Hans Fritzsche.

nahm ein fliegender FA-Trupp die Telefonvermittlung des Hotels der ausländischen Delegation – etwa des Hotels Bristol während wichtiger deutsch-französischer Gespräche 1937 – und überwachte deren Gespräche von Zimmer zu Zimmer. „Bei den öfteren Handelsvertragsverhandlungen in den Hotels", so beschrieb es Neuenhoff, „wurde noch im Anschluß an Informationen seitens der ausländischen Vertretungen oder Abordnungen sofort jeweils die deutsche Delegation unmittelbar nach Pausen oder am anderen Tage über weitere [an ihre Gesprächspartner erteilte] Verhandlungsanweisungen informiert."

Diese „internen Kenntnisse" über internationale Geschäftsabschlüsse, besonders über die Börsen der Welt und den internationalen Getreidemarkt, ermöglichten es Deutschland im allgemeinen und den Hermann-Göring-Werken im besonderen, sich an präventiven Kaufoperationen riesenhaften Ausmaßes zu beteiligen. Roese, ein alter FA-Erfasser, erklärte, daß das besondere Interesse seiner „A"-Stelle seit Anfang 1937 das Erfassen jeglicher Mitteilungen unter Getreidehändlern über die aktuellen Preise war. Genaue Daten über den niedrigsten Preis der ausländischen Firma wurden der deutschen Einkaufsgesellschaft übermittelt, ehe der Handel abgeschlossen wurde. „Mehr als einmal", stellt auch Kittel fest, „konnte der Leiter der Verbindungsstelle zum Reichswirtschaftsministerium [Regierungsrat Dr. Hilligardt] die Versicherung entgegennehmen, daß durch die rechtzeitige Belieferung mit Meldungen des Forschungsamtes dem Staat Millionen von Reichsmark erspart worden seien."

So wurde Rudolf Radtke, 28 Jahre alt, im Januar 1938 auf die „A"-Stelle Duisburg in der Ruhr versetzt und sah sich vor die Aufgabe gestellt, die nächsten zwei Monate lang ausschließlich den Telefonverkehr des Klöckner-Konzerns, einer deutschen Eisenhandelsfirma, zu erfassen. Barth, schon 1938–1942 ein Telefonerfasser der „A"-Stelle Nürnberg, spezialisierte sich auf Gespräche, die ausschließlich mit Wirtschaftsangelegenheiten zu tun hatten. Otto Schnarr, 53, der im Dezember 1939 in das Forschungsamt gekommen war, wurde zuerst in der Abteilung eingewiesen, die Geschäfte mit Holz, Kohle, Öl, Edelmetallen, Eisenerzen, Versicherungen und Lebensmitteln (Firmen, die im Verdacht standen, Lebensmittel vom regulären Markt fernzuhalten) beobachtete; er wurde dann Erfasser bei der Abteilung zur Beobachtung von Bewegungen, dem Bau, Verlusten und Schäden der Schiffahrt und dem Zustand der Werften und inländischen Wasserwege; im März 1940 versetzte ihn das Forschungsamt auf eine „A"-Stelle in Hamburg, die zu dieser Zeit über einem Postamt im Jungfrauenthal 5 untergebracht war, wo Schnarr die Schiffahrtsmeldungen bearbeitete, während zwei Mitarbeiter andere „Forschungs"-gebiete bearbeiteten. Diese „A"-Stelle überwachte 160 Anschlüsse, einschließlich der ausländischen Konsulate in Hamburg: Alle telefonischen Anfragen wegen Visa-Bewerbungen wurden für die örtliche Gestapo festgehalten; die Stelle verfügte außerdem über zehn Mitlauffernschreiber.

Hermann Rebien, seit 1934 NSDAP-Mitglied, war ein weiterer solcher Erfasser: Das Forschungsamt setzte ihn als Erfasser zunächst in Stuttgart ein, dann in Hamburg, danach 1941 bei der „A"-Stelle in München, wo sein Hauptüberwachungsziel die Bayerische Motoren-Werke AG (BMW) war.[145]

Ein typischer Benutzer war etwa Regierungsrat Karl-Anton Leibl aus dem Referat „Bulgarien und Südosteuropa", Außenwirtschaftsabteilung des Wirtschaftsministeriums. Nachdem er 1937 die Benutzungsbestimmungen des Forschungsamtes unterzeichnet hatte, erhielt er die Braunen Blätter regelmäßig in Verbindung mit Devisenbewirtschaftung, Devisenüberwachungsstellen und Export- und Importgeschäftsgenehmigungen. Eine typische Erfassermeldung lautete etwa, wie sich Leibl erinnerte: „Ich habe erreicht 20% [vertrauliche Abgabe von Devisen als Schmiergelder], dabei wäre ich mit 15% ausgekommen." Leibl zeigte dann diese Prahlerei Regierungsbankrat Dr. Jacobi in der Exportabteilung mit der Warnung, er solle sich nicht noch einmal übertölpeln lassen.[146]

Eine Flut von Daten für die Funküberwachung

Überraschenderweise war die Haupterfassungsquelle des Forschungsamtes nicht die telefonische Überwachung, sondern Funk-, Draht- und Rundfunkmaterial. Auf dem Höhepunkt der Tätigkeit des

[145] Aus den Befragungen von Radtke, Barth, Schnarr („Fachgruppe Reeder") und Rebien (OSS-Dossier).

[146] Gespräch des Autors mit Karl-Anton Leibl, 7. März 1985.

Forschungsamtes hatte eine einzige Abteilung (Abteilung 11, Außenpolitik) laut Kittel in einem Monat 2.400 entzifferte Sprüche, 42.000 klare Funk- und Drahtmeldungen und 11.000 Rundfunkmeldungen auszuwerten, aber nur 1.400 aus der Fernsprecherfassung stammende Meldungen. Dazu werden zu diesem Zeitpunkt die veränderten Umstände der Kriegszeit beigetragen haben, da die Diplomaten der Feindstaaten lange abgereist waren. Hinzu kamen die Meldungen der ausländischen Presseagenturen.

Die bei weitem ergiebigste Quelle waren nicht die Drahtmeldungen, sondern die „B"-Stellen. Die „B"-Stellen, für die Überwachung des Funktelegrammverkehrs feindlicher und neutraler Staaten eingerichtet, waren (wie die „C"-Stellen, siehe unten) außerhalb von Großstädten errichtet, wo der Funkwellenempfang besser war. Nach 1933 hatte das Forschungsamt zunächst nur die beiden „B"-Stellen in Glienicke und Templin betrieben. Als ihr Wert mehr Anerkennung fand, wuchsen die „B"-Stellen auf 17 an, wobei die in Deutschland arbeitenden „B"-Stellen Gebäude und Ausstattung von der Reichspost angemietet hatten. Zu denen im Reichsgebiet, in Templin, Lübben, Eutin, Köln (-Raderthal, Hitzelerstraße 125), Lissa bei Breslau, Leba, Oberostendorf, Thalhofen, Aufkirch und Konstanz (Allmannsdorf), kamen schließlich bis 1943 andere „B"-Stellen hinzu: in Amsterdam (Noordwijkerhoud, hauptsächlich von den Holländern selbst besetzt), Reval, Riga, Dorpat, Gols am Neusiedler See und Plovdiv. Das Ergebnis war, laut Kittel, daß praktisch jeder Sender der Erde im Erfassungsbereich des Forschungsamts lag.

Die größten und modernsten „B"-Stellen waren die in Templin und Lübben mit ihren umschaltbaren Antennen, ihrem Personal aus ehemaligen Funkern der Kriegsmarine und Fachleuten, die vom Haupttelegraphenamt ausgebildet waren. Alle wurden regelmäßig Prüfungen unterzogen, in besonderen Verfahren und der Überwachung von Agentenfunk ausgebildet und konnten sich umfassender Sprachkenntnisse rühmen.

Die „B"-Stellen überwachten sowohl Klartext wie chiffrierte Sendungen. Die Hauptklartextsendungen, auf Kurzwelle, waren die der großen ausländischen Presseagenturen, Associated Press (USA), United Press (USA), INS (International News Service, USA), Agence Havas (Frankreich), Reuter (Großbritannien), TASS (Sowjetunion) und Domei (Japan); diese wurden auf Papierstreifen aufgezeichnet, per Schreibmaschine abgeschrieben und an das FA Berlin weitergeleitet.

Die Betonung lag auf wirtschaftspolitischen Informationen und diplomatischen Depeschen. Letztere wurden vollständig abgeschrieben. Die „B"-Stellen mußten auch den Verkehr der Wirtschafts- und Handelsorganisationen überwachen, den der großen internationalen Banken, der Rüstungsfirmen, ferner Handelsvertrags-Verhandlungen und Schiffsverkehr.

Alle chiffrierten Texte wurden auf schnellstem Wege per Fernschreiber direkt an die Abteilung IV in Charlottenburg durchgegeben. „Die britischen Codes bereiteten keine Schwierigkeiten", stellte die britische Armee 1945 fest. Im Falle der russischen Sendungen, die hauptsächlich von der „B"-Stelle Lübben, Regierungsamtmann Bautz, überwacht wurden, machten die verwendeten Codes und die unglaublichen Sendegeschwindigkeiten zunächst die Entzifferung unmöglich und führten vorübergehend zur Aufhebung der Überwachung, bis die technische Abteilung (Abteilung 14) des Forschungsamtes, so Kittel, ein Hochgeschwindigkeitsmitschreibegerät entwickelt hatte.

Das Forschungsamt und der Österreich-Anschluß

In dem Maße, in dem Hitlers Einflußgebiet seit 1938 wuchs, angefangen mit dem Zusammenschluß des Großdeutschen Reiches, zeigte das Forschungsamt, was in ihm steckte. Hitlers politische Abenteuer stellten jetzt, so FA-Referent und -Chronist Ulrich Kittel, „die größten Anforderungen an das Amt, die oft nur unter stärkstem Einsatz gelöst werden konnten." Als sich der Raum durch die neu hinzugewonnenen Gebiete ausdehnte, streckte das FA auch dort seine Fangarme aus, und seine Verpflichtungen wurden vielfältiger. Das Forschungsamtsgebäude in Charlottenburg mußte erweitert werden, die angrenzenden Häuser mußten von den Bewohnern geräumt werden.

Als Hitler vor seiner ersten „Eroberung" stand, dem unblutigen Einmarsch in Österreich im März 1938, wies Hermann Göring das FA an, die historischen Gespräche, die zwischen Berlin und seinen Agenten in Wien – Edmund Veesenmayer, Wilhelm Keppler, Arthur Seyß-Inquart, Odilo Globocnik und anderen hin- und hergingen, aufzuzeichnen.[147] Dabei zeigte sich nebenbei, wie gefährlich leicht ein Schnitzer in der Telefonsicherheit passieren konnte: Man stellte später fest, daß die Reichspost all diese hochbrisanten Telefongespräche wie üblich durch die „Feindstadt" Prag gelegt hatte![148]

Die Forschungsstelle München hatte die Aufgabe übernommen, den Telefon- und Telegrammverkehr anderer Staaten mit Österreich und Italien abzufangen: Hitler brauchte die Gewißheit, daß Mussolini nicht plante, seine militärischen Ziele zu hintertreiben; und er wollte ganz sicher sein, daß weder England noch Frankreich Österreich zu Hilfe kommen würden.[149] Die Lektüre der Braunen Blätter beruhigte ihn völlig. Insbesondere zwei ganz bestimmte entschlüsselte französische Telegramme bewiesen, wie man Göring im Forschungsamt sagen hörte, daß „eine [französische] Aktion nur deshalb gescheitert ist, weil England ablehnte." Göring schickte diese beiden „Forschungsergebnisse", N 83.709 und N 83.722, per Kurier nach Wien herunter an Hitler und instruierte im voraus telefonisch seinen Verbindungsoffizier bei Hitler, General Karl Bodenschatz: „Deshalb möchte ich doch etwas freundlich zu England sein. Also paß mal auf, wenn der Kurier vom Forschungsamt kommt, der soll sich melden und soll [dem Führer] sagen, ich ließe den Führer bitten, diese Meldungen zu lesen … Daran sieht der Führer am klarsten die ganze Haltung der Mächte."[150]

Als Hitlers Truppen in Österreich einmarschierten, bejubelt von fahnenschwenkenden, blumenstreuenden Österreichern, erfuhr Göring, daß Himmler ihm voraus nach Österreich geeilt war. Göring handelte schnell, um sicherzustellen, daß die Fernsprecherfassungsstelle der Österreicher am Schillerplatz in Wien weder Himmler noch Heydrich in die Hände fiel. Um 2.30 Uhr nachts ließ er dem erschöpften Seyß-Inquart dort telefonisch mitteilen, „er [Göring] wollte Sie bitten, daß Sie die Telefonüberwachung jetzt gleich selbst in die Hand nehmen, nicht?"[151] Nur zwei Tage später setzte das Forschungsamt Ferdinand Niedermayer, ein altes Mitglied des Forschungsamtes seit Juni 1933 und Oberscharführer

---

[147] FA-Akte über Anschluß und Görings Gespräche usw., in ND, 2949-PS. Siehe auch seine Befragungen vor dem Prozeß in Nürnberg am 1. Oktober 1945 (CCPWE).

[148] Dies erklärte Konteradmiral a.D. Karl-Jesco von Puttkamer (Hitlers Marineadjutant) am 27. Mai 1968 gegenüber dem Verfasser.

[149] Befragung von Rebien (OSS-Dossier).

[150] ND, 2949-PS.

[151] ND, 2949-PS.

in dem SS-„Haus“-Sturm seit 1934, als Leiter der neuen Forschungsleitstelle Wien ein.[152] Neuenhoff, der dort ein paar Tage später ankam, um ein Referat zu übernehmen, fand dessen Ausstattung im Vergleich zum Berliner Forschungsamt primitiv, „nicht so vollkommen“, und dort war „auch nur ein großer, einige Meter langer Tischschrank.“[153] Im Entschlüsseln waren die Österreicher jedoch recht gut, und Figls Entschlüsselungsergebnisse wurden jetzt das sehr willkommene Beutegut der Hauptabteilung IV des Forschungsamtes in Berlin.

Die Situation in der Tschechoslowakei machte Hitler offensichtlich große Sorge. Die Abwehr bat das Forschungsamt um eine Überwachung „auf Armlänge“ der tschechischen Telefon- und Telegraphenleitungen, die entlang der tschechischen Grenze verliefen, wobei sie Aufklärungsanlagen in dem an der Grenze gelegenen Mittenwalde im Glatzer Bergland verwenden sollten. Die FA-Ingenieure versuchten das Kunststück mit Hilfe des bekannten Induktionsprinzips, jedoch ohne Erfolg.[154]

Im Vorfeld der Sudetenkrise in jenem Frühjahr richtete Niedermayer von der Forschungsleitstelle Wien eine neue „A“-Stelle für Fernsprecherfassung direkt an der tschechischen Grenze im Bahnhof Lundenburg (tschechisch: Breclav) ein; alle Gespräche, die mit der sich anbahnenden Krise zusammenhingen, wurden erfaßt und die Ergebnisse an das Forschungsamt Berlin zur Auswertung geschickt.[155]

Die Wiedemann-Abschriften

In den Akten der Adjutantur des Führers fand man eine Anzahl nachlässig getippter, nicht mit Überschrift versehener Abschriften, die mit an Sicherheit grenzender Wahrscheinlichkeit von Hauptmann Fritz Wiedemann, dem persönlichen Adjutanten Hitlers im Sommer

[152] Befragung von Niedermayer (OSS-Dossier).
[153] Neuenhoff, Interview.
[154] Ulrich Kittel, MS.
[155] Befragung von Rebien (OSS-Dossier); Neuenhoff, Interview.

des Jahres 1938 aus den Braunen Blättern entnommen worden waren. Einige sind hier kurz zusammengefaßt, um die Arbeitsweise des Forschungsamtes zu verdeutlichen:

> Der Presseattaché der tschechischen Gesandtschaft, Dr. Camillio Hoffmann [heißt es in einer am 17. März 1938, sechs Tage nach dem Anschluß, angefertigten Abschrift], gab am vergangenen Sonnabend an verschiedene amerikanische und englische Zeitungsbüros in Berlin die Mitteilung, daß in Berlin und in der Provinz eine größere Anzahl Verhaftungen durch die Gestapo durchgeführt worden seien. Es handele sich fast durchweg um monarchistische Führer, die in Haft genommen seien. Die Angelegenheit ziehe ihre Kreise bis in hohe Offiziersstellen. Dr. Hoffmann selbst will seine Informationen, die er als absolut sicher und einwandfrei bezeichnet, aus Offizierskreisen haben. Es wurden in diesem Zusammenhang Namen genannt von Leuten, die in Berlin verhaftet worden seien, wie Lawerenz, Ministerialdirektor a.D., früher deutschnationales Reichstagsmitglied. Weiter ein Schriftsteller mit Namen Junnack, der angeblich mit seiner Frau in Haft genommen sei. Er sei der maßgebende Mann der Organisation, die in eingeweihten Kreisen ‚Stille Front' genannt werde und der bereits Tausende als Mitglied angehören würden, hauptsächlich aus der Landbevölkerung und dem Landadel. Außerdem wurde behauptet, daß in diesem Zusammenhang der deutsche Tennismeister Gottfried von Cramm stark belastet sei, seine Verhaftung stehe unmittelbar bevor.
>
> Diese Meldungen haben in den Büros der ausländischen Zeitungen natürlich lebhaftes Interesse hervorgerufen, zumal Hoffmann der Ansicht Ausdruck gab, daß diese ganze Angelegenheit indirekt mit den Vorkommnissen der letzten Wochen zusammenhänge, jetzt aber durch den Fall Niemöller wieder stärker in den Vordergrund getreten sei.[156]

Im Juni 1938 notierte Wiedemann, dem Berliner Korrespondenten der Pariser Zeitung „L'Information" sei streng vertraulich mitgeteilt worden, sie habe mit Hilfe der hinter ihr stehenden Bankengruppe

[156] Akten der Adjutantur des Führers, BA, NS-10/89.

(Lazar Brothers) und dem Comité de Forges (d.h. französische Großindustrie) eine neue Nachrichtenagentur gegründet mit antirussischer Grundhaltung als Gegengewicht zur offiziösen Havas-Agentur. „Interessant ist in diesem Zusammenhang, daß der Berliner frz. Botschafter François-Poncet direkt an dieser Neugründung interessiert ist, da die Verwandten seiner Frau, ebenfalls prominente Mitglieder des Comité de Forges, finanziell daran beteiligt sind." Am selben Tage notierte Wiedemann, daß der ehemalige englische Außenminister Anthony Eden sich neuerdings in Prag aufgehalten habe: „Die Information stammte aus der englischen Botschaft, da Eden von Prag aus mit dem Geschäftsträger Sir Forbs [gemeint ist George Ogilvie-Forbes; d. Verf.] eine telefonische Unterhaltung hatte."[157]

Sir Nevile Henderson (Britischer Botschafter in Berlin)

Eines Sonntags notierte Wiedemann, Henderson habe tags zuvor erklärt, er stehe auf dem Standpunkt, daß Frauen und Kinder englischer Staatsangehöriger aus Deutschland weggebracht werden sollten. „Hendersons Ansicht nach liege dieses Gefahrenmoment nun einmal in der Natur des Faschismus und Nationalsozialismus ... Das Dritte Reich könne ohne einen Krieg nicht über die Schwierigkeiten, die sich ihm immer wieder in den Weg stellen würden, hinwegkommen." Henderson sagte eine Krise für den Spätsommer oder Herbst voraus.[158]

Wiedemann stellte im Juli 1938 fest, Henderson habe einen Bericht nach London übersandt, der sich mit einer angeblichen deutschen Probemobilmachung befaßt, die für den 15. August angesetzt sei. In den Kreisen der Landbevölkerung herrsche über die schon anlaufende Requirierung von Fahrzeugen und Pferden große Erregung. Henderson schätze dies als Bluff gegen die Tschechoslowakei ein. Auch „General" (er war seit Februar 1938 allerdings Feldmarschall) Göring halte die-

[157] BA, NS-10/35.
[158] BA, NS-10/35.

ses „Spiel mit dem Feuer" für notwendig. „Englische Journalisten … wurden vom Botschafter ersucht, nichts darüber zu veröffentlichen, wegen der dann möglichen Panik in England und Frankreich." Der Henderson-Bericht habe sich auch positiv mit der Person Wiedemanns und dessen Reise nach London befaßt.[159]

„…des weiteren ist in der tschechischen Gesandtschaft von einem Brief die Rede, den Chamberlain angeblich vor einigen Tagen an den Führer übersandt habe. Von diesem angeblichen Brief behauptet die Gesandtschaft, eine Kopie bekommen zu haben … Hauptmann Wiedemann werde von allen Seiten als ausgezeichneter Mann von Format bezeichnet, der bestimmt seine ihm gestellten Aufgaben mit viel Geschick lösen könne, aber in diesem Falle sei auch ihm kein Erfolg beschieden."

Als er über die Zeit von Wiedemanns Mission in London sprach, ließ der US-Generalkonsul in Berlin, Raymond Geist, erkennen, daß er sich der Telefonüberwachung bewußt war, da er wörtlich erklärte: „Die Wilhelmstraße dürfte sehr genau wissen, ebenso wie Halifax das wisse, daß die Vereinigten Staaten im Falle eines deutschen Einmarsches in die Tschechoslowakei keinesfalls neutral bleiben oder sich etwa mit Waffenlieferungen begnügen würden. Spätestens eine Woche nach einer solchen Handlung würde Amerika aktiv an der Seite Englands und Frankreichs gegen Deutschland marschieren. Und da damit der Krieg und das nationalsozialistische Regime am Ende seien, werde Deutschland sich ein solches Vorgehen wohl überlegen." „Ungefähr im gleichen Sinne", berichtete Wiedemann weiter, „äußerte sich Sir Nevile Henderson gegenüber dem Berichterstatter des ‚Daily Telegraph' am gestrigen Abend …"[160]

In jenem Sommer, als Hitler seinen Druck auf Prag verstärkte, war die entscheidende strategische Frage wieder einmal: würden die Engländer und die Franzosen ihrem tschechischen Alliierten beistehen, wenn es hart auf hart käme? In besonders sensationeller Weise erfaßten Görings Forschungsstellen die aufgeregten, oft fieberhaften Telefongespräche zwischen dem tschechischen Präsidenten, Dr. Eduard Benesch, und seinen Botschaftern in London und Paris (Jan Masaryk und Stefan Osusky). Sie ließen es nicht an ordinären Ausdrücken über die Engländer fehlen. Masaryk nannte den britischen Unterhändler Sir Horace Wilson „die Sau" und Neville Chamberlains Kollegen „et-

[159] BA, NS-10/88.

[160] BA, NS-10/36.

liche Haderlumpen" und „eine Bagage"; Masaryk plante auch eindeutig Chamberlains Sturz durch den Kauf regimekritischer britischer Abgeordneter einschließlich Winston Churchill und Clement Attlee. (Masaryk: „Ich bitte noch vorher, falls es zu etwas kommen sollte, um Geld." Benesch: „Werden es sofort veranlassen.") Hitler befahl boshafterweise, daß diese Braunen Blätter am 23. September der Britischen Botschaft in Berlin übergeben wurden: Sie überlebten im britischen Staatsarchiv und sind hier (im Anhang, S. 141 ff.) zum ersten Mal vollständig veröffentlicht.[161]

Die zittrige Stimme von Präsident Benesch, als er erfuhr, daß Chamberlain nach Berchtesgaden fliegen würde, um den Führer zu treffen, sagte Hitler alles, was er wissen mußte. Er erzählte Ribbentrop später, daß die unbeirrbare Haltung, die er einnahm, in erster Linie auf seine Kenntnis der erschütterten Moral der tschechischen Regierung zurückzuführen war.[162]

Es spielte keine Rolle, daß der ungarische Außenminister Kolomán von Kánya die britische Regierung während jener Sommermonate regelmäßig über die Absichten der NS-Regierung informierte, was Hitler den Admiral Nikolaus von Horthy wissen ließ. Das Forschungsamt zeichnete jede dieser Mitteilungen auf,[163] es hatte um diese Zeit neue „A"-Stellen und Funkstellen in Wien, Salzburg und Graz in Betrieb genommen.

Während Hitlers Gipfelgesprächen, zuerst mit Chamberlain in Berchtesgaden und in Bad Godesberg und dann mit Chamberlain, Mussolini und Daladier auf der Münchner Konferenz vom 29. bis 30. September 1938, ließ das Forschungsamt ihn ständig einen Schritt voraus sein. In Bad Godesberg verzögerte er sein letztes Treffen mit dem britischen Premierminister um mehrere Stunden, um der Abteilung IV die Möglichkeit zu geben, die Mitteilung zu entziffern, die Chamberlain bezüglich des Fortgangs der Gespräche nach London geschickt hatte; sämtliche Telefongespräche Chamberlains wurden abgehört.[164]

[161] Dieses Bündel in blauer Schrift auf weißem (!) Papier hektographierter Brauner Blätter befindet sich in der PRO-Akte FO 371/21742. Siehe auch Ulrich Kittel, MS.

[162] Befragung von Legationsrat Emil Rasche (OSS-Dossier).

[163] David Irving: Hitlers Weg zum Krieg. München 1979, S. 186.

[164] USFET-Bericht (OSS-Dossier). Der SHAEF-Bericht vom 1. Juni 1945 kommt ebenfalls zu der Feststellung: „Es heißt, daß das Forschungsamt zur Zeit der Münchener Konferenz sämtliche Gespräche Chamberlains abhörte."

Eduard Benesch
(Präsident der Tschechoslowakei)

Jan Masaryk
(Tschech. Botschafter in London)

Neville Chamberlain
(Britischer Premierminister 1937–1940)

Winston Churchill
(Britischer Premierminister 1940–1945)

Anthony Eden
(Britischer Außenminister 1935–1938)

Lord Halifax
(Britischer Außenminister 1938–1940)

Der Anschluß des Sudetenlandes versetzte das Forschungsamt in die Lage, auch dort seinen Betrieb aufzunehmen. Neuenhoff wurde am 14. Oktober 1938 zur Forschungsstelle Lundenburg versetzt. Hier wurden u.a. die Fernleitungen zwischen Prag und Belgrad angezapft. Neuenhoff hörte wenig später eine Meldung über die Lieferung von Gasmasken von Belgrad nach Prag. „A"-Stellen sowie Funkstellen wurden in Olmütz, Karlsbad, Reichenberg, Pilsen und Lauenburg eingerichtet. Das Forschungsamt rekrutierte eine große Zahl von Kennern der tschechischen Sprache unter den sudetendeutschen Flüchtlingen, die in den ersten Wochen der Krise in einer Nürnberger Kaserne untergebracht worden waren. Ein typischer Vertreter dieser Neuankömmlinge war Ferdinand Barth, der Tschechisch, Französisch und Englisch sprach; nach einer zweiwöchigen, positiv ausgegangenen Prüfung beim Forschungsamt Berlin wurde er als Telefonerfasser in der Forschungsstelle Nürnberg eingesetzt. Die Forschungsstelle Nürnberg, der „Stadt der Reichsparteitage", war verhältnismäßig klein. Sie befand sich in der Keßlerstraße 1. Barth stellte fest, daß sie von einem Herrn Karstens, einem Mann ohne Parteiverbindungen, geleitet wurde und mit der üblichen „A"-Stelle ausgerüstet war: Klappenschränke

Edouard Daladier (Französischer Ministerpräsident)

– die mit vier Erfassern besetzt waren –, zwei Fernschreiber, zwei Auswerter, ein leitender Beamter und zwei Wachposten sowie „B"-, „C"- und „D"-Stellen zur Telegraphie-, Funk- und Telegrammüberwachung.

In jenen aufregenden Monaten nach München war das Forschungsamt mit anderen, strategisch weniger wichtigen Aufgaben befaßt, auch mit Dr. Joseph Goebbels, dem Reichsminister für Volksaufklärung und Propaganda, der sich gerade wegen einer Reihe von Indiskretionen gegenüber Filmschauspielerinnen in ziemlichen Schwierigkeiten befand, so daß Hitler das Forschungsamt auch auf die Telefongespräche des Reichsministers ansetzen ließ, sowie auf die Gespräche einer seiner schönsten Mätressen, der in der Tschechoslowakei geborenen Filmschauspielerin Lida Baarova (deren eifersüchtiger Freund, der Schauspieler Gustav Fröhlich, Goebbels tatsächlich einen Kinnhaken verpaßte). Die Überwachung wurde gleich mehreren besonders tüchtigen Erfassern übertragen, denn der Arbeitsanfall war zu groß für nur einen Angestellten, da – wie ein FA-Mitarbeiter berichtete – es für einen einzelnen Menschen oft unmöglich wurde, die endlosen, manchmal stundenlangen Liebesgespräche des Dr. Goebbels mit seinen Angebeteten zu bearbeiten. Der kleine Doktor war ständiger Gast auf den häufigen pompösen Festlichkeiten, die Lida Baarova in ihrer prunkhaft ausgestatteten Villa im Grunewald gab. Vor der Villa stand ein kleines, unscheinbares Auto, in dem der Spitzel des Geheimdienstes saß.[165] Angesichts seiner Indiskretionen verwundert es nicht, daß Goebbels erst im April 1942 die Berechtigung erhielt, Forschungsergebnisse zu empfangen.

[165] Artikel in: Neue Presse, Coburg, 3. Aug. 1946 (IfZ, Akte über Goebbels).

Roosevelt ist zum Krieg entschlossen

Die in der Anlage abgedruckte Forschungsamtszusammenstellung „Zur englischen Politik vom Münch[e]ner Abkommen bis zum Kriegsausbruch" enthüllt viele detaillierte Forschungsergebnisse, die Hitlers Entscheidungsfindungsprozeß beeinflußten. Unmittelbar nach der Besetzung der Rest-Tschechei im März 1939 überstellte das Forschungsamt Fachpersonal aus Lundenburg zu den neuen „A"-Stellen in Brünn und Prag. Letztere Forschungsstelle war in der Deutschen Heimschule in der Holecekstraße 29, Prag XVI, im Vorort Smichow untergebracht.

Prag wurde eine der größten Forschungsstellen des Forschungsamtes, die ständig die Aktivitäten der Prager Regierung überwachte. Dienststellenleiter war ab 1942 der vierzigjährige SS-Hauptsturmführer Werner Müller, der seit 1930 Parteigenosse war, fließend Französisch und Italienisch sprach (er wurde in Rom geboren) und 1934 zum Forschungsamt gekommen war. Vor dem Krieg war er Leiter der „A"-Stelle Köln-Deutz und diente als Kriegsrat in den neu eingerichteten „A"-Stellen in Kopenhagen, Bordeaux und Nancy, bevor er 1942 nach Prag versetzt wurde.[166] Müller, einem Mann mit dünnem, eisengrauen Haar, das er herübergekämmt trug, um eine kahle Stelle zu verbergen, folgte 1944 als Nachfolger Baldini, ein Sudetendeutscher mit buschigem Haarschopf, der 1905 in Klattau geboren war. Baldini kleidete sich mit peinlicher Korrektheit. Im Oktober 1944 beschäftigte die „A"-Stelle in Prag neben Baldini und seinem Stellvertreter eine Sekretärin, eine Maschinenschreibkraft und zwei Bedienungskräfte am Fernschreiber, dazu 43 Erfasser, die schichtweise an den zwölf Klappenschränken arbeiteten und 240 Telefon-

[166] Befragungen von Barth und Oskar Schröder (OSS-Akten): Barth war von 1942–1945 bei der Forschungsstelle Prag.

Franklin D. Roosevelt (US-Präsident)

anschlüsse überwachten, ferner drei „Aktuelle Auswerter" mit einem Assistenten und zwei Schreibkräften sowie zwei Karteiauswerter, einen Aktenverwalter und eine Maschinenschreibkraft in der Abteilung Auskunft. Der erste Reichspost-Verbindungsmann war Herbert Lanitzki, ein lispelnder, blonder früherer Sozialdemokrat, der die Originalkabel zur Forschungsstelle gelegt hatte. Die „D"-Stelle nahm mit ihren zehn automatischen Mitlauffernschreibern zwei Räume im 4. Geschoß ein.

Außer an Inlandsnachrichten aus dem neuen „Protektorat" war das Forschungsamt äußerst interessiert am gesamten Nachrichtenverkehr mit den Balkanländern, wo sich ein wirtschaftliches Tauziehen zwischen Großbritannien und dem Reich entwickelte.

Gottfried Schapper, Prinz Christophs Beauftragter, schlug 1939 mehrmals vor, daß das Forschungsamt dringend ausgebaut werden sollte.[167] „Käme es einmal zu einem Krieg", begründete er, „so wäre das Amt eines der wichtigsten Führungsmittel, und deswegen müßte man für den rechtzeitigen Ausbau Sorge tragen." Staatssekretär Körner war jedoch nicht dieser Meinung, da er nicht an die wirkliche Gefahr eines größeren Krieges glaubte.

Alle Anzeichen sprachen jedoch dafür. Am 1. April 1939 erteilte das OKW seine erste Weisung für den „Fall Weiß", einen möglichen Krieg mit Polen wegen Danzig und dem Polnischen Korridor. Wieder einmal war es Ferdinand Niedermayer, der an der Spitze der Forschungsamtsoperation stand, als im Mai in Danzig eine „A"-Stelle mit der speziellen Aufgabe eingerichtet wurde, die Telefonleitungen polnischer Diplomaten, Journalisten und Einrichtungen in dieser alten deutschen Stadt abzuhören. Die Forschungsstelle wurde im

[167] Eidesstattliche Erklärung von Gottfried Schapper am 6. Juni 1948. Fall XI, Beweisstück Nr. 154.

Josef Beck
(Polnischer Außenminister)

Graf Edward Raczynski
(Polnischer Botschafter in London)

3. Stock des Danziger Polizeipräsidiums untergebracht; nach dem Weggang Niedermayers wurde Schade deren Leiter.[168] Das Forschungsamt überwachte bereits ständig alle Leitungen zwischen Warschau und London, wo der Premierminister übereifrig eine Garantie für Polen im Falle eines deutschen Angriffs auf Polen ausgesprochen hatte. Das Forschungsamt zeichnete zahlreiche brisante Gespräche zwischen dem polnischen Außenminister, Oberst Josef Beck, und Graf Edward Raczynski, seinem Botschafter in London, auf. Für Hitlers Einschätzung, ob die Briten und Franzosen ihre Zusagen halten würden, waren es immer wieder diese aufgefangenen Meldungen, die „sich als äußerst nützlich erwiesen", sagte ein Forschungsamtsmitarbeiter.[169]

Präsident Roosevelt hatte Hitler gegenüber im April 1939 eine Warnung ausgesprochen, auf die letzerer in einer Reichstagsrede in barscher Form reagierte. Göring aber beauftragte das Forschungsamt, die Haltung der amerikanischen Regierung zu einem europäischen Krieg genau zu untersuchen. Die Ferngespräche der amerikanischen Botschafter in Warschau, Paris und Brüssel wurden lau-

[168] Befragung von Niedermayer (OSS-Dossier).
[169] BAOR-Bericht vom 2. Januar 1946.

fend überwacht, und in ihnen kam eine eindeutig antideutsche Haltung zum Ausdruck. Ganz offensichtlich wurde Einfluß auf die polnische Regierung genommen, dem Deutschen Reich keine friedliche Lösung der Grenzfragen mit Polen zu ermöglichen. Hitler sollte politisch scheitern, um ihn dann in einem Krieg vernichten zu können. Göring wies Dr. W. Kurzbach, den Leiter der Abteilung V(a), an, in der maßgeblichen Berliner Börsenzeitung einen Artikel zu veröffentlichen, der die Machenschaften dieser „neutralen" Botschafter aufdeckte; der mit Sternchen unterzeichnete Artikel verursachte einen erheblichen Wirbel.[170] Mitte August 1939 stellte, laut Ulrich Kittel, die Auswertungsabteilung 11 (Außenpolitik) im Auftrag des Auswärtigen Amtes alle Nachrichten zusammen, die den Schluß nahelegten, daß die USA bei einem neuen Krieg wesentlich eher aktiv an die Seite der Westmächte treten würden, als es im Ersten Weltkrieg der Fall war. Ausgangspunkt war eine Äußerung des britischen Botschafters Henderson, der zu einem Kollegen sagte, diesmal würden die Amerikaner „schon nach 14 Tagen marschieren".[171]

Vieles spricht dafür, daß Henderson seinen Telefonanschluß bewußt in dieser Weise benutzte, obwohl die in diesem Band abgedruckte Anlage den gegenteiligen Eindruck erweckt. In einer Unterhaltung, so erinnert sich Kittel, machte der Engländer die Äußerung, Hitler werde in einem Meer von Blut untergehen, falls er den Krieg heraufbeschwöre.

Aber in der Anlage finden sich mehr als genug Belege dafür, daß Henderson sich genauso oft vergaß, und am Vorabend des Kriegsausbruches wurde mitgehört, wie er und der französische Botschafter Robert Coulondre sich gegenseitig die Telefonhörer hinknallten.

Im Text der Anlage spricht einiges dafür, daß Henderson mehrere Botschaftsdepeschen absichtlich ziemlich schwach verschlüsseln ließ, in der Erwartung, daß die Deutschen sie lesen und ernstnehmen würden: So entzifferte die Abteilung IV eine Depesche des Inhalts, wenn Deutschland mit Polen in Krieg gerate, werde England seine Bündnispflicht erfüllen. Entgegen höheren Weisungen sandte Seifert (Abteilung V: Auswertung) diese Entzifferung direkt an Hitler, unter Umgehung des Auswärtigen Amtes. Ribbentrop tobte, sagte, die Depesche wäre eine Fälschung. „Jetzt", erinnerte sich später Seifert,

[170] Brief vom 15. Jan. 1981 von Klaus von Klitzing (Abteilung V) an den Verfasser.
[171] Ulrich Kittel, MS.

„mußte Schröder, der Leiter der Entzifferung, dafür geradestehen, und es wurde ein Prüfungsgremium eingesetzt, bestehend aus Entzifferern des Auswärtigen Amtes, des [OKW] und merkwürdigerweise auch des RSHA ..."[172]

Das 16-Punkte-Programm: Hitlers Angebot wird ausgeschlagen

Die letzten Tage vor dem Ausbruch des Zweiten Weltkrieges waren (wie die Anlage zeigt) spannungsreich für das Forschungsamt. Es war unvermeidlich, daß das Amt Ergebnisse vorzulegen hatte, die Hitlers Zielen ungünstig oder unerwünscht erschienen. Es war faszinierend für die Abhörer im Forschungsamt, die von ihnen erfaßten Ferngespräche des im letzten Augenblick von Göring zur Vermittlung nach England geschickten schwedischen Industriellen Ingenieur Birger Dahlerus zu empfangen. Diese Gespräche wurden in einigen Fällen vom Forschungsamt selbst weitergeleitet – nicht mehr nur Beobachter, sondern auch Mitwirkender auf der politischen Bühne –, und das Amt konnte auch die Stellungnahmen der beteiligten Staatsmänner aufnehmen.

Im Laufe des 29. August teilte Hitler dem englischen Botschafter mit, ein polnischer Unterhändler müsse schon am 30. in Berlin erscheinen. Um 20.38 Uhr hörte das Forschungsamt, wie die Botschaft diese neue Bedingung London übermittelte; dann, wie Henderson mit seinem polnischen Kollegen Josef Lipski telefonierte, um Warschau zu schnellem Handeln zu drängen. Kein Warschauer Unterhändler erschien, um die von Hitler selbst formulierten „16 Punkte" zu empfangen. Göring ließ den Text privat an Henderson durchgeben. Kurz nach 8.00 Uhr des 31. August hörte das Forschungsamt,

[172] Seifert, Interview.

Birger Dahlerus
(Vertrauter Hermann Görings)

wie Henderson versuchte, Lipski Beine zu machen. Es kam aber bald darauf die Anweisung Warschaus an Lipski, „in keinerlei konkrete Verhandlungen einzutreten". Aus den Aufzeichnungen des Schweden Dahlerus wissen wir, daß Göring sich nicht scheute, ihm die wichtigsten streng geheimen Braunen Blätter zu zeigen – die Meldungen der englischen Botschaft nach London und der polnischen Botschaft nach Warschau, und schließlich auch die abgefangene Anweisung des polnischen Außenministeriums an Botschafter Lipski in Berlin.[173] Man hörte bald darauf, wie der Schwede mit dem Büro des englischen Premierministers Chamberlain in London sprach: Obgleich die 16 Punkte „äußerst liberal" seien, habe Lipski sie rundweg abgelehnt. „Meine Regierung wird nicht nachgeben", habe sich der Pole gebrüstet. Kurz nach 13 Uhr schickte das Forschungsamt einen Kurier mit einer roten Mappe zu Göring in dessen Villa. Diese enthielt die letzte, um 12.45 Uhr an Lipski ergangene Anweisung Warschaus: Der Botschafter habe den Reichsaußenminister lediglich davon zu unterrichten, daß die polnische Regierung London rechtzeitig antworten werde. Also hatte Polen keine Absicht, einen Unterhändler nach Berlin zu entsenden.[174] Über die Gründe dieser Halsstarrigkeit läßt sich nur spekulieren. Einerseits rechnete Polen bei Kriegsausbruch mit einer Revolution in Deutschland und dem Zusammenbruch des nationalsozialistischen Regimes – eine Idee, die aus London stammte und dorthin durch deutsche Widerstandskreise getragen worden war. Andererseits hätte Polen allen Grund gehabt, sich seiner Garantiemacht England gegenüber freundlicher zu zeigen. Daß dies nicht geschah, läßt eigentlich nur

[173] Dahlerus' Aufzeichnungen: „Bericht über Verhandlungen zwischen Großbritannien und Deutschland", in PRO, Akte FO 371/34482. Auch François-Poncet ist einmal von Göring über die Existenz der Braunen Blätter aufgeklärt worden.

[174] Vgl. das stenografische Tagebuch des Generaloberst Franz Halder, August 1939.

Josef Lipski
(Polnischer Botschafter in Berlin)

den Schluß zu, daß Polen weitere geheime Garantien besaß, die von größerer Bedeutung waren als die britischen. Solche Garantien konnten eigentlich nur aus dem Munde Roosevelts stammen.

Mit dem Ausbruch des Krieges am 1. September 1939 änderten sich viele Dinge im „Forschungsamt des Reichsluftfahrtministeriums". Der Amtsleiter, Prinz Christoph von Hessen, war ein passionierter Flieger und wurde zur Luftwaffe einberufen. Im Oktober 1943 sollte er über den Abbruzzen an der Italienfront abgeschossen werden. An seiner Stelle leitete ab Kriegsbeginn – und zwar bis Kriegsende – Gottfried Schapper das Forschungsamt. Der Krieg brachte eine allgemeine Militarisierung des Amtes u.a. die Uniformierung der Forschungsamtsangehörigen. Jene, die keine SS-Führer oder -Mannschaften waren, trugen nun die Uniform der Luftwaffe bzw. Verwaltungsbeamte die des Reichsluftfahrtministeriums ohne Rangabzeichen.[175]

Ferdinand Niedermayer, der von der heimlichen Forschungsstelle Danzig am ersten Kriegstag abberufen worden war, stellte eine mobile „A"-Stelle auf mit dem Befehl, in Warschau einzuziehen, sobald die Stadt besetzt wäre. Das OKW wollte mehrere bewegliche „A"-Stellen dicht hinter der vorrückenden Front einsetzen, diese kamen aber, laut Kittel, aufgrund mangelnder Zusammenarbeit mit der Armee, nur selten und ohne greifbaren Erfolg zum Einsatz. Niedermayers Bemühungen in Warschau – die er nach einem ruinösen Artillerie- und Luftbombardement in den letzten Tagen des September 1939 unternahm – scheiterten ebenfalls: Das Telefonnetz der Stadt war zerstört, und die zu erwartenden Ergebnisse hätten die erforderlichen Anstrengungen nicht gerechtfertigt. Er wurde zum Forschungsamt Berlin zurückberufen und zeitweilig der Personalabteilung zugeteilt, wo die enorme

[175] Befragung von Peipe (FA-Angehöriger 1935–45); Kittel, MS. Eidesstattliche Erklärung von Gottfried Schapper am 3. Juni 1948, Fall XI, Körner, Beweisstück Nr. 154.

Erweiterung des Forschungsamts-Mitarbeiterstabes bewältigt werden mußte.[176]

Wieder einmal, wie in Wien (1938) und vorher in Kattowitz und Prag, war das Forschungsamt in der Lage, in Polen einen bestehenden Telefonabhördienst zu „annektieren". Die polnische Abhörorganisation war dem Forschungsamt in einigen Dingen „technisch überlegen", behauptet der Forschungsamtsveteran Lothar Günther.

Die Schwerpunkte in der Arbeit des Forschungsamtes änderten sich mit dem Beginn des Krieges merklich. Mit dem Abzug der britischen, französischen und polnischen Botschaften aus Berlin unterblieb viel von dem fruchtbareren Geplauder auf den Leitungen, die das Reich kreuz und quer durchzogen. Die „A"-Stellen konzentrierten ihre Aufmerksamkeit bei den Abhöreinsätzen auf Probleme der Kriegszeit – Rüstungsengpässe, die Sicherheit des Reiches, wirtschaftliche Nachrichten und Handelsschiffahrt. Dabei kam es zu folgendem ziemlich kuriosen Fall: Der Generalstab der Luftwaffe forderte in den ersten Jahren des Krieges einen Fernsprecherfassungswagen des Forschungsamtes an und teilte ihm die Aufgabe zu, die dort zusammenlaufenden Wehrmachtleitungen zu überwachen. Das Forschungsamt erfuhr niemals den Grund, da die Ergebnisse direkt der Luftwaffe übermittelt wurden.[177]

Wider den Verrat

Beunruhigt über den Triumph der deutschen Waffen in Polen versuchten Verräter und Systemgegner im Reich, die Feldzüge Hitlers zu sabotieren. Das Forschungsamt, das die internationalen Telefonleitungen und verbliebenen Botschaftstelefone in Berlin überwachte, fand diverse Zeugnisse dieses Verrats.

Anfang Januar entschlüsselte die Abteilung IV ein Telegramm des belgischen Botschafters in Rom, de Kherkove, der nach Brüssel berich-

[176] Befragungen von Niedermayer und Rebien (OSS-Dossier); USFET-Bericht (OSS-Dossier).

[177] Ulrich Kittel, MS.

Der italienische Außenminister Graf Galeazzo Ciano und der deutsche Reichsaußenminister (1938–1945) Joachim von Ribbentrop

tete, daß Graf Galeazzo Ciano, der italienische Außenminister, sowohl die Absicht als auch das Datum von Hitlers Plan, in Belgien einzumarschieren, verraten hatte. Gleichzeitig, am Abend des 13. Januar, sandte Oberst Goethals, der belgische Militärattaché in Berlin, ein Telegramm nach Brüssel, in dem er warnte, daß laut einem „aufrichtigen Informanten" die Deutschen planten, am nächsten Tag einzumarschieren. Goethals sandte weitere verschlüsselte Telegramme am 14., 15. und 16. Januar nach Brüssel, in denen er andeutete, daß die Verräter Hitlers Entscheidung mit einer Zeitverzögerung von ungefähr 24 Stunden weitergaben. Goethals hatte seine Informationen von dem niederländischen Militärattaché, Major Gjisbertus Sas, der seinerseits wiederum durch Oberst Hans Oster, einem von Canaris engsten Mitverschwörern im Hauptquartier der Abwehr, instruiert worden war.[178] Wir wissen heute, daß ein anderer der Verräter, Dr. Joseph Müller – ein Beamter der Abwehr und späterer bayerischer Justizminister –, ebenfalls nach Rom reiste, um Hitlers Pläne bei Persönlichkeiten im Va-

[178] Siehe Aussage von Sas, im IfZ, ZS-1626.

tikan durchsickern zu lassen. Vom Vatikan ging eine telegraphische Warnung nach Brüssel.[179] Staatssekretär von Weizsäcker schrieb am 18. Januar vorsichtig an den deutschen Botschafter in Rom, Hans-Georg von Mackensen, forderte ihn zu einer Untersuchung der undichten Stelle auf und fügte hinzu: „Soviel ich weiß, sind Sie von Herrn von Ribbentrop über gewisse Vorgänge (Rom–Brüssel) ... rechtzeitig unterrichtet worden. Trotzdem fand ich es angebracht, Ihnen den betreffenden Text vorzulegen bzw. zuzuschicken."[180] Oberst Kurt von Tippelskirch, Chef der Abteilung O. Qu. IV (Militärischer Nachrichtendienst) des Generalstabes, schrieb am 22. Januar in seine Tagesnotizen: „Verrat It[alien] m. Belg. über deutsche Absichten und Maßnahmen."[181]

Das Forschungsamt spielte ebenfalls eine bemerkenswerte Rolle bei Hitlers zögerlicher Entscheidung, in Skandinavien einzumarschieren. Am 12. März um 15.30 Uhr telefonierte der finnische Gesandte in Paris, Harri Holma, mit seinem Außenministerium in Helsinki, um zu berichten, die Alliierten hätten zugesagt, daß, falls Finnland sofort um Hilfe nachsuchen würde, britische und französische Truppen unverzüglich in Norwegen landen und sie die diplomatischen Beziehungen zur Sowjetunion abbrechen würden. Churchill, der Erste Lord der britischen Admiralität, also Marineminister, war am Vortag von London nach Paris geeilt, um die französische Regierung darüber zu informieren, daß seine eigenen Invasionstruppen Befehl hätten, am 15. März nach Narvik in Nordnorwegen auszulaufen.[182] Finnland könnte sich bis dahin doch wohl im Krieg behaupten? Das Forschungsamt fing Holmas diesbezügliche Depesche ab.[183]

---

[179] Beweise für die Entschlüsselung von belgischen Telegrammen durch das Forschungsamt befinden sich in Hewels Vorlagenregister. Vgl. Tagebuch von Oberst Hans Groscurth vom 2. Januar und Tagebuch von Franz Halder vom 7. und 8. Januar.

[180] Nachlaß von v. Mackensen, Politisches Archiv des Auswärtigen Amtes, Bonn, Serien-Nr. 100, Blatt 64885 ff.

[181] BA-MA, III H-36/1/2.

[182] Siehe David Irving: Churchill's War, Bd. 1, Bullsbrook, West Australia 1987, S. 221.

[183] Ribbentrop enthüllte den Coup des Forschungsamtes in seinem am 2. April 1940 veröffentlichten Weißbuch. Betreffend Holmas Telegramm und die anschließende finnische Untersuchung siehe Archiv des finnischen Außenministeriums, 109/C2e, Tel. R. 145. Siehe auch die Memoiren des finn. Außenministers Väinö Tanner: Olin Ulkoministerinä talvisodan aikana. Helsinki 1950, S. 387. Ulrich Kittel bestätigt die Rolle des Forschungsamtes bei diesem Coup.

Hitler ließ sofort Pläne für eine improvisierte deutsche Invasion anfertigen, um der britischen zuvorzukommen; als dann doch der sowjetisch-finnische Waffenstillstand unterzeichnet wurde, befahl er, diese Pläne zurückzustellen. Staatssekretär von Weizsäcker notierte diesen Coup des Forschungsamtes am 13. März in seinem Tagebuch, wobei er festhielt, daß die Westmächte versucht hätten, den sowjetisch-finnischen Waffenstillstand zu verhindern, indem sie Finnland leere Versprechungen machten. „Für diese Tatsache haben wir sichere Beweise."[184]

Angesichts der erdrückenden Beweislage, erbracht durch die Braunen Blätter, nimmt es kaum Wunder, daß Hitler am 4. April anordnete, daß Italien nicht im voraus über den „Fall Gelb" oder „Weserübung", die geplante Invasion in Skandinavien, informiert werden sollte.

Hitlers Invasion in Dänemark und Norwegen begann am frühen 8. April 1940. Wenige Stunden vorher hatte das Forschungsamt wieder einmal Belege dafür aufgefangen, daß Verräter an der Arbeit waren: Der dänische Militärattaché war abgehört worden, als er dringlich Verbindung mit seinem Gesandten und dem norwegischen Gesandten in Berlin aufnahm und um sofortige Unterredungen mit ihnen bat, weil er etwas von „höchster politischer Bedeutung" mit ihnen zu besprechen hätte.[185] Wieder einmal hatte der Verräter Oster seinen niederländischen Freund Sas informiert, der die Warnung an die dänische und norwegische Gesandtschaft weitergegeben hatte.

Es war zu spät, die Invasion zu stoppen. Innerhalb weniger Stunden war Dänemark in deutscher Hand. Kaum ein Schuß war abgefeuert worden. Das Forschungsamt – das von nun an im voraus über jeden Feldzug Hitlers in Kenntnis gesetzt wurde – entsandte seine eigenen Einsatzgruppen zu den kämpfenden Truppen, um die Dechiffrier- und Abhörämter des Feindes sicherzustellen. Diese Experten fanden in Kopenhagen einen imponierend ausgerüsteten Telefonabhördienst vor, und Schappers „A"-Stelle übernahm ihn unversehrt mitsamt dem vorhandenen dänischen Personal. Anfangs unter einem gewissen Müller, dann geleitet von Bruno Bertram, unternahm die Kopenhagener Forschungsstelle Parallel-Operationen zur dänischen im Hotel Cecil; sie schickte tägliche Berichte zum Kommandeur der Wehrmacht und zum Reichsbevollmächtigten

[184] Tagebuch von v. Weizsäcker, 13. März 1940.

[185] Aufgefangene Meldung des Forschungsamtes, festgehalten im Kriegstagebuch der Seekriegsleitung am 7. April 1940.

Dr. Werner Best, bis zum Februar 1945, als die „Dienststelle Bertram" ihre Unabhängigkeit verlor und zur „Abteilung IV F" unter Himmlers Befehlshaber der Sicherheitspolizei wurde. Die 20 Mitarbeiter des Forschungsamtes wurden verwaltungsmäßig dem Kopenhagener Fliegerhorst Kastrup angeschlossen. Im April 1945 wechselten sie zum Boghandlerhus.[186]

Innerhalb eines Monats nach Hitlers Invasion war auch ganz Norwegen unter deutscher Besatzung, und das Forschungsamt richtete „A"-Stellen (Telefonüberwachung) in Oslo (Leiter: Schade) und in Drontheim ein.[187]

In gleicher Weise gestaltete sich die Rolle des Forschungsamtes bei den übrigen Feldzügen Hitlers im Jahre 1940. Am 10. Mai marschierten seine Truppen in Holland, Belgien und Frankreich ein. Wieder fing das Forschungsamt mehrere Tage lang eindeutige Belege dafür auf, daß Verräter am Werk waren.[188] Das Forschungsamt entzifferte zwei Funksprüche des belgischen Gesandten beim Vatikan nach Brüssel, in denen er berichtete, daß ein deutscher Staatsbürger am 29. April in Rom eingetroffen wäre, der gewarnt hätte, daß Hitler einen Angriff auf Belgien und Holland vorbereitete. Am 6. Mai hörte man in Luxemburg die Frage: „Kommen sie oder kommen sie nicht? [Es] liegt in der Luft."[189] Wieder einmal, gegen 21 Uhr am 9. Mai, dem Vorabend des Angriffs, gab der Verräter Oberst Oster die Angriffstermine an seinen holländischen Freund weiter; und wenig später hörte der FA-Erfasser im holländischen „Bereich" Ubbelohde Oberst Sas verzweifelt bei seiner Regierung anrufen.[190] „Große Aufregung entstand mitten in der Nacht", berichtete Hitlers Chefdolmetscher Paul Schmidt in seinen Memoiren, „als Ribbentrop gemeldet wurde, der holländische Militärattaché habe die Nachricht von dem bevorstehenden Einmarsch der deutschen Truppen soeben seiner Regierung durchgegeben."[191] Ein Hauptmann im Wehrmacht-

---

[186] BAOR-Bericht vom 2. Januar 1946; und Befragung Garmeisters, DIC/1/G17 am 28. Juni 1945.

[187] Befragung von Oskar Schröder (OSS-Dossier).

[188] Vernehmung von Walther Huppenkothen, in BDC-Sonderakte Canaris. Siehe auch Briefwechsel Weizsäcker/Mackensen im Nachlaß von v. Mackensen, AA, Serien-Nr. 100.

[189] Tagesnotiz von Tippelskirch, 8. Mai 1940. BA-MA, III H-36/1/2.

[190] Betreffend diese durch das Forschungsamt aufgefangenen Meldungen siehe Tagebuch v. Alfred Jodl und eine Studie von Hermann Graml zur Affäre Oster, in VfZ, 1966, S. 26 ff. Befragung von Ubbelohde im OSS-Dossier.

[191] Dr. Paul Schmidt: Statist auf Diplomatischer Bühne 1923–1945. Bonn 1958, S. 483.

führungsstab notierte am 10. Mai: „Unsere Truppen stießen auf einen Feind, der den Angriff am 10.5. früh erwartete."[192]

Wieder einmal, trotz der durch diese Akte des Verrats verursachten entsetzlichen Verluste, waren die deutschen Truppen siegreich. Gegen Ende Juni 1940 hatte sich das Forschungsamt auf Abhöroperationen in Holland, Belgien und Frankreich eingerichtet. Ferdinand Niedermayer übernahm Frankreich, er war eigentlich dafür vorgesehen gewesen, die Einsatzgruppe des Forschungsamts in Holland zu führen, aber aufgrund mangelnder militärischer Ausbildung wurde er aus dieser Operation herausgenommen und statt dessen mit der Einführung des Forschungsamtes im besetzten Frankreich betraut. Er blieb bis zum Juli 1941 in Paris. In Amsterdam wurde eine „A"-Stelle eingerichtet, hauptsächlich mit holländischer Belegschaft. Sowohl „A"- wie auch „B"-Stellen wurden in Belgien errichtet: Sämtliche Telefongespräche König Leopolds wurden überwacht, aber das Hauptaugenmerk lag auf den industriellen Beziehungen zwischen Deutschland und seinen neuen Herrschaftsgebieten.[193]

England will keinen Frieden

Die Einsätze des Forschungsamtes im besetzten Frankreich nahmen das umfangreichste Ausmaß außerhalb Deutschlands an. Die Pariser Dienststelle wurde in der Nähe der Telefonvermittlungs-Zentrale in der Rue des Archives Nr. 58 (später Nr. 61) eingerichtet. Das Forschungsamtspersonal wurde geschlossen im Hotel de Pavillon in der Rue des Echiquières untergebracht. Die Forschungsstelle wurde mit deutschem Armeepersonal betrieben, das unter der Aufsicht von Forschungsamts-Dienststellenleiter Dierks („Triefauge" genannt wegen seiner ausgeprägten Tränensäcke) und mit etwa 30 Forschungsamtsexperten arbeitete. Das Armeepersonal war der Fernsprechkompanie z.B.V. 656 angeschlossen, das letztlich dem Höheren Nachrichtenführer beim Oberbefehlshaber West unterstellt war.

[192] Hptm. Deyhle, Aufzeichnungen, N 1781-PS.
[193] Allgemeine Befragungen von Rebien u. Niedermayer (OSS-Dossier).

Die Abhörleistung in der Rue des Archives war beträchtlich, etwa 25 Klappenschränke – 500 Anschlüsse, wie in Berlin – mit 90 Erfassern, die in drei Schichten rund um die Uhr arbeiteten und Gespräche in folgenden Sprachen erfaßten: Französisch, Englisch, Italienisch, Spanisch, Rumänisch, Russisch, Tschechisch, Schwedisch, Türkisch und – mit einem Erfasser – Japanisch; aber auch Skandinavisch, Serbokroatisch, Niederländisch und Portugiesisch. Man verfügte über zwei tonbandartige Aufnahmegeräte. Die Erfasser überwachten die Leitungen zwischen Paris und Bordeaux, Fontainebleau, Le Mans, Lyons, Nancy, Nantes, Orléans, Rouen, Vichy, Clermont-Ferrand, Dijon, Chartres, Amiens, Toulouse, Rennes und Reims, dabei lag ihr besonderes Augenmerk auf Gesprächen mit diplomatischem, militärischem und finanziellem Bezug, ebenso auf Gesprächen betreffend Zoll, Spionage und Besatzungspolitik. Das FA fand heraus, daß das Vichy-Innenministerium versuchte, eine den Deutschen unbekannte, als zivile Bereitschaftspolizei getarnte militärische Untergrundorganisation aufzubauen. Die Forschungsamtserfasser überwachten Beamte der Vichy-Regierung (unbesetztes Frankreich), Diplomaten und die Presse; von ihnen angezapft wurden die privaten Telefonleitungen von Premierminister Pierre Laval und Philippe Henriot (der französische Staatssekretär für Information, der 1944 ermordet wurde). Am 22. April 1943 sollte Dr. Goebbels in seinem Tagebuch festhalten: „Auch ein Telefongespräch zwischen Laval und [Fernand de] Brinon bringt denselben Wunsch zum Ausdruck. Aus diesem Telefongespräch entnehme ich übrigens, daß die Frau unseres Botschafters [Otto] Abetz sich in einer sehr leichtsinnigen Weise französischen Politikern gegenüber äußert. Sie ist eben Französin."

In einem separaten Raum in der Rue des Archives überwachten 15 Männer der Fernsprechkompanie ebenfalls die entsprechenden Fernschreibleitungen zwischen den einzelnen Ressorts der Vichy-Regierung. Der Gefreite Knappe schätzte, daß hier 60–70% des Nachrichtenmaterials der Pariser Forschungsstelle angesammelt wurden. Der Kompanieführer war ursprünglich Oberleutnant Massener, ein schlanker, glattrasierter, blonder, nordischer Typ; danach Hauptmann von Böczy, ein schnurrbärtiger Gentleman mit schütterem dunklen Haar, weichherzig und beliebt, weil er mehr mit seinem „ferngesteuerten Rittergut" beschäftigt war als mit seiner Dienststelle. Sein Stellvertreter war Leutnant Hanschel, ein kleiner, schmächtiger, ehemaliger Gerichtsassesor aus Ostpreußen. Manch-

William C. Bullitt (US-Botschafter in Paris)

mal merkten die Objekte eines Abhöreinsatzes, daß sie „angezapft" wurden. William C. Bullitt, US-Botschafter in Paris bis 1941, hörte man sagen: „Verflucht, da ist jemand Unerwünschtes in der Leitung." Aber die französischen Behörden ahnten nichts von der Forschungsamts-Dienststelle in der Rue des Archives. Im September 1940 wurde ein französischer Agent gesichtet, der dort Ausschau hielt, und einmal schickten die Franzosen Beamte der Post, um zu untersuchen, wozu all die Leitungen dienten.

Die Leitungen zwischen den beiden französischen „Hauptstädten" Paris und Vichy wurden besonders streng überwacht. Das Forschungsamt richtete auch im nichtbesetzten Teil Frankreichs Forschungsstellen ein, und zwar in den Städten Vichy – wo der Anschluß des amerikanischen Botschafters, Admiral William D. Leahy, routinemäßig abgehört wurde – Nizza und Marseille. Anfangs wurden diese „A"-Stellen mit französischen Beamten betrieben, aber obwohl sie genau von Forschungsamtsoffizieren beaufsichtigt wurden, erwiesen sie sich als unzulänglich und wurden ganz aus Forschungsamts-/OKH-Einsätzen abgezogen.[194]

Nach dem Fall Frankreichs erwartete Hitler, daß das britische Empire sein keineswegs kleinliches Friedensangebot annehmen und ihn damit aus der drohenden Zangenlage eines Zweifrontenkrieges im Westen und Osten befreien würde. Er wurde enttäuscht. Seine Friedensangebote, auf geheimen diplomatischen Kanälen nach London geleitet und zuletzt in einer dramatischen Reichstagsrede am 19. Juli 1940 dem britischen Löwen entgegengeschleudert, wurden zunächst ignoriert, dann verspottet und schließlich in demütigender Weise abgelehnt. Hitler war über die Gründe ratlos, bis – wie so oft – das Forschungsamt ihm des Rätsels Lösung brachte:

[194] Befragung des Obergefreiten Gabriel, CSDIC(UK), Bericht SIR 860; enthält auch die Befragungen von Haas und des Gefreiten Knappe von derselben Einheit.

Entschlüsselte diplomatische Telegramme von dritter Seite in Moskau offenbarten, daß Winston Churchill ein großangelegtes geheimes Spiel zu Gunsten Stalins in Form einer großen Allianz begonnen hatte.

Die Abteilung IV hatte seit langem die meisten türkischen Codes entschlüsselt. Dr. Erich Kordt vom Auswärtigen Amt berichtete den Vernehmungsbeamten 1945, daß türkische Botschaftsmitteilungen aus Moskau nach Ankara ausgezeichnete Informationen über die Ziele der sowjetischen Außenpolitik lieferten.[195] Gegen Ende Juli 1940 hatten diese und andere aufgefangene Forschungsamtsmeldungen Hitler in der Überzeugung bestärkt, daß er die Sowjetunion auf dem Schlachtfeld besiegen müßte, bevor Großbritannien bereit wäre, den Frieden anzunehmen.

Die wichtigsten dieser Forschungsergebnisse wurden Graf Werner von der Schulenburg, dem deutschen Botschafter in Moskau, mitgeteilt, und sie sind noch in seinen Akten in den Archiven des Auswärtigen Amtes vorhanden.[196] Historiker, die sie dort nicht zur Kenntnis nehmen wollen, sollten ihren Widerhall in den Aufzeichnungen von Major Hasso von Etzdorf, General Halder und von Tippelskirch bemerkt haben. Hitler konnte sie gewiß nicht ignorieren und bezog sich in mehreren nachfolgenden Unterredungen auf diese aufgefangenen Meldungen.

Am 5. Juli 1940 hatte der türkische Botschafter nach Ankara berichtet, daß Michail Iwanowitsch Kalinin, der Vorsitzende des Präsidiums des Obersten Sowjets, gerade dem britischen Botschafter, Sir Stafford Cripps, versichert habe, daß Rußland viele gemeinsame Interessen mit Großbritannien hätte; aber, so war der Russe fortgefahren, es sei zwar notwendig, zu einer Übereinkunft zu kommen, andererseits solle nicht zu hastig gehandelt werden. Am 25. Juli wurde Hitler ein aufgefangenes Telegramm vorgelegt, in welchem der jugoslawische Botschafter in Moskau, Gavrilovic, Cripps dahingehend zitierte, daß der Zusammenbruch Frankreichs bei der sowjetischen Regierung große Befürchtungen hinsichtlich Deutschlands ausgelöst hätte. „Die sowjetische Regierung befürchtet, daß die Deutschen einen plötzlichen und

[195] Befragungen des US-Außenministeriums von Dr. Erich Kordt durch Harold C. Deutsch, 15.–16. Dez. 1945.

[196] Eine äußerst wichtige Zusammenfassung der betreffenden vom Forschungsamt aufgefangenen Meldungen befindet sich in den Akten Pol. V im Archiv des AA, Serien Nr. 104, Blatt 113176 ff.

unerwarteten Angriff unternehmen werden. Sie versuchen, Zeit zu gewinnen. Die sowjetische Regierung ist der Meinung, daß Deutschland zu einem Krieg gegen sie in diesem Winter nicht bereit sein wird." Gavrilovic schätzte die Stärke der Roten Armee schon auf 180 Divisionen, „alle gegen Deutschland gerichtet".

Mehr Gewicht für Rundfunk- und Fernschreibüberwachung

Der Krieg zwang das Forschungsamt, den Schwerpunkt seiner Arbeit mehr auf die Ergebnisse der „C"- und „D"-Stellen, zuständig für die Funk- und Fernschreibüberwachung, zu verlagern.

Ursprünglich war die Funküberwachung vom Forschungsamt Berlin abgewickelt worden, indem man sich der „B"-Stelle in Schönefeld bediente. Aber mit dem Ausbruch des Krieges verlangten die Abnehmer äußerste Aktualität der Nachrichten. So kam man beim Forschungsamt auf die Idee, die regionalen „B"-Stellen zu benutzen, besonders jene in Templin und Lübben, gerade um die Nachrichtenübermittlungen von feindlicher und neutraler Seite aufzufangen. Dabei konzentrierte man sich auf antideutsche Propaganda und Nachrichtenmaterial über die feindlichen Kriegsanstrengungen. Diese Stellen kopierten dann die Übermittlungen über ein Verbindungskabel zum Forschungsamt in Berlin-Charlottenburg, wo eine „C"-Stelle, die bis dahin nur mit Nachrichtenmaterial von den Funkstellen Templin und Konstanz versorgt worden war, sie zentral bearbeiten konnte. Dieser Wechsel wurde um 1943 vollzogen.

Der Rundfunküberwachungsdienst des Forschungsamtes arbeitete parallel zu den Rundfunküberwachungsdiensten, die vom OKW, dem Auswärtigen Amt, dem Propagandaministerium und dem DNB (Deutsches Nachrichtenbüro) betrieben wurden. Aufgrund seiner Organisation und Methoden war das Forschungsamt weit überlegen. Das Forschungsamt führte eine Zentralkartei über Rundfunksendezeiten, Frequenzen und Rufzeichen und lieferte diese Daten bereitwillig an die konkurrierenden Dienste. Die „C"-Stelle des Forschungsamtes zeichnete die feindlichen und neutralen Nachrichtenübermittlungen auf Magnetophongeräte auf, schrieb sie dann ab, übersetzte sie und stellte die Ergebnisse als sogenannte „R"-Meldungen auf Ormig-Matrizen der eigenen Abteilung 13 des Forschungsamtes (Innenpolitik) oder interessierten Abnehmern per Rohrpost zu. Besondere Meldungen, wie BBC-Sonderbotschaften wurden der Abteilung 13 als „politischer Vorbericht" telefonisch oder telegraphisch übermittelt. Persönliche Stellungnahmen und Reden von bedeutenden ausländischen Politikern wurden auf Platten geschnitten, abgeschrieben und in den Archiven der „C"-Stelle verwahrt.[197]

Der Forschungsamts-Auswerter Oskar Schröder gab an, daß die von der Abteilung V (Auswertung) abgefaßten „R"-Meldungen in dreifacher Ausfertigung auf weißem Bogen mit einem breiten blauen Strich von unten links nach oben rechts ausgegeben wurden. Die „R"-Meldungen, die über die BBC-Rundfunkausstrahlungen von geheimen „persönlichen Botschaften" in tschechischer Sprache berichteten, wurden per Fernschreiber an die Forschungsstelle in Prag geleitet.

Um den Forderungen der Wirtschaftsstellen Rechnung zu tragen, waren die „D"-Stellen nach dem Kriegsausbruch ebenfalls erweitert worden. Sie wurden nun unterteilt in D-1 (Fernschreiberfassung) – besonders in Berlin, Wien und Dortmund (Postamt, Luisenstraße 2, Zimmer 74) waren die Hauptzentren für Telegramme ins Ausland – und D-2 (Telegrammerfassung). Letztere waren den „A"-Stellen angeschlossen, die über das ganze Reich und die besetzten Gebiete verstreut waren. Die D-1-Stellen erforderten nur wenig Personal, da die Mitlauffernschreiber automatisch arbeiteten und keine Sprachkenntnisse erforderlich machten. So druckte z.B. die Maschine in Nürnberg alle Fernschreiben automatisch auf einer Papierrolle aus; diese Rollen wurden zum Forschungsamt nach Berlin geschickt. Die D-2-Stellen, gewöhnlich in den vorhandenen Telegraphenämtern untergebracht, waren jedoch arbeitsintensiv, da die Telegrammerfassung menschliche Überwachung und Sprachkenntnisse erforderte. Das Personal arbeitete bei der Sichtung der täglichen Telegrammflut mit vom Forschungsamt gelieferten Kurznamenlisten. Allein im Telegraphenamt Berlin fielen im Durchschnitt 34.000 Inlandstelegramme und 8.000

[197] Befragungen von Rebien, Barthel (FA-Angehöriger in der „C"-Stelle Berlin von 1938 bis 45) und BAOR-Bericht vom 2. Jan. 1946 (OSS-Bericht)

oder 9.000 Auslandstelegramme an, die an jedem Tag zu überprüfen waren. Jene, die von Bedeutung waren, wurden an Ort und Stelle abfotografiert und per Eilboten zum Forschungsamt Berlin zur Sichtung bei der Abteilung 13 geschickt.[198]

Während des Krieges gab es für die Forschungsamts-Auswerter noch eine weitere Quelle, aus der unbearbeitetes Datenmaterial einging: die Briefüberwachung. Das Forschungsamt teilte den vorhandenen Auslandsbriefprüfstellen des OKW in Berlin (am Stettiner Bahnhof), Köln und Paris Verbindungsgruppen zu, die aus ein oder zwei Leuten bestanden. Das Öffnen der Briefe konnte äußerlich nicht festgestellt werden. Später richtete auch das RSHA eine Briefprüfstelle ein, und das Forschungsamt teilte dieser Stelle ebenfalls eigene Leute zu. Die Aufgabe des Forschungsamtes bestand nur darin, zur Ergänzung des durch eigene Nachrichtenaufklärungseinsätze gewonnenen Nachrichtenmaterials die von Ausländern abgeschickte Post zu kontrollieren, sowie Briefe mit Bezug auf Außen- und Binnenhandel. Die Forschungsamtsgruppe fotografierte die einschlägigen Briefe ab und beförderte sie weiter zur Abteilung V (Auswertung) des Forschungsamtes in Berlin-Charlottenburg.[199]

Der transatlantische Funkverkehr

Das Versäumnis des Forschungsamtes, ein absolutes Monopol über die Nachrichtenaufklärung durchzusetzen, warf Probleme auf, als der Krieg ausuferte. In Anbetracht ihrer sonstigen Verpflichtungen konnte die Reichspost nicht mehr alle Ausrüstungsbedürfnisse des Forschungsamtes befriedigen. Nach langwierigen Verhandlungen gestat-

[198] Befragungen von Rebien, O. Schröder; Berichte der USFET und der BAOR vom 2. Januar 1946 (OSS-Dossier) und Ulrich Kittel, MS.

[199] Befragung von Rebien und Berichte von USFET u. BAOR vom 2. Jan. 1946 (OSS-Dossier) und Neuenhoff, Interview.

tete die Reichspost dem Forschungsamt widerwillig die Benutzung seiner eigenen Geräte für die beweglichen Einsätze im Reich, mit eigens dazu ausgestatteten Wagen. In den besetzten Gebieten hatte sich das Forschungsamt nicht mit solchen Einschränkungen konfrontiert gesehen, zumindestens solange nicht, bis dort eine Zivilverwaltung eingerichtet wurde; dann begann die Reichspost wieder, sich einzumischen.[200]

Diese Rivalität führte zu einem schwerwiegenden Rückschlag für das Forschungsamt in Holland. Bald nach der Besetzung Hollands durch deutsche Truppen im Mai 1940 hatte die Reichspost die große und nach modernsten Gesichtspunkten eingerichtete Funkstelle Noordwijkerhoud übernommen. Monatelang lehnte die Reichspost die Aufforderungen des Forschungsamtes ab, die Arbeiten einzustellen. Es war eine Funkstelle von entscheidender Bedeutung, weil dies die einzige Stelle war, wo die Sprüche des innerrussischen Funkverkehrs aufgefangen werden konnten; noch bedeutsamer war, daß sich diese Funkstelle fast in direkter Linie zwischen den Stationen befand, die zwischen London und Washington vermittelten – ideal, um die transatlantischen Funkgespräche zwischen den Führern der Alliierten zu überwachen. Diese Funkgespräche wurden nur mit einem technisch überholten Gerät verschlüsselt, das ursprünglich von der Siemens AG entwickelt worden war. Spätestens etwa im September 1941, als die Vereinigten Staaten kurz vor dem Kriegseintritt standen, war es Reichspostingenieuren gelungen, die transatlantische Geheimverbindung zu entschlüsseln, aber diese Teilergebnisse wurden, wie Forschungsamtchronist Ulrich Kittel feststellen mußte, von der zuständigen Stelle vorerst nicht an das Forschungsamt geliefert. Für die deutschen nachrichtendienstlichen Interessen war diese Rivalität eine Tragödie. Hunderte von Aufzeichnungen der amerikanischen und britischen transatlantischen Unterredungen wurden angefertigt, aber ohne die Sachkenntnis des Forschungsamtes hinsichtlich der Auswertung, die man in Charlottenburg seit 1933 gesammelt hatte, waren sie nur von begrenztem Wert; so waren die Reichspostauswerter beispielsweise völlig überfordert mit dem von den Amerikanern benutzten Slang und Jargon. Kittel stellte fest, daß wegen des Vormarsches der Alliierten nicht mehr viel Zeit zur Klärung dieser Probleme blieb, als das Forschungsamt schließlich diese Funkstelle übernahm und mit der systematischen Arbeit begann.

[200] Ulrich Kittel, MS.

Die noch vorhandenen fragmentarischen Berichte des Forschungsamtes enthalten über diesen bemerkenswerten Coup der deutschen Fernsprecherfassung keinerlei Angaben. Belege finden sich dagegen in den Berichten von General George C. Marshall, dem US-Oberbefehlshaber des Heeres; ferner bei Harry Hopkins, dem Berater Roosevelts; in den Berichten des OKW und Heinrich Himmlers, des Reichsführers SS, der die „Forschungsanstalt der Reichspost" bei deren Versuchen gefördert hatte und der die Fernschreibkanäle beschafft hatte, um die Ergebnisse direkt per Telex aus Holland zum Führerhauptquartier zu übermitteln.

Am 6. Mai 1942 schickte Himmler an Hitler einen Bericht von Ohnesorge über diesen Erfolg seiner Forschungsanstalt, und er fügte als Muster eine aufgefangene Unterredung vom 7. September 1941 bei. Ein Memorandum in Himmlers Akten mit Datum vom 1. Mai 1942 belegt, daß diese streng geheimen aufgefangenen Telefongespräche durch den Aktenwolf in Hitlers Hauptquartier vernichtet wurden, nachdem er sie gelesen hatte.[201] Am 21. Mai, während die Flut von entschlüsselten Abschriften anhielt, ersuchte Ohnesorge um ein Treffen mit Himmler, um mit ihm über seine Forschungsstelle zu sprechen, die er als „Holland-Wetterlin" bezeichnete. SS-Gruppenführer Berger schickte Himmler eine handgeschriebene Notiz, in der er ihn darauf aufmerksam machte, daß Ohnesorge den Reichsführer bäte, sicherzustellen, daß er selbst „die Berichte" in die Hand bekäme, und nicht SS-Obergruppenführer Heydrich, demgegenüber Ohnesorge eine ausgeprägte Antipathie hatte. „Fernschreiben von dort", berichtete Berger Himmlers persönlichem Referenten Rudolf Brandt, „werden unmittelbar in das Führerhauptquartier geschaltet." Ohnesorge, fügte er hinzu, würde wahrscheinlich wissen wollen: „Was sagt der Führer?" – und dabei seine technische Meisterleistung im Auge haben.[202]

Fast bis zum Ende 1943 fuhr die Forschungsanstalt der Reichspost fort, den transatlantischen Funksprechverkehr der Alliierten abzuhorchen.[203] Am 29. Juli 1943 wurde Hitler die Abschrift eines verschlüssel-

[201] Am 6. März 1942 schickte Himmler Ohnesorges Bericht an Hitler: NA, T-175, Rolle 129, S. 4865 ff., 9924 ff.; T-175, Rolle 122, S. 7620.

[202] Brief Bergers an den Reichsführer SS am 21. Mai 1942: NA, T-175, Rolle 139, S. 7377 f.

[203] Bezüglich weiterem Material über diese aufgefangenen Meldungen aus den transatlantischen Telefongesprächen der Alliierten siehe Akten des AA, Serien-Nr. 1171/328367, 328440, 329063, usw. (328366–497, 328997–329087), und die Akten der Abt. Inl. II geh.

ten Funkgespräches Churchills mit Roosevelt vorgelegt, in welchem dieser – kurz vor Mitternacht des 28. August – über den „bevorstehenden Waffenstillstand mit Italien" geplaudert hatte – ein Fingerzeig in letzter Minute, der Hitler in die Lage versetzte, die deutschen Streitkräfte in Italien rechtzeitig vorzuschicken, um ein größeres Desaster zu verhindern.[204] Es finden sich Hinweise auf diese Unterredung in Himmlers eigenen handschriftlichen Telefonaufzeichnungen gegen 23.00 Uhr des 29. Juli.[205] Einige Wochen später, Anfang September 1943 – das Forschungsamt hatte sich zu diesem Zeitpunkt möglicherweise die Kontrolle über diese Nachrichtenquelle gesichert – berichtete Joseph Goebbels in seinem Tagebuch über ein Telefongespräch zwischen Anthony Eden in London und Churchill, der sich damals in Washington aufhielt und sich über das Verhalten des italienischen Kronprinzen Umberto beklagte.[206]

Durchkreuzt wurden die Pläne des Forschungsamtes, nun da es sich den Zugriff auf die Unternehmung in Holland gesichert hatte, wahrscheinlich nicht durch den Einmarsch der Alliierten im März 1945 – wie es Kittel vermutete – sondern durch die Tatsache, daß die Amerikaner ein neues von den Bell Telephone Laboratories entwickeltes Zerhackersystem einführten. Die amerikanische Regierung, gewarnt durch die Zensurbehörde der US-Kriegsmarine,[207] war über Churchills freimütige Benutzung der transatlantischen Funksprechverbindung immer beunruhigter geworden, und die Dienststelle General Marshalls schrieb am 12. Oktober 1943 warnend an Harry Hopkins, daß „der Premierminister" in einer kürzlichen Unterredung „Namen und Orte in einer Weise anführte, die geeignet wäre, Gefahren für ihn selbst und andere heraufzubeschwören".[208] Man wüßte, so hieß es in dem Brief weiter, daß die Deutschen dazu in der Lage wären, diesen Funkverkehr zu entschlüsseln. Wenig später führten die Amerikaner ihren neuen Zerhakker ein, das „System X". Die Anlage war sperrig und füllte ganze Räu-

---

204 Kriegstagebuch des Oberkommandos der Wehrmacht, 29. Juli und 3. August 1943.

205 Heinrich Himmler, handschriftliche Telefonaufzeichnungen: Anruf bei Berger, 23 Uhr, 29. Juli 1943: „Churchill-Roosevelt-Gespräch" (Original im Bundesarchiv, Koblenz).

206 Tagebuch Goebbels, September 1943.

207 Siehe S. 7.

208 Schreiben des Sekretärs des US-Generalstabschefs Marshall, Oberst J. M-Carthy, an Harry Hopkins vom 12. Okt. 1943 (Franklin D. Roosevelt Library, Nachlaß Harry Hopkins, Box 136, Akte „Churchill").

me, aber sie funktionierte. Im Prinzip wurde dabei lediglich eine Aufnahme von elektronisch erzeugtem Rauschen benutzt, um das Gespräch zu übertönen; das „Negativ" einer identischen Aufnahme am anderen Ende wurde dann benutzt, um das Rauschen wieder aus der Leitung zu entfernen.[209] Das System X mündete an einem Ende im Pentagon, dem US-Kriegsministerium, auf dem anderen Ende in einem Bunker im Großwarenhaus Selfridges im Londoner Westend. Es finden sich keine Belege dafür, daß das neue System noch vor dem Ende des Krieges von den Deutschen geknackt wurde.

Neuorganisation des Forschungsamtes 1941

Seit Hunderte von jungen Männern und Frauen – Intellektuelle, Geschäftsleute, Funker – in diese Behörde dienstverpflichtet worden waren, befand sich das Forschungsamt in einem ständigen Kampf gegen den unvermeidlichen Qualitätsverlust seines Mitarbeiterstabes. Deshalb unternahm das Forschungsamt in Berlin-Charlottenburg 1941 eine größere Reorganisation seiner Zentrale.[210] Die früheren Abteilungen I bis VI wurden nun „Hauptabteilungen" mit 15 Teilbereichen, den Abteilungen 1–15. Gleichzeitig wurde der Versuch gemacht, das Forschungsamt zu dezentralisieren: „Forschungshauptleitstellen" wurden in Berlin, Hamburg, München, Köln, Breslau und Wien eingerichtet; diese unterstanden dem Amtsleiter Schapper direkt.[211]

---

[209] Information des amerikanischen Entzifferungs-Sachverständigen Dr. David Kahn an den Verfasser.

[210] Befragungen von Klaus Schwarz und Schnarr (OSS-Dossier); Ulrich Kittel, MS.

[211] Angaben über die endgültige Struktur des Forschungsamtes von Ulrich Kittel, MS. Befragungen von Peipe, Rebien und O. Schröder (OSS-Dossier) und insbesondere die Berichte der Hauptvernehmungsstelle der 7. Armee, SAIC/CIR/7, vom 19. Juli 1945 (NA-Akten, Suitland, Maryland: RG-332, Box 73, Vernehmungsberichte der Siebenten Armee).

Hauptabteilung I (Ministerialrat Berggren) war unterteilt in Abteilung 1: Organisation und Sicherheit (Oberregierungsrat Walter Rosenhahn) und Abteilung 2: Verwaltung (Oberregierungsrat Kunsemüller). Als bekannt wurde, daß Rosenhahns Aufgabe in der Überwachung der Forschungsamtsmitarbeiter selbst bestand, wurden die Leute sehr vorsichtig mit dem, was sie sagten; die V-Männer waren gewöhnlich SS-Männer. Peipe gab an, daß sich so etwas wie eine „Opposition" bildete – ihre Mitglieder informierten sich gegenseitig über die „orthodoxen" Fanatiker und deren Umtriebe; widerspenstige Forschungsamtsangehörige fanden sich zur Wehrmacht versetzt, oder gegen sie wurde ein Verfahren eröffnet.

Hauptabteilung II (Leiter: Oberregierungsrat Fritz Kempe, ein früherer Korvettenkapitän) wurde nun Abteilung 3: Personal (Regierungsrat Schumann), mit Regierungsrat Czwalina als Referent für Personalfragen und Regierungsrat Proksch für die Verwaltung.

Hauptabteilung III wurde nun Abteilung 4: Erfassungsansatz (Regierungsrat Rudolf Popp) und Abteilung 5: Sichtung (Regierungsrat Henke). Abteilung 4 hatte die Aufgabe, die verschiedenen Aufträge zu untersuchen und entschied, welche der Datenquellen, „A", „B", „C" und „D" erwarten ließ, die gewünschte Basisinformation zu liefern. Je nach Erfordernis sollte Fernsprech-, Funk-, Rundfunk- und Fernschreib- bzw. Telegrammüberwachung erfolgen. Welche „A"-Stelle sollte die Abhöreinsätze durchführen? Welche „B"-Stellen sollten am besten den Funkverkehr abhören? Welche „C"-Stellen konnten die Programme überwachen, die einen Kommentar senden könnten? Welches war die zweckmäßigste Kurzformulierung zur Vorlage bei den „D"-Gruppen in den Telegraphenämtern für deren Sichtungsarbeiten? Schließlich benachrichtigte die Abteilung 4 auch die den Auslandsbriefprüfstellen des OKW angeschlossenen Forschungsamtsgruppen.

Hauptabteilung IV (Entzifferung, Georg Schröder) war vorher in vier regionale Entzifferungsgruppen unter der Gesamtleitung von Oberregierungsrat Wächter unterteilt worden, und wurde nun in vier Abteilungen aufgeteilt. Abteilung 6: Wissenschaft und Forschung (Oberregierungsrat Petzel); 7: Romanische Sprachen und Schweiz (Oberregierungsrat Wächter); 8: Angelsachsen und Ferner Osten (Oberregierungsrat Schulz); und 9: Osten (Oberregierungsrat Wenzel).

Hauptabteilung V (Nachrichtenauswertung, Walther Seifert) war nun wie folgt unterteilt: Abteilung 10: Auskunft, Kartei (Dr. Mews), mit ungefähr 30 Karteiauswertern und Schreibkräften. (Oskar Schröder nennt dagegen als Leiter der Abteilung Kartei Oberregierungsrat Ullrich). Abteilung 11: Außenpolitik (Oberregierungsrat Dr. W. Kurzbach), war wiederum in Untergruppen unterteilt, die mit Auslandspropaganda befaßt waren (Regierungsrat Herbert von Thiele-Fredersdorf) und Referate, die sich mit allen englisch-sprechenden Gebieten und Südamerika beschäftigten; Westeuropa, Italien, Balkan und Nah-Ost; sowie Skandinavien, UdSSR und Fern-Ost. Die Abteilung 12: Wirtschaft (Oberregierungsrat Hentschel; ab 1944 Brieschke, nachdem Hentschel zum Propagandaministerium übersiedelte; Stellvertreter: Regierungsrat Dr. Rautenkranz.) In dieser Abteilung bearbeitete Dr. Roos Erdölfragen, Dr. Fiebel das Gebiet „Felle und Häute"; eine Abteilung 12(b), die angloamerikanische, wurde von Regierungsrat Dr. Peter Völkel geleitet.

Die letzte Unterabteilung der Hauptabteilung V war die umstrittene Abteilung 13: Innenpolitik, die sogenannte „Gestapo-Abteilung", die zuerst von Regierungsrat Erwin Rentschler geleitet wurde, dann von Ministerialrat Seifert selbst. Sie bestand aus drei Referaten – 13(a): Staatssicherheit (Leiter: Scheske); 13(b): Kultur, Kirche, Filme (Möhring); 13(c): Presse und Propaganda (Heydenreich). Ehemalige Forschungsamtsangehörige drängten sich nicht danach, nach dem Krieg über die Abteilung 13 zu sprechen. Kittel schrieb über sie, daß es „die kleinste der Abteilungen" gewesen sei. Laut Oskar Schröder hatte Referat 13(a) eine Unterabteilung, die auf die Judenfrage spezialisiert war, der Referent bis September 1939 war Dr. Kutscha.

Gemäß Kittel war die Abteilung 13(a) im wesentlichen mit abwehrtechnischen Fragen befaßt. „Neben einer Reihe von einzelnen Beobachtungen aus Gründen der Staatssicherheit, wie z.B. des früheren Gauleiters von Franken, Streicher, mit seiner gesamten Gauleitung, des früheren Oberpräsidenten von Brandenburg [Richard] Kube, der britischen Verehrerin Hitlers Lady [Unity] Mitford, des früheren Adjutanten Hitlers ... [Fritz] Wiedemann und der mit ihm in Verbindung stehenden Prinzessin [Stephanie von Hohenlohe], der früheren Filmschauspielerin Lida Baarova, kamen vor allem die Berichte und Meldungen der ausländischen Pressevertreter und Diplomaten über innenpolitische Ereignisse zur Bearbeitung."

Referat 13(c) wachte über Journalisten, um ihre Quellen festzustellen, und es verglich ihre Berichte mit dem, was ihre Zeitungen hinterher veröffentlichten. Das Forschungsamt fertigte regelmäßig Einzelberichte zur Charakteristik von einzelnen Pressevertretern an sowie einen „täglichen Lagebericht" über die Tendenzen und Mittel der Auslandspropaganda.

Hauptabteilung VI (Oberregierungsrat Ing. Stabenow) war unterteilt in die Abteilung 14: technische Angelegenheiten (a); und 15: technische Angelegenheiten (b). Abteilung 14, geleitet von Oberregierungsrat Ing. Dr. Huppertsberg, entwickelte neue technische Ausrüstung und Abhörgeräte für die „Forschungsstellen". Die Abteilung beschäftigte 80 oder 90 Fachleute in einer eigenen Versuchsstelle in der ehemaligen „B"-Stelle in Glienicke bei Berlin. In seinem Charlottenburger Hauptquartier brachte das Forschungsamt eine Reihe von Werkstätten und Laboratorien auf dem Gebiet der Stark- und Schwachstromtechnik unter, sowie eine Versuchsanlage sowohl für die Fernsprechbeobachtung als auch für die Entwicklung von Erfassungsgeräten, Stahltonmaschinen in Tornisterform, für bewegliche Einsätze. Abteilung 15, geleitet von Regierungsrat Ing. Oden, war befaßt mit Beschaffung, Verteilung, Reparatur und Ersatz von Ausrüstungsgegenständen.

Einige Quellen sprechen noch von einer „Abteilung 16", die sich mit allgemeinen technischen Fragen beschäftigte und von Regierungsrat Muggernthaler geleitet wurde.

Der Ostfeldzug und das Forschungsamt

In vielerlei Hinsicht blieb die Arbeit des erweiterten Forschungsamtes Routine. Es fanden dieselben nächtlichen „Staatsgespräche" zum Vergnügen der müden Erfasser statt. Seiner telefonischen anti-nationalsozialistischen Äußerungen überdrüssig, hatte die Reichsregierung die Abberufung von Bernardo Attolico als Botschafter Italiens gefordert; er wurde durch Dino Alfieri ersetzt. Legationsrat Emil Rasche stellte fest:

„Die Liebesaffären des italienischen Botschafters Alfieri – der sich eine Zeitlang 14 Mätressen hielt und freizügig über die intimsten Einzelheiten sprach – sorgten für eine besondere Quelle des Vergnügens." Die amerikanischen Vernehmungsbeamten Rasches waren jedoch erfreut zu hören, daß die US-Diplomaten und -Journalisten in ihren Telefongesprächen „äußerst vorsichtig und zurückhaltend" waren.

Nicht so die Balkanesen. „Im Frühjahr 1941", berichtete Rasche, der Leiter der Abteilung P. XIII (Presse) des Auswärtigen Amtes, „wurde eine weitere Unterredung abgehört, die von größter Bedeutung war. Nach dem Aufstand in Belgrad hatte Premierminister [Dusan] Simovic eine Unterredung mit dem jugoslawischen Botschafter in Washington, Foltic. Simovic weihte Foltic in all seine Pläne ein, und Foltic wiederum informierte ihn über die Gespräche, die er mit Präsident Roosevelt geführt hatte. Aufgrund dieser Unterredung entschloß sich Hitler, Jugoslawien unverzüglich anzugreifen."[212]

Das Forschungsamt hatte bereits mehrere „A"-Stellen im Osten in Betrieb genommen – in Litzmannstadt (Lodz), wo Christian Peemöller von September 1939 bis März 1940 Dienststellenleiter war; sowie in Breslau, Königsberg, Kattowitz, Warschau und Danzig. In Danzig umfaßte die Forschungsstelle im Februar 1943 einen Dienststellenleiter, einen Fernschreiber, 15 Fernsprecherfasser oder „Z" Männer, einen aktuellen Auswerter und einen Reichspostangestellten.[213] Nach dem deutschen Einmarsch in die Balkanstaaten richtete das Forschungsamt auch dort „A"- und „B"-Stellen ein.[214] Außerstande, all diesen wachsenden Ansprüchen an seine Leistungskraft gerecht zu werden, gestattete das Forschungsamt dem OKW, eigene zivile Fernsprechüberwachungen in einigen Städten wie Belgrad einzurichten.[215]

Als Hitler im Juni 1941 in die Sowjetunion einmarschierte, gab es im Forschungsamt einige, die meinten, er wäre zu weit gegangen. „Unsere ‚Russen'", sagte Neuenhoff, anspielend auf die für die russische Sprache zuständigen Fachleute des Forschungsamtes, „erklärten, ‚nun ist der Krieg verloren.'"[216] Das Forschungsamt dehnte sich jedoch noch weiter aus und richtete Forschungsstellen in den baltischen Ländern ein, ein-

[212] 6824.DIC(MIS)/M.1169, Ausführlicher Vernehmungsbericht: „Aufzeichnungen über die deutsche Propaganda, die Presse, das AA". Befragungen von Legationsrat Emil Rasche.
[213] Befragung von O. Schröder (OSS-Dossier).
[214] USFET-Bericht (OSS-Dossier).
[215] Ulrich Kittel, MS.
[216] Neuenhoff, Interview.

schließlich „A"-Stellen in Reval (Tallinn), Kauen (Kovno), Dorpat und Riga;[217] Lothar Günther, der eine Zeitlang in der „A"-Stelle Riga arbeitete, erklärte, daß ihre Hauptaufgabe darin bestand, die Telefongespräche der Mitglieder der Marionettenregierung von Lettland zu überwachen.[218] Im Juli 1941 wurde Ferdinand Niedermayer, der bis dahin alle Forschungsamtsunternehmungen in Frankreich beaufsichtigt hatte, auf Ersuchen des bulgarischen Kriegsministeriums nach Sofia, der Hauptstadt Bulgariens, versetzt; von Sofia aus leitete er bis zum September 1944 gegen Bulgariens alte Feinde, die Türkei und Ungarn, gerichtete Telefon- und Funküberwachungseinsätze.[219] Eine zweite Forschungsstelle in Bulgarien kam 1942 in Plovdiv hinzu. In der Folge bezog das Forschungsamt einzelne Bulgaren mit in die Überwachung ein und leitete die Ergebnisse an das bulgarische Kriegsministerium weiter, das der Forschungsstelle in Sofia einen ständigen Verbindungsoffizier zuteilte.

Bei einer bereits auf 5.000 oder mehr angeschwollenen Zahl der Mitarbeiter wurde das Forschungsamt mit opportunistischen Neulingen aufgebläht, die oft keine Parteimitglieder waren und manchmal sogar insgeheim System-Gegner. Das Amt hatte begonnen, weniger qualifizierte Techniker und Fachleute aufzunehmen, die ihm von den Streitkräften zugewiesen wurden.[220] Die Überwachungsmöglichkeiten verschlechterten sich ebenfalls: Es war nur noch Nachrichtenverkehr mit neutraler oder befreundeter Seite, der jetzt auf den Fernsprechleitungen über das Reich hinwegging; während des Krieges machte die „Feind-hört-mit"-Mentalität ohnehin jedermann sicherheitsbewußter. Forschungsamtserfasser Otto Schnarr (SS-Scharführer seit 1934, NSDAP-Mitglied seit 1937, Forschungsstelle Bremen) erklärte, daß die Leute fürchteten, ihre Telefone würden abgehört, und daß die Erfasser solche Vermutungen draußen oft hörten.[221] Aus den Gegebenheiten ihrer Arbeit heraus waren die Forschungsamtsmitarbeiter die ersten, denen klar wurde, daß Deutschland sich übernommen hatte und im Begriff war, den Krieg zu verlieren: All dies hatte eine lähmende Wirkung auf Arbeitsleistung und Moral. Mit Beginn der britischen Luftangriffe im Winter 1941/42 begann das Forschungsamt, unter dem allmählichen Zusammenbruch der erstklassigen Fernmeldeverbindungen zu leiden,

[217] Befragung von Rebien (OSS-Dossier).
[218] Befragung von Günther (OSS-Dossier).
[219] Befragung von Niedermayer (OSS-Dossier).
[220] BAOR-Bericht vom 2. Januar 1946.
[221] Befragung von Otto Schnarr (OSS-Dossier).

von denen die eigene Arbeitsgeschwindigkeit und Leistungsfähigkeit abhängig waren; mit dem Beginn der Umsiedlung und Dezentralisierung der deutschen Industrie 1943 verschärfte sich dieser Zustand.

Das Amt wurde kopflastig – es erstickte an seiner eigenen Bürokratie; wie wuchernder Kletterwein erstickten Kompetenzaufsplitterung und Sicherheitserfordernisse allmählich den Baum, bevor er seinen vollen Wuchs erreicht hatte.

Die Verbindungsstellen

Teil dieser Bürokratie war das Festhalten des Forschungsamtes an jenem Prinzip, nur mit seinen eigenen speziell geschulten Verbindungsoffizieren in jedem Reichsministerium zusammenzuarbeiten. Diese „Verbindungsstelle" allein sollte den Ursprung der vom Forschungsamt gelieferten Ergebnisse kennen und war verantwortlich für deren Rückgabe an das Forschungsamt. Der Sinn war, daß es nur einen Kanal geben sollte, auf dem Nachrichten hin- und herflossen. Aber das gelang nicht immer.

Eine Liste dieser Verbindungsstellen in jedem Ministerium kann wie folgt rekonstruiert werden:

Auswärtiges Amt: ab 1937 Regierungsrat Dr. Bernhard Foss, danach Dr. Gerstmeyer;

Reichsministerium für Volksaufklärung und Propaganda: Reichsangestellter Dr. Severitt;

Reichswirtschaftsministerium: Regierungsrat Dr. Hilligardt;

Oberkommando der Wehrmacht: Regierungsrat Dr. Klautschke; Reichssicherheitshauptamt: Regierungsrat Scholz.[222]

[222] Befragung von Peipe und Rebien (OSS-Dossier) und der BAOR-Bericht vom 2. Januar 1946. Die Schreibweise von Namen ist mit Hilfe der „Fernsprechanschlüsse der Dienststellen des Forschungsamtes (RLM) im Weitverkehr" (OSS-Dossier) berichtigt worden.

Weitere direkte Abnehmer waren das Reichsfinanzministerium, das Büro Ribbentrop und die Adjutantur des Führers. Die Verbindungsstelle zum Wirtschaftsministerium belieferte ebenfalls die Ministerien für Ernährung, Verkehr, Rüstung, die Reichsbank, das Wehrwirtschafts- und Rüstungsamt sowie eine Anzahl von „Reichsstellen".

Laut Kittel war die Forschungsamtsverbindungsstelle zum OKW dessen allgemeinem Wehrmachtamt „als dem neutralsten Punkt im OKW" angeschlossen. Außerdem wurde ein besonderer Verbindungsmann der Hauptabteilung III (Erfassungsansatz) der Amtsgruppe Abwehr zugeteilt. Deren Aufträge an die „A"-Stellen waren mit dem Vermerk „ASt." [Abwehrstelle] versehen. (Andere Auftraggeber waren z.B. „Stapo" oder einfach „L" für „Leiter".)

Die Verbindungsstelle zum OKW belieferte ebenfalls die Inspektion der Nachrichtentruppen, die Amtsgruppen Ausland / Abwehr und Wehrmachtnachrichtenwesen, OKM (Oberkommando der Marine), RLM (Reichsluftfahrtministerium), den Generalstab des Heeres und der Luftwaffe, den Luftwaffenführungstab, den Generalluftzeugmeister, die Attachéabteilung des OKW, die Pressestelle beim OKW sowie führende Persönlichkeiten wie Feldmarschall Wilhelm Keitel (Chef des OKW), Großadmiral Erich Raeder (Oberbefehlshaber der Marine) bzw. dessen Nachfolger Großadmiral Karl Dönitz. Das OKW zeigte sich gegenüber dem Forschungsamt völlig unkooperativ. Laut Peipe betrachtete man das Forschungsamt mit äußerstem Argwohn, weil es durch Männer von der Kriegsmarine und dem Reichskriegsministerium aufgebaut worden war.

Die größten „Abnehmer" für die Braunen Blätter waren das Propagandaministerium und das Wirtschaftsministerium. Die von ausländischen Journalisten abgefaßten Berichte aus Deutschland wurden dem Propagandaministerium unverzüglich zur Kenntnisnahme weitergeleitet, um es in die Lage zu versetzen, über Nacht eine sofortige Antwort in konkurrierenden ausländischen Zeitungen zu plazieren. Goebbels selbst war offensichtlich bis zum April 1942 nicht mit Forschungsergebnissen beliefert worden. Am 28.4. notierte er in seinem Tagebuch, „Ministerialrat Seiffert [sic] und der Verbindungsmann vom Forschungsamt, Severith [sic] melden sich bei mir zu einem Vortrag". Die beiden Forschungsamtsbeamten unterrichteten ihn über ihre Arbeit, besonders über die Entzifferung. „Mir werden", fuhr Goebbels fort, „in Zukunft die Ergebnisse dieser Arbeit regelmäßig vorgelegt."[223]

[223] Dr. Goebbels, Tagebuch vom 28. April 1942.

Schon in seiner Eigenschaft als Leiter des Außenpolitischen Amtes der NSDAP hatte Ribbentrop einen Verbindungsmann zum Forschungsamt gehabt, nämlich Oberregierungsrat Böttcher. Zum Auswärtigen Amt fungierte Dr. Wrede als Leiter der Verbindungsstelle des Forschungsamtes. 1937 wurde Wrede durch Regierungsrat Dr. Bernhard Foss abgelöst, der seine Arbeit beim Forschungsamt mit dem Aufbau der Bibliothek begonnen hatte. In Anbetracht der zwischen Göring und Ribbentrop herrschenden Feindseligkeit, erwirkte Foss einen erstaunlich konstruktiven Grad der Zusammenarbeit mit dem Ministerium, das ihm bis zum Kriegsausbruch die Genehmigung erteilte, in den gesamten Telegrammverkehr der Missionen Einsicht zu nehmen, allerdings, laut Kittel, ohne jemals über eigene Vorhaben des Auswärtigen Amtes in Kenntnis gesetzt zu werden. „Der interessantere Teil meiner Tätigkeit", berichtet Foss, „bestand in dem laufenden Gedankenaustausch mit dem AA über die Berichterstattung der Missionen und generell über die außenpolitische Situation. Ich konnte auf dem Verständnis des AA aufbauen, daß wir diese Unterlagen seitens des AA benötigten, um die Ausgangsbasis für den Nutzen unserer Meldungen zu erhalten."[224] Sein Nachfolger als Leiter der Verbindungsstelle zum Auswärtigen Amt war Dr. Gerstmeyer.

Die Verbindungsstelle zum Reichssicherheitshauptamt (RSHA IV A 5) war besetzt mit Regierungsrat Scholz, einem hochgewachsenen, blonden SS-Sturmbannführer, der sich offenbar mehr dem RSHA zugehörig fühlte als dem Forschungsamt und auf eine Beförderung in der SS hoffte.[225] Scholz – der 1945 fallen sollte – war beim Forschungsamt unbeliebt, wegen seiner Weigerung, vom Forschungsamt angefordertes Nachrichtenmaterial aus dem RSHA beizubringen.[226] Besonders nach dem Fall Hartmut Plaas 1944,[227] wurde Scholz vom Forschungsamt als einer der „bösen Geister"angesehen. Ein anderer war Kriminaldirektor Dr. Schäfer, der ebenfalls dem RSHA angehörte. „Wenn ein Deutscher politisch belastende Aussagen am Telefon machte", berichtete Oskar Schröder, „wurde er gewöhnlich sofort in Haft genommen und in das KZ in Oranienburg gebracht, das auf solche Fälle spezialisiert war."[228]

Das Forschungsamt leistete dem RSHA soviel Unterstützung, wie ihm nur möglich war. Heydrich hegte jedoch den Verdacht, daß Gö-

[224] Schreiben von Dr. Bernhard Foss an den Verfasser vom 26. Juli 1989.
[225] Befragung von Peipe (OSS-Dossier). Scholz hoffte, nach dem Krieg in die Familienfirma in Frankfurt/M., die Kinderbücher verlegte, eintreten zu können.
[226] Ulrich Kittel, MS.
[227] Siehe S. 124.
[228] Befragung von O. Schröder (OSS-Dossier).

ring zwar das Forschungsamt benutzte, um sich über Leute auf dem laufenden zu halten, die ihm persönlich verdächtig waren, andererseits aber bei der Bewilligung von Überwachungsgesuchen des RSHA nur sehr zögernd reagierte, wenn seine eigenen Sympathien bei dem Überwachungsobjekt lagen.[229] Das RSHA rächte sich, indem es an das Forschungsamt nur geringwertiges Nachrichtenmaterial wie den Stimmungsbericht des RSHA, Amt III, das Reichskriminalblatt oder eine Reihe anderer Druckschriften schickte.[230]

Die Unabhängigkeit des Forschungsamtes – die Unerläßlichkeit, sich jenes „G" zu verschaffen, das jeden Antrag genehmigte – war ein ständiger Dorn im Fleische Heydrichs und Himmlers, und das Gestapo-Gesuch auf der Telefonüberwachung eines nicht näher identifizierten „Herrn Winter" rückte das Thema 1942 wieder einmal ins Blickfeld. Als Heydrich im Mai 1942 bei Göring um einen Termin bat, legte Ministerialrat Dr. Ing. Fritz Görnnert, der persönliche Referent des Reichsmarschalls, Göring die Unterlagen mit einem Vermerk vor: „Angelegenheit Winter im Zusammenhang mit der grundsätzlichen Frage, ob das Forschungsamt seine gesamten Ergebnisse der Geheimen Staatspolizei zugänglich machen kann." Diese Angelegenheit war offensichtlich noch unerledigt, als Heydrich wenige Tage später einem Attentat zum Opfer fiel, da Himmler sich selbst nach einem Termin für einen Vortrag erkundigte und Görnnert dem Reichsmarschall am 1. Juli erneut Mitteilung machte: „Herrn Reichsmarschall zur Besprechung mit Reichsführer SS Himmler befehlsgemäß vorgelegt. Es handelt sich um die grundsätzliche Frage, ob das Forschungsamt seine gesamten Ergebnisse der Geheimen Staatspolizei zugänglich machen soll, wie es im [Anmerkung des Verfassers: nicht vorhandenen] Schreiben von SS-Obergruppenführer Heydrich … gewünscht wird.

In dem Schreiben von Obergruppenführer Heydrich wird außerdem auf das Ergebnis einer Telefonüberwachung des Herrn Winter eingegangen … Ein Schreiben von Ministerialdirigent Schaper [sic] betr. Überwachung Winter bzw. Übermittlung der Ergebnisse des Forschungsamts an den Reichssicherheitsdienst [sic; SD?] ist ebenfalls beigefügt."[231]

---

[229] BAOR-Bericht vom 2. Januar 1946 (OSS-Dossier).

[230] Ulrich Kittel, MS.

[231] Schreiben Görnnert an Reichsmarschall Göring vom 1. Juli 1942, in Görnnert-Handakten, NA, T-84, Rolle 8, S. 7994.

Ab Juli 1944 begann das RSHA auch tatsächlich bis zu einem gewissen Grad Kontrolle über das Forschungsamt zu erlangen. Das RSHA hatte inzwischen ohnehin gegen das Abhörmonopol des Forschungsamtes verstoßen, wie eine kleine Episode beweist: Der vom Forschungsamt konstruierte Fernsprecherfassungstornister wurde in dessen Auftrag durch das Heereswaffenamt an die Firma Siemens zur Serienfertigung gegeben. Als die Hauptabteilung VI (Beschaffung) des Forschungsamtes weitere Lieferungen anforderte, stellte sich heraus, daß Siemens unzulässigerweise die Hälfte der ersten Serie an das RSHA verkauft hatte – es seien keine mehr vorhanden, teilte Siemens dem Forschungsamt mit, aber das Technische Amt des RSHA, dem sie geliefert worden seien, werde dem Forschungsamt vielleicht helfen können. Die sehr vorsichtigen Rückfragen des Forschungsamtes bei Walther Schellenberg, Leiter des Amtes VI (SD-Auslandsnachrichtendienst) des RSHA, ergaben, daß die Gestapo diese Geräte ohne Wissen des Forschungsamtes bzw. der Reichspost zu Fernsprecherfassungszwecken verwendete.[232]

Die SS übte bis zum Ende Druck aus, kam aber nicht weiter. Schellenberg schrieb in seinen handschriftlichen Aufzeichnungen: „Das größte Interesse am FA u[nd] s[einen] Berichten hatte die Gestapo, die einen eigenen Beamtenstab für die enge Zusammenarbeit unterhielt. Im Jahre 1944 war Göring endlich dazu bereit, das FA dem RFSS [Himmler] und damit praktisch dem RSHAmt anzugliedern. Die Auslandsabt., Funkabhörwesen, Dechiffrierabt. sollten den Ämtern VI und Mil (als dem Geh.dienst) angegliedert werden. Die entspr[echenden] Erlaßentwürfe und Überleitungsbef[ehle] waren bereits in gegenseitiger Bespr[echung] verhandelt u. anschließend ausgearbeitet worden. Der Schlußzeichnung durch Himmler und Göring stand nichts mehr im Wege. Da es sich immerhin um die Aufteilung eines techn. komplizierten und umfangreichen Apparates mit mehreren tausend Angestellten handelte, drängte ich nicht auf die Schlußlösung, da die Agonie des Reiches mir genügend unnütze Arbeit gebracht hatte."[233]

Nach seiner einführenden Unterweisung in die Arbeit des Forschungsamtes schrieb Goebbels: „Vor allem ist es gelungen, die meisten gegnerischen Codes zu entziffern, so daß wir heute zum Teil

[232] Ulrich Kittel, MS.
[233] Walther Schellenberg, handschriftliche Aufzeichnungen, IfZ ED-90.

den Telegrammverkehr zwischen Ankara und London oder Moskau und London überwachen können ... Die Engländer arbeiten übrigens ... außerordentlich unvorsichtig. Hoffentlich ist das nicht auch in unserem Geheimverkehr der Fall; denn wenn die Engländer von uns genau das wissen, was wir von ihnen wissen, dann könnte das sehr schlimme Folgen haben."[234] Was sich allerdings als völlig richtige Annahme erwies.

Goebbels' Tagebucheintragungen

Die strengen Geheimhaltungsvorschriften wurden nicht immer beachtet. Bezieher der Braunen Blätter war u.a. auch der frühere deutsche Botschafter in Moskau, Graf Werner von der Schulenburg. Dr. Foss berichtet: „Er war natürlich wie alle anderen auf die Geheimhaltung und die Rückgabe der Meldungen verpflichtet. Sein Dienstzimmer befand sich in einem vom AA angemieteten Gebäude an der Spree. Die Aufgabe von der Schulenburgs bestand in der Sammlung aller ihm zugänglichen Meldungen über die Sowjetunion während der Kriegszeit, die er laufend zusammenstellte, darunter auch diesbezügliche FA-Meldungen. Zu unserem großen Entsetzen hatte er die FA-Meldungen ausgeschnitten und mit anderen Meldungen zusammengeklebt. Eine Rückgabe und ein Verbleibensnachweis war unter diesen Umständen nicht mehr möglich." Foss wußte damals wirklich nicht, was in diesem Fall zu machen war. Er hoffte insgeheim, daß das Gebäude durch Kriegsgeschehen zerstört würde, bevor er eine entsprechende Meldung machen müßte. So geschah es tatsächlich, und er war das Problem los.

Ähnlich verlief ein anderer Fall, der den deutschen Botschafter in Ankara, Franz von Papen, betraf. Er erhielt die Braunen Blätter, wenn er zur Berichterstattung nach Berlin kam. Selbstverständlich war auch er an die Geheimhaltungsbestimmungen des Forschungsamtes ge-

[234] Dr. Goebbels, Tagebuch vom 28. April 1942.

bunden. „Das FA konnte den türkischen Code mitlesen", schreibt Dr. Foss. „Erfahrungsgemäß lieferten die Nachrichten aus den Ländern, deren Codes „geknackt' waren, wertvolle Nachweise über die Verhaltensweisen der Großmächte, insbesondere der deutschen Kriegsgegner. Auf diese Weise erfuhren wir, daß die Kontakte von Papens mit diesen über Mittelsmänner im Kriegsverlauf nie ganz abgerissen waren. Bei den Berlin-Aufenthalten von Papens ging ich zu diesem, um ihm unter Hinweis auf die völlig sichere Quelle in seinem eigenen Interesse größere Vorsicht bei seinen Gesprächen nahezulegen." Dr. Foss hat nie ganz verstanden, daß derartige Aktivitäten im ganzen ohne weitere Konsequenzen hingenommen wurden.

Erfreulich für die Geschichtsschreibung ist, daß Dr. Goebbels die Vorschriften des Forschungsamtes genauso wenig ernst nahm wie Wiedemann, von Papen und von der Schulenburg. Da er ab April 1942 in seinen Tagebuchaufzeichnungen auf die Arbeit des Forschungsamtes ausgiebig Bezug nahm, bieten diese eine ausgezeichnete Übersicht über die Mannigfaltigkeit seiner Arbeit.

Das Forschungsamt erhielt gute Angaben über diplomatische Ereignisse in Moskau aus nicht-sowjetischen Verschlüsselungen, wie das Tagebuch vom 11. Mai 1942 beweist: „Der Verbindungsmann zum Forschungsamt, Severith [sic], bringt mir ein paar vertrauliche Nachrichten. Die japanische Botschaft in Moskau unternimmt Versuche, zwischen Deutschland und der Sowjetunion einen Separatfrieden herbeizuführen. Wir haben das aus aufgefangenen verschlüsselten Telegrammen entnommen."[235]

Fünf Tage später diktierte Goebbels: „Vom Forschungsamt … Das Verhältnis zwischen der Türkei und der Sowjetunion hat sich außerordentlich verschärft. Der türkische Außenminister Saracoglu wendet sich in Privatgesprächen in schärfsten Ausdrücken gegen die Politik der Sowjets. Die Engländer suchen zu kalmieren."[236]

Gegen Ende 1942 hatte die Bürokratie das Forschungsamt kopflastig und unbeweglich gemacht. Obwohl, laut Kittel, „Tag und Nacht" gearbeitet wurde und im Forschungsamt Berlin-Charlottenburg bequeme Schlafräume vorhanden waren, waren die großen Dienststellen in Wirklichkeit wie die anderen Ministerien am Wochenende geschlossen.[237] Zur Zeit der anglo-amerikanischen Landungen im französischen Nord-

[235] Dr. Goebbels, Tagebuch vom 11. Mai 1942.
[236] Dr. Goebbels, Tagebuch vom 16. Mai 1942.
[237] Ulrich Kittel, MS.

westafrika, am Morgen des 8. November 1942, einem Sonntag, gab es keine Wochenendüberwachung der Vichy-französischen Funkstellen durch das Forschungsamt.[238] Folglich konnte auch niemand sagen, wie Vichy auf diesen Angriff der Alliierten auf französisches Territorium reagieren würde. Keiner der höheren Beamten des Forschungsamtes war im Amt, und niemand wagte, den Amtsleiter an seinem Wochenende zu stören. Aber die Forschungsamtseinheiten in Frankreich und Vichy machten dies wett, indem sie anfertigten, was Goebbels als „eine ausführliche Denkschrift über den Fall Darlan" beschrieb, in der „der Verrat dieses französischen Admirals von seinen ersten Anfängen an geschildert wird."[239] Darlan war plötzlich, zu einem für die Alliierten äußerst günstigen Augenblick, in Algier erschienen. „Die Denkschrift", fuhr Goebbels fort, „legt ganz eindeutig dar, daß Darlan zum Zwecke des Abspringens nach Nordafrika abgehauen ist und die Krankheit seines Sohnes nur einen Vorwand darstellte. Man kann vielleicht sogar aus den Unterlagen entnehmen, daß [Marschall] Pétain mit ihm unter einer Decke steckt. Das ist aber nur zu vermuten, nicht zu beweisen."[240]

Hitler besetzte das unbesetzte Restfrankreich, und eine neue Forschungsstelle wurde eilends in Lyon eingerichtet (nach Paris, Nancy, Lille, Dijon, Bayonne und Bordeaux).[241]

Mitte Februar 1943 hielt Goebbels eine große Rede im Berliner Sportpalast, in der er den totalen Krieg forderte. Journalisten sagten hinterher lobend, man könne von einer wirklichen Kampfrede sprechen, wie sie seit den Tagen der Machtübernahme nicht mehr gehört worden sei. „Wie ich aus vom Forschungsamt überhörten Telefongesprächen entnehme", schrieb Goebbels glücklich, „ist dieser Eindruck bei den [ausländischen] Journalisten, die der Sportpalastversammlung beigewohnt haben, durchaus echt."[242]

Einige Tage später notierte er in sein Tagebuch: „Ich erfahre übrigens aus Berichten des Forschungsamtes, daß Churchill in Adana [Türkei] den Vorschlag einer Dreiteilung Europas gemacht hat, und zwar in einen südlichen, einen mittleren und einen nördlichen Block. Churchill hat dabei den Türken weisgemacht, daß er nicht die Absicht

[238] BAOR-Bericht vom 2. Jan. 1946.
[239] Dr. Goebbels, Tagebuch vom 8. Dez. 1942.
[240] In den Akten Himmlers finden sich mehrere Berichte an Hitler über in Vichy abgehörte Telefongespräche mit Bezug auf die Darlan-Affäre; an deren Erlangung wird vermutlich das Forschungsamt beteiligt gewesen sein (NA, T-175, Rolle 124).
[241] SHAEF-Bericht vom 1. Juni 1945 (OSS-Dossier).
[242] Dr. Goebbels, Tagebuch, Februar 1943.

habe, das Deutsche Reich zu zerschlagen. Aber man weiß ja, was man von diesen Churchillschen Behauptungen zu halten hat."[243] Nach der verlorenen Schlacht von Stalingrad beruhigte sich Hitler mit Berichten über die wachsenden Besorgnisse bei den neutralen Mächten. „Vertrauliche Berichte des Forschungsamtes unterrichten mich darüber", schrieb Goebbels, „daß das Diplomatische Corps in Kuibyschew auf das äußerste bestürzt ist. Man hofft immer noch, daß es dem deutschen Widerstand gelingen werde, die bolschewistische Dampfwalze zum Stillstand zu bringen … Stalin behandelt auch die angelsächsischen Diplomaten außerordentlich pampig."[244]

Am 11. März 1943 faßte Goebbels eine Ausarbeitung des Forschungsamts über einen Bericht des türkischen Botschafters in den USA zusammen; der Bericht strotze vor Angst und Sorge über das Anwachsen des Bolschewismus. „Der sowjetische Appetit [hat] in der Türkei größte Bestürzung hervorgerufen."[245] Einige Tage später, am 1. April 1943, gab Goebbels in einer Tagebucheintragung eine Zusammenfassung verschlüsselter Depeschen vom rumänischen Gesandten in Madrid, vom türkischen Botschafter in Moskau (über eine Unterredung mit Molotow) und vom bulgarischen Gesandten in Kuibyschew.[246]

Das Forschungsamt konnte oft feststellen, was ausländische Redaktionen in den Berichten ihrer in Deutschland tätigen Journalisten gestrichen hatten. „Aus einem Geheimbericht des Forschungsamtes", schrieb Goebbels am 18. April 1943, „entnehme ich, daß die schwedischen Zeitungen sich mit Händen und Füßen dagegen gesträubt haben, die Berichte ihrer in Berlin tätigen Journalisten überhaupt zu veröffentlichen. Man sieht daran wieder, wie wenig neutral Schweden eigentlich ist."[247]

Eine rumänische Staatsabordnung hatte Hitler am 12. April besucht. Elf Tage später hielt Goebbels fest: „Aus Berichten des Forschungsamtes entnehme ich, daß die Rumänen durchaus nicht so begeistert von der Zusammenkunft auf dem Obersalzberg gewesen sind, wie wir uns das vorstellten. Man vermißt doch ein klares Ziel der deutschen Politik und Kriegführung. Vor allem scheint hier [Außen-

[243] Ebenda.
[244] Ebenda.
[245] Ebenda, 11. März 1943.
[246] Ebenda, 1. April 1943.
[247] Ebenda, 18. April 1943.

Josef Stalin
(Sowjetischer Diktator)

Wjatscheslaw Molotow
(Sowjetischer Außenminister)

minister] Mihail Antonescu am Werk zu sein. Er ist ein sehr unsicherer Kantonist. Ich lese einen diplomatischen Bericht über eine Unterredung mit ihm, in der er betont, daß die Italiener über seine Ziele und Pläne genau im Bilde seien. Es macht hier den Anschein, als wenn [der italienische Außenminister Giuseppe] Bastianini ein etwas unklares Spiel triebe."[248]

„Es liegen Nachrichten vor", vermerkte der Propagandaminister am 16. Mai 1943, „daß Roosevelt die Absicht hat, unter allen Umständen demnächst mit Stalin zusammenzutreffen ... Sollte Stalin einer solchen Forderung wieder ausweichen, so fühle sich die amerikanische Kriegführung nicht mehr an die bolschewistischen Interessen gebunden. Das sind allerdings vorläufig Gerüchte, die wir aufgefangenen Funksprüchen und überhörten Telefongesprächen aus London entnehmen".[249] – Eine der seltenen Erwähnungen der abgehörten transatlantischen Funkgespräche in den bislang vorliegenden Dokumenten.

[248] Ebenda, 23. April 1943.
[249] Ebenda, 16. Mai 1943.

Am gleichen Tage, dem 16. Mai, diktierte Goebbels auch die folgende Notiz: „Die Amerikaner sind jetzt dabei, außerordentlich scharfe Attacken gegen Moskau zu richten. Die Sowjets haben sich den Wünschen Roosevelts gegenüber etwas zu spröde gezeigt. Aber aus Abhörberichten des Forschungsamtes entnehme ich, daß Roosevelt im Augenblick eine außerordentlich scharfe Sprache dem Kreml gegenüber führt. Die Sondermission [des US-Botschafters] Davies soll darin bestehen, Stalin zu einer Zusammenkunft mit Roosevelt und Churchill geradezu zu erpressen, widrigenfalls die englisch-amerikanische Kriegführung zu gänzlich neuen Entscheidungen kommen werde."

Zehn Tage später notierte Goebbels: „Aus Abhörberichten des Forschungsamtes bekomme ich nähere Nachrichten über die Mentalität des Roosevelt-Botschafters Davies ... Danach handelt es sich bei ihm um einen überzeugten Sowjetfreund, der um so penetranter wirkt, da er aus hochkapitalistischen Kreisen stammt, eine schwere Millionenheirat gemacht hat und jetzt nichts anderes als eine Karriere sucht. Er ist ein gefährlicher Ignorant ... eine Art Salonbolschewist ... Es ist reichlich naiv, wenn Davies in seinen Gesprächen mit Diplomaten in Kuibyschew der Meinung Ausdruck gibt, daß Stalin ohne jede territorialen Wünsche Krieg führe."[250]

Das Forschungsamt kontrolliert die Kriegswirtschaft

Als Hitler Vorbereitungen traf, um mit Raketenwaffen und Flugkörpern an London Vergeltung dafür zu üben, daß Churchill deutsche Städte in Luftangriffen mit Bombenteppichen belegen ließ, gründete das Forschungsamt die erste Sonderforschungsstelle außerhalb von Peenemünde, um die Telefonleitungen der Raketenversuchsanstalt zu überwachen. Einige Monate später, als die „Mittel-

[250] Ebenda, 26. Mai 1943.

werk GmbH", das riesige unterirdische Flugkörpermontagewerk in Nordhausen im Harz, die Produktion aufnahm, richtete das Forschungsamt eine ähnliche „A"-Stelle ein, um auch über diesen geheimen Ort zu wachen.

1943 erreichten die Brandbombenluftangriffe auf deutsche Städte ihren flammenden Höhepunkt. Göring und Schapper begannen, sich für das Unvorstellbare zu wappnen: die mögliche völlige Zerstörung des Forschungsamtes. Ein Mitarbeiter berichtete: „Man begann zunächst die umfangreiche, in neun Räumen untergebrachte Personenkartei, die im Jahre 1942 bereits über drei Millionen Namen enthielt, abzufotografieren und die gefertigten Kopien in die Nähe von Lübben im Spreewald zu bringen." Zur selben Zeit entschied sich das Forschungsamt für die Flakkaserne in Breslau-Hartlieb als künftigem Ausweichquartier, in Verbindung mit einem Barackenlager der Luftwaffe in dem nicht weit davon gelegenen Klettendorf. Es wurden schon im voraus Pläne für die Verlegung ausgearbeitet.

Der erste Schlag traf nicht Berlin, sondern Hamburg. Die entsetzlichen britischen Brandbombenluftangriffe im Juli 1943 auf die norddeutsche Hafenstadt ließen auch die dortige Forschungsstelle ausbrennen und vernichteten dabei das Gebäude und all seine Akten und Unterlagen.

Vielleicht nach dem Grundsatz, daß ein Blitz nie zweimal an derselben Stelle einschlägt, nahm das Forschungsamt seine Arbeit in Bremen in einem Wohnhaus (Am Wall 199) wieder auf, das bereits einmal zerbombt und dann wieder aufgebaut worden war. Der Leiter in Bremen war Erwin Marquardt. Seine Dienststelle bezog das dritte Geschoß, während die Gestapo im ersten und zweiten Geschoß untergebracht war. Während der folgenden sechs Monate konnte die „F"-Stelle Bremen, aufgrund der mangelnden Ausstattung, nur 20 Anschlüsse überwachen. Später stieg diese Zahl aber auf 40.

Die Liste der Überwachungsobjekte der „A"-Stelle Bremen ließ erkennen, wie alles durchdringend ihre Arbeit geworden war. Otto Schnarr, ein Bremer Erfasser, erinnerte sich, daß sie die Telefone folgender Firmen zu überwachen hatten: Louis Frages, ein Holzimporteur; F.W. Barth & Co. sowie H. und A. Grateneau, beides Bauholzgroßhändler; AG Weser & Co. und hierbei insbesondere den Anschluß ihres Generaldirektors Franz Stapelfeldt. Die Gestapo war an Einzelheiten über die Verhältnisse innerhalb der Gesellschaft interessiert sowie an jeder Information hinsichtlich einer Veränderung in der Unternehmensführung. Die Forschungsstelle überwachte ebenfalls die

Schiffslinie Argo; die Neptun-Linie; die Bremer Lagerhaus-Gesellschaft; Rabien & Stadtlander, Fisser & Van Doornum, Schmidt-Häger, Ernst Gassel, alles Schiffsmakler; und John Bode & Co., Schiffsbeladung und -Löschung. Das Ziel war hier, Einzelheiten über Seetransporte, Schwierigkeiten beim Laden und Löschen, Engpässe bei Bunkerkohle etc. zu erfahren. Das Forschungsamt überwachte auch die Flugzeugbauunternehmen auf irgendwelche Anzeichen von Produktionsschwierigkeiten, einschließlich Focke-Wulf mit seinem Direktor Oscar Steinbach und die Weser-Flugzeugbau.

Das Forschungsamt hörte den Freiherrn von Plettenburg ab, der von der Gestapo der Spionage verdächtigt wurde, und General von Lettow-Vorbeck wegen seiner häufigen Unterredungen mit Plettenburg; sein Schwiegersohn, ein deutscher Diplomat in Ankara, so ging das Gerücht, sei zu den Briten in Kairo übergelaufen, folglich wurde auch der Anschluß seines Vaters im Auftrag der Stapostelle überwacht. Der Automobilhersteller Carl F.W. Borgward, der unter dem Verdacht stand, seine Arbeiter schlecht zu behandeln, unterlag der Überwachung durch das Forschungsamt, und selbstverständlich auch die Telefone der Konsulate der Schweiz, Schwedens, Spaniens und Argentiniens, im Hinblick auf Antragsteller von Visa und Verbindungen zu Wehrmachtangehörigen.[251]

Diese Liste veranschaulicht, daß die wesentliche Aufgabe des Forschungsamtes der Nachrichtendienst für das Wirtschaftsministerium war. Barth (Forschungsamtserfasser, Nürnberg) hatte die Anweisung, nur Gespräche in Verbindung mit wehrwirtschaftlichen Problemen zu erfassen, z.B. als das Schwabach-Werk III der Regierung meldete, daß es über keine 30-mm-Schrauben mehr zur Lieferung an die Rüstung verfügte, hatte Barth zu kontrollieren, ob nicht 30-mm-Schrauben anderswohin zu einem höheren Preis verkauft würden.[252] „In vielen Fällen", berichtete Kittel, „konnten leitende Stellen hierdurch Kenntnis bekommen von in der deutschen Rüstungswirtschaft aufgetretenen Störungen, deren Beseitigung durch bürokratische Machenschaften unmöglich gemacht war, so daß von zentraler Stelle aus Gegenmaßnahmen ergriffen werden konnten."[253]

---

[251] Befragung von Otto Schnarr (OSS-Dossier).

[252] Befragung von Barth (OSS-Dossier).

[253] Ulrich Kittel, MS. Vgl. SHAEF-Bericht vom 1. Juni 1945: „Laut zuverlässigen Quellen bestand der größte Nutzeffekt seiner Tätigkeit in der Arbeit für das Wirtschaftsministerium."

Dezentralisierung

Die Luftangriffe auf Berlin im August und September 1943 verfehlten das Forschungsamt; aber am 22. November 1943 verwüstete ein schwerer britischer Luftangriff die Reichshauptstadt und zerschlug den Regierungsbezirk. Ein Brandbombenhagel belegte die Schillerstraße in Charlottenburg mit einem Bombenteppich, und trotz verzweifelter Löschversuche brannte das ganze Forschungsamt bis auf zwei Häuser nieder. Laut Kittel konnten die wichtigsten Akten und das gesamte Archivmaterial gerettet werden, ein großer Teil der wertvollen, von der Abteilung 14 entwickelten Maschinen wurde jedoch vernichtet.

Die Verlegung nach Breslau wurde unverzüglich durchgeführt, und gemäß Kittel „lief die Arbeit bereits Mitte Dezember wieder auf vollen Touren." Ministerialdirektor Schapper als Amtsleiter blieb zusammen mit seiner Sekretärin Fräulein König und einem kleinen Stab in Berlin, um die Verbindung zu den Reichsdienststellen aufrecht zu erhalten. Stabenow und Rosenhahn (Abteilung 1) blieben ebenfalls dort. Die „C"-Stelle, die in Charlottenburg gewesen war, wurde zwischen Templin, Konstanz, Eutin (Holstein) und Breslau aufgeteilt. Ministerialrat Berggren wurde nach Lübben im Spreewald versetzt. Es gab hier bereits eine „B"-Stelle unter Regierungsamtmann Bautz und eine „C"-Stelle (Leiter war Juli 1933 bis Ende 1942 Herbert Max Braun). Hier wurden besonders die russischen Rundfunksendungen überwacht. Ebenfalls in Lübben hatte das Forschungsamt mit dem stolzen Bau eines brandneuen Hauptquartiers begonnen, aber die Arbeiten hieran waren am Ende des Krieges noch nicht abgeschlossen.

Die negativen Begleiterscheinungen der Verlegung nach Breslau-Hartlieb (und -Klettendorf) waren nachhaltig. Peipe (Hauptabteilung V) stellte fest, daß die Forschungsstellen früher das Forschungsamt unverzüglich mit unbearbeitetem Datenmaterial beliefert hätten, während nun, nach dem Luftangriff, durch die Verlegung eine zweifache Verzögerung hervorgerufen wurde. Zunächst wurden die unbearbeiteten Daten per Kurier oder per Telex nach Breslau übermittelt und dann die Forschungsamtsmeldungen nach Berlin zurückgeschickt. Häufig trafen die Ergebnisse zu spät ein, um noch irgendwie von Nutzen zu sein.

Da die Flakkaserne sich, im Gegensatz zum Komplex in der Schillerstraße, auf gesichertem militärischen Gelände befand, konnte der Großteil der SS-Wachmannschaften des Forschungsamtes für die Front freigegeben werden. Während der nächsten Wochen und Monate wurden, da die britischen Luftangriffe anhielten, die wichtigsten Berliner Operationen um die Hauptstadt herum verteilt: Oberregierungsrat Stabenow (Abteilung 13) fand sich mit einer behelfsmäßigen „A"-Stelle in der Physikalisch-Technischen Reichsanstalt in der Marchstraße in Charlottenburg untergebracht; andere „A"-Stellen wurden im Bunker des Schlosses Bellevue und in Nebenräumen einiger Postämter untergebracht; die Anschrift der „C"-Stelle Leba in Pommern (Leiter: Reichsangestellter Alfred Weste), die den russischen Sprachbereich bearbeitete, lautete fortan Knesebeckstraße 12, Charlottenburg; Amtsleiter Schapper selbst war in der Martin-Luther-Straße 12, und Berggren konnte über die Barbarossastraße 47 in Schöneberg erreicht werden.

Im weiteren Verlauf der Dezentralisierung und Aufteilung, teilte das Forschungsamt 1944 sein „Reich" in die fünf Gruppen West, Nord, Ost, Süd und Südwest ein.[254]

Die Gruppe West (Leitstelle: Köln) beaufsichtigte die „A"-Stellen Frankfurt (Leiter 1944: Heinrich Ruhbaum), Köln, Paris, Bordeaux, Nancy, Dijon, Bayonne; die „B"-Stellen Köln und Amsterdam; die „D"-Stellen Dortmund und Düsseldorf; und die „F"-Stellen (Briefzensur) Frankfurt, Hannover, Halle, Lille und Lyon.

Die Gruppe Nord (Leitstelle: Hamburg, im Strafjustizamt; Leiter: Herr Gevers von der Hauptabteilung IV, später Oberregierungsrat Theodor Kirbach mit Christian Peemöller als Stellvertreter ab Januar 1942, ab März 1944 Reichsangestellter Bormann) mit den „A"-Stellen Hamburg, Stettin, Bremen, Kopenhagen, Oslo und Drontheim; und der „B"-Stelle Eutin.

Die Gruppe Ost (Leitstelle: Breslau) setzte sich zusammen aus einer „A"-Schule in Breslau, den „A"-Stellen Danzig, Königsberg, Riga, Reval, Lodz, Kattowitz und Warschau sowie den „B"-Stellen Breslau und Leba.

Die Gruppe Süd hatte ihre Leitstelle in Wien (Stellvertretender Leiter: Johann Sanders) mit „A"-Stellen in Wien, Prag, Budapest (ab März

[254] BAOR-Bericht vom 2. Jan. 1946.

1944), Sofia und Belgrad; „B"-Stellen in Plovdiv und Gols; und je eine „D"- und „F"-Stelle in Wien.

Und schließlich die Gruppe Südwest (Leitstelle: München) mit „A"-Stellen in München, Schweinfurt, Nürnberg, Stuttgart und Karlsruhe; „B"-Stellen in Blonhofen (bei Kaufbeuren) und Konstanz; eine „C"-Stelle in Thalhofen an der Wertach (bei Marktoberdorf) und eine „F"-Stelle in München.

Trotz der Aufteilung und Neuordnung des Forschungsamtes gelang es nicht, seine starre, unbeugsame Bürokratie zu überwinden. Eine Verfügung der Hauptabteilung V (Auswertung) vom 28. Januar 1944 verrät, wie eifersüchtig das Forschungsamt darüber wachte, wem was zu sehen erlaubt war, sogar gegenüber den höheren Stellen:

> Gemäß der heute erfolgten Rücksprache und den Ausführungen in der Anordnung des Herrn Staatssekretärs Körner erhält Generalfeldmarschall Milch künftig
> 1.) Alle Meldungen (braun und weiß), die sich auf deutsche oder fremde Luftwaffen, Luftfahrt, Luftkämpfe, technische Entwicklungsfragen der Luftwaffe, Lufttaktik usw. beziehen (bisher nur die wichtigeren von diesen Meldungen).
> 2.) Alle Meldungen der deutschen Rüstungswirtschaft. Diese werden umfassen: Schwierigkeiten (Material, Arbeitseinsatz, Transport, Energieversorgung) in der Rüstungslieferungsindustrie (Vor- und Zulieferung für die Rüstungsendfertigung) und bei der Rüstungsendfertigung selbst (Waffen, Munition, Panzer, Flugzeuge). Quellen: Z und FS.[255]
> 3.) Wichtigere außenpolitische Meldungen im gleichen Rahmen, wie sie Generalfeldmarschall Keitel erhält, und die gerade noch auch in das militärische Interessensgebiet hineinreichen (bisher nur ausgesprochen militärpolitische Meldungen).[256]

Die Überschriften zweier Forschungsergebnisse, um deren Rückgabe Milch im Februar 1944 vom Forschungsamt – nun in der „Flakkaserne, Breslau-Hartlieb" – gebeten wurde, bieten einen flüchtigen Einblick in die solide Kontrollfunktion des Forschungsamtes in der

[255] Das ist Telefon- und Fernschreibüberwachung.
[256] BA-MA, RL-1/25.

deutschen Rüstungswirtschaft. Es handelte sich um die Rückgabe der N-Meldungen 400.611 vom 15. Dezember 1943: „Aus der deutschen Sprengstoffertigung. Klagen von Generaldirektor Dr. Müller über mangelnde Zusammenarbeit amtlicher Stellen in Berlin" und N 400.783 vom 18. Dezember 1943: „Aus der deutschen Flugzeugfertigung. Ernste Schwierigkeiten bei der Materialbeschaffung für den Bau der ‚He 219' bei der ‚Ernst-Heinkel-Flugzeugwerke GmbH' Wien".[257]

Im Februar 1944 hatte Hitler den Befehl erlassen, alle Nachrichtendienste im RSHA zusammenzulegen und die Abwehr aufzulösen. Das Forschungsamt bewahrte sich jedoch immer noch seine Souveränität, obwohl das RSHA zu dieser Zeit in übelster Weise seine Macht demonstrierte: Es ließ den Leiter der Abteilung 13 (Innenpolitik), Oberregierungsrat Hartmut Plaas, in Haft nehmen. Plaas, ein Offizier der Kriegsmarine im 1. Weltkrieg, Mitglied der Brigade Ehrhardt und später Adjutant des umstrittenen Freikorpskommandeurs Hermann Ehrhardt, hatte mehrere alte Kameraden der Marine und der Abwehr, und vor allem Ehrhardt selbst, heimlich gewarnt, daß sie unter Gestapo-Überwachung ständen. Als sie verhaftet wurden, kam heraus, daß Plaas sie vorher gewarnt hatte. FA-Abwehrbeauftragter Ohlbrecht bat wegen seiner freundschaftlichen Beziehungen zu Plaas darum, mit der Untersuchung des Falles nicht beauftragt zu werden. Untersuchungsleiter wurde Oberregierungsrat Rosenhahn. Plaas wurde im Februar 1944 verhaftet und nach Erkenntnissen der Staatssicherheit wegen Widerstandstätigkeit angeklagt. Weder Schapper, Leiter des Forschungsamts, noch Scholz, Leiter der Verbindungsstelle zum RSHA, wollten oder konnten zu Gunsten von Plaas eingreifen. Scholz empfahl sogar einen persönlichen Freund und zuverlässigen Angehörigen der SS, Rentschler, als Nachfolger von Plaas. Schapper stimmte dieser Anstellung zu, und dies rief unter dem Personal des Forschungsamtes einige bittere Kommentare hervor, daß sich hier wohl jemand bei der SS „lieb Kind machen" wolle. Trotz der Bemühungen des Staatssekretärs Körner wurde Plaas am 19. Juli 1944 erschossen.[258]

[257] BA-MA, RL-1/26.

[258] Schriftwechsel Ohlbrecht – Fritz Tobias, 1969. Befragung von Peipe (OSS-Dossier). Ulrich Kittel, MS; Gespräch des Verfassers mit Neuenhoff. Zur Person von Plaas vor Eintritt in das Forschungsamt siehe Ernst von Salomon: Der Fragebogen. Reinbek bei Hamburg: Rowohlt 1961, S. 92 ff.

Am nächsten Tag erfuhr die Welt von einer sehr viel realeren Verschwörung gegen Hitler, an der Hunderte von Beamten, Geistlichen, Ex-Offizieren und -Generälen beteiligt gewesen waren. Angesichts der systematischen Tätigkeit des Forschungsamtes im gesamten Reich einerseits und der stümperhaften Unfähigkeit und uneingeschränkten Sorglosigkeit der Verräter andererseits scheint es unglaublich, daß weder Göring noch das Forschungsamt durch ihre Telefonüberwachung im Reich irgendeinen Hinweis auf diese Verschwörung erhalten hatten. Aber kein ehemaliger Mitarbeiter des Forschungsamtes hat auch nur angedeutet, daß der Attentatsplan dem Forschungsamt bekannt gewesen wäre. Wenn dies stimmt, war es vielleicht das unvermeidliche Resultat von Hitlers tragischem Vertrauen gegenüber seiner Generalität, als er verbot, die Anschlüsse von Generälen abzuhören.

Wider den Papierkrieg

Das Forschungsamt konnte immer noch bemerkenswerte Erfolge verbuchen. Ulrich Kittel: „Nachdem durch genaueste Überwachung des Funkverkehrs der französischen Widerstandsbewegung festgestellt werden konnte, mit welchen Codezeichen der Tag X für die alliierte Invasion in Frankreich angekündigt werden sollte, wurde ein bis ins kleinste ausgearbeiteter Plan aufgestellt mit dem Ziel, dem Führerhauptquartier auf dem schnellsten Wege die entsprechende Nachricht zukommen zu lassen."[259] Gemäß Kittel, der damit einiges vom Verdienst für die gleiche Leistung von Oscar Reilles Abwehr III-F Triumph in Paris Anfang Juni 1944 mit in Anspruch nahm, war die Übermittlung des betreffenden Stichwortes dann tatsächlich auch innerhalb weniger Minuten möglich.[260]

[259] Ulrich Kittel, Manuskript.

[260] Für eine umfangreiche Darstellung der Leistungen der Abwehrstelle III F in Frankreich in den Tagen vor der alliierten Landung in der Normandie siehe David Irving: Rommel. Eine Biographie. Hamburg: Hoffmann und Campe 1978.

In der zweiten Hälfte des Jahres 1944 machte sich ein Nachlassen im Arbeitstempo des Forschungsamtes bemerkbar. Als die Grenzen des Reiches schrumpften, mußten viele Forschungsstellen verlegt werden. Am 7. August erhielt die Fernsprechkompanie z.B.V. 656, die die Forschungsstelle Paris betrieb, „Alarmstufe 2“: Das Hôtel de Pavillon wurde geräumt, und am 8. August setzte sich die Kompanie in Richtung Nancy in Marsch.[261] Ferdinand Niedermayer, der bereits die Einstellung der beiden Forschungsstellen in Bulgarien überwacht hatte, hatte diese traurige Pflicht nun in Frankreich, Belgien und Holland zu wiederholen.[262] Wegen der heftigen Luftangriffe auf Köln mußte auch die dortige Forschungsstelle ihre Arbeit im September einstellen. Kittel: „Lediglich die Beobachtung des ausländischen Rundfunks, die durch Überwachung einer Reihe von ‚Hetz- und Soldatensendern‘ erweitert war, glich diesen Faktor etwas aus.“[263]

Indessen schaute Himmler, immer noch voller Argwohn, besonders gereizt auf das „personell überbesetzte“ Forschungsamt. Aber auch ehemalige Forschungsamtsmitarbeiter, das muß gesagt werden, fühlten sich unbehaglich angesichts des Arbeitsablaufs in Breslau. Schnarr, der die Anweisung erhalten hatte, dort einen Lehrgang über Presse, Propaganda und Versandwesen zu besuchen, sagte hinterher, daß diese Lehrgänge ihm nur als eine Rechtfertigung für den Abteilungsleiter erschienen, um sich seiner Pflicht an der Front zu entziehen.[264] Im September 1944 führte Ministerialdirektor Schapper eilig eine Auskämmung des Forschungsamtspersonals durch. „Um Kräfte für Front und Rüstung freizumachen“, ordnete Schapper an, Papierkrieg und Bürokratie im Forschungsamt teilweise abzubauen: Ab 1. Oktober seien die „Braunen Meldungen“[265] nicht mehr rückgabepflichtig; ihre Vernichtung würde genügen.[266] So wurde das NSDAP-Mitglied Hans Steiner, aktueller Auswerter und Fachmann für industrielle Fragen beim Forschungsamt, im Oktober zu einer schweren Flakabteilung einberufen;

[261] Befragung von Haas durch CSDIC(UK), Bericht SIR 860.

[262] Befragung von Niedermayer (OSS-Dossier).

[263] Ulrich Kittel, MS.

[264] Befragung von O. Schnarr (OSS-Dossier).

[265] Die amtliche Bezeichnung war „Braune Blätter“, im Volksmund wurden sie aber oft „braune Meldungen“ oder aus Tarnungsgründen auch „braune Vögel“ genannt.

[266] Schreiben vom OKW, NSF-Sonderreferat an Milch vom 21. und 27. September und 2. Oktober 1944, gez. Schapper (BA-MA, RL 1/25).

Hunderten anderer erging es ebenso.[267] Himmler erhöhte den Druck auf das Forschungsamt, als er am 18. Oktober den Staatssekretär „Pilli" Körner darauf aufmerksam machte, daß sich die Bevölkerung in Lübben/Spreewald „über kv. [kriegsverwendungsfähige] Männer junger Jahrgänge (1906 und jünger) aufregt, die offenkundig dem Forschungsamt angehören und nunmehr in Luftwaffenuniform ihren Dienst machen". „Die Liste", setzte Himmler liebenswürdig hinzu, „füge ich Dir bei." Sicher sei der eine oder andere herauslösbar, bemerkte der Reichsführer höhnisch.[268] Dies hatte einige Tage später eine zweiseitige, als geheime Reichssache gestempelte Antwort von Staatssekretär Körner zur Folge:

> Mein lieber Reichsführer!
>
> Ich danke Dir sehr für Deinen freundlichen Brief vom 18.10. und den Hinweis auf die Einstellung der Lübbener Bevölkerung zu den jüngeren Angehörigen des Forschungsamtes.
>
> Dazu möchte ich folgendes bemerken: Der Kreisleiter beurteilt die Dinge verständlicherweise nur dem äußeren Schein nach. Er kennt die Verhältnisse beim Forschungsamt zu wenig, um sich selbst bei der Einwohnerschaft aufklärend für die Arbeitsmethoden und die Eignung und Zusammensetzung des Personals einsetzen zu können. Der Leiter der Lübbener Dienststelle hätte ihm auf Rückfrage sicher gern Aufklärung gegeben. So blieb dem Kreisleiter auch unbekannt, daß das Forschungsamt laufend wehrfähige Männer für Wehrmacht und Rüstung freigemacht hat. Nach der letzten scharfen Durchkämmung, die ich mit Schapper vorgenommen habe, sind mehr als 600 Männer an die Wehrmacht und über 200 Männer an die Rüstung abgegeben worden. Das sind über 23% des Personalbestandes. Der Rest, besonders an Kv.-Männern jüngerer Jahrgänge, bildet den leider nicht ersetzbaren Stamm ausgebildeter Fach- und Spezialkräfte. Er ist für die Nachrichtenerfassung, -entzifferung und -auswertung

[267] Befragung von Hans Steiner (OSS-Dossier).

[268] Schreiben von Himmler an „SS-Obergruppenführer Staatssekretär Körner" („Mein lieber Pilli!") vom 18. Okt. 1944 (Berlin Document Center, Akte „Paul Körner").

> unentbehrlich, zumal Lübben unsere wichtigste Funkerfassungsstelle (u.a. für die Überwachung Amerikas und Japans) darstellt.
>
> Die wehrfähigen Männer sind fast ausnahmslos seit längerer Zeit Soldaten. Aufgrund ihrer anerkannten Unersetzbarkeit hat das OKW sie dem FA als Arbeitsurlauber zur Verfügung gestellt, damit die Dir bekannte kriegswichtige Arbeit wenigstens in eingeschränkter Form auf den entscheidenden Gebieten fortgesetzt werden kann.
>
> Aber auch diese Männer werden – wie alle männlichen Angehörigen des FA – selbstverständlich vom Volkssturm erfaßt. Ich möchte ihn wegen der Eigenart des FA und seiner geheimzuhaltenden Tätigkeit möglichst in eigenen Formationen aufziehen. Dabei würde mir eine Zusammenschaltung mit den Volkssturmgliederungen Deines Reichssicherheitshauptamtes und der Stapostellen besonders erwünscht und zweckmäßig erscheinen. Auf meine Veranlassung haben sich Schapper und [Gestapo-Chef SS-Gruppenführer Heinrich] Müller darüber schon ausgesprochen. Die Entscheidung liegt bei Dir.
>
> Schließlich darf ich noch anfügen, daß der Reichsmarschall ebenso wie [Chef des Führungshauptamtes der Waffen-SS, SS-Obergruppenführer Hans] Jüttner und Gauleiter [Paul] Wegener (als Vorsitzer des Exekutivausschusses für totalen Kriegseinsatz) das Abgabesoll des Forschungsamtes gebilligt und die Gründe anerkannt haben, die für die derzeitige Zusammensetzung des männlichen Personalbestandes maßgebend sind …[269]

Das vom Forschungsamt Ende 1944 angefertigte Fernsprechverzeichnis für den internen Gebrauch gibt ein klares Bild seiner Struktur.[270] Es führt als Amtsleiter Ministerialdirektor Schapper auf, in Zusammenarbeit mit Oberregierungsrat Rosenhahn in Berlin in der Herbartstraße; Ministerialrat Berggren in Lübben; Dienststellen in Berlin-Dahlem und Glienicke. In Breslau-Hartlieb waren noch Oberregie-

[269] Schreiben von Körner an Himmler vom 24. Okt. 1944 (BDC-Akte „Paul Körner“). Himmler lehnt in seinem Antwortschreiben vom 7. November den Vorschlag ab, die FA-Angehörigen in einer eigenen Volkssturmeinheit zusammenzufassen.

[270] Fernsprechverzeichnis des Forschungsamtes, s. Anm. 18.

rungsrat Kempe, Ministerialrat Breuer, Ministerialdirigent Georg Schröder und Ministerialrat Seifert.

Nach dem Ausfall der Forschungsleitstelle Köln existierten nur noch vier Forschungsleitstellen, und zwar in Berlin, Hamburg, München und Wien:

Die Forschungsleitstelle Berlin (Leiter: Regierungsrat Thieme, Stellvertreter: Stormann) mit den zugehörigen Forschungsstellen: „A"-Stelle Berlin (Leiter: Goldschmidt) mit den Bereichen Bellevue, Körnerstraße und Wilhelmstraße; „D"-Stelle Berlin (Leiter: von Scheven), „D2"-Stelle Berlin (Leiter: SS-Sturmbannführer Kubat) und die „F"-Stelle, Briefzensur (Leiter: Mikuta).

Die Forschungsleitstelle Hamburg (Leiter: Oberregierungsrat Kirbach) beaufsichtigte die Forschungsstellen: „A"-Stelle Hamburg (Leiter: Lewin); „A"-Stelle Bremen (Leiter: Erwin Marquardt); „A"-Stelle Drontheim (Leiter: Johann Müller); „A"-Stelle Kopenhagen (Leiter: Bruno Bertram); „A"-Stelle Oslo (Leiter: Ludke); „A"-Stelle Stettin, Greifswald (d.h. Peenemünde) (Leiter: Meyerheine); „B"-Stelle Eutin (Leiter: Patzig); „C"-Stelle Eutin (DL) (Leiter: Hennecke); „D"-Stelle Dortmund (Leiter: Herbert Schmidt).

Die Forschungsleitstelle München (Leiter: Regierungsrat Henke) beaufsichtigte die Forschungsstellen: „A"-Stelle München (Leiter: Rudolf Radtke); „A"-Stelle Schweinfurt (mit Nebenstellen Bad Kissingen und Haßfurt); „A"-Stelle Stuttgart (Leiter: Albrecht); „B"-Stelle Konstanz (Leiter: technischer Regierungsoberinspektor Burkhardt) und „C"-Stelle Konstanz.

Schließlich kontrollierte die Forschungsleitstelle Wien (Leiter: Oberregierungsrat Fleischmann) folgende Forschungsstellen: „A"-Stelle Wien (Leiter: Dr. Körschner); „D"-Stelle Wien (Leiter: technischer Regierungsoberinspektor Gerlach); „B"-Stelle Gols; „A"-Stelle Budapest (Leiter: Christian Peemöller) und die „A"-Stelle Prag (Leiter: Müller, Stellvertreter: Baldini).

In Anbetracht der Tatsache, daß immer mehr Städte an den Feind verlorengingen oder durch Feuer zerstört wurden, begann das Forschungsamt, bewegliche Forschungsstellen in Betrieb zunehmen, und gegen 1945 gab es 15 bis 20 solche Stellen, die entweder vom Forschungsamt von Breslau aus oder von den regionalen Leitstellen verwaltet wurden.[271] Die „A"-Stellen waren jetzt weitgehend auf die Kontrolle der Telefonanschlüsse von Regimegegnern beschränkt; dies-

[271] Bericht SAIC/CIR/t der Hauptvernehmungsstelle der Siebenten Armee vom 19. Juli 1945.

bezügliche Meldungen wurden direkt von den Forschungsstellen an das Sonderdezernat der örtlichen Stapoleitstelle, Abt. IV 5a, gesandt. Als die Bombardierung Berlins die Hauptstadt in Trümmer gelegt hatte, setzten bewegliche Forschungsstellen die Überwachungsarbeit fort: „A"-, „D"-, „E"- (versteckte Mikrofone, selten benutzt) und „F"-Stellen wurden ausgesandt, um Erfassungsarbeiten bei besonderen Zeremonien oder internationalen Zusammenkünften oder Konferenzen in Städten zu leisten, die jenseits der „Reichweite" der ständigen Forschungsstellen lagen; „B"- und „C"-Stellen wurden an Orte geschickt, wo der Empfang des Funkbetriebes aus einem bestimmten anderen Land aus geographischen Gründen besser war.

Am 12. Januar 1945 begann die sowjetische Offensive über die Weichsel und mit ihr die Invasion in die deutsche Heimat. Die Rote Armee überflutete Schlesien und die übrigen deutschen Ostgebiete. Breslau war in Gefahr, eingekesselt zu werden, und mit ihm das dort seit einem Jahr bestehende Hauptquartier des Forschungsamtes. Tag und Nacht brannten die Scheiterhaufen in der Flakkaserne, als der größte Teil der unersetzlichen Archive, vom Forschungsamt in über zwölf Jahren seines Bestehens angesammelt, vernichtet wurde. Es war für das Nachrichtenwesen ein unersetzlicher Verlust, daß das gesamte Entzifferungsmaterial, bis auf die entschlüsselten Codes, hier in Breslau vernichtet werden mußte.

Unter großen Schwierigkeiten, berichtet Kittel, gelang es dem Amtsleiter Schapper, die Belegschaft am 22. Januar aus Breslau in einem Sonderzug nach Berlin zu evakuieren, kurz bevor die Stadt endgültig eingekesselt wurde. Nach Angaben von Neuenhoff gelang ihnen auch der Abtransport der Fernschreiber und des Materials, aber das war alles.

Zusammenarbeit alter „Feinde"

Das war der Anfang vom Ende für das Forschungsamt. In Berlin wurde sein Personal zuerst in der Physikalisch-Technischen Reichsanstalt am Knie in Berlin-Charlottenburg untergebracht, nicht weit vom alten, ausgebrannten Hauptquartier des Forschungsamtes.

Die Geschichte des Forschungsamtes danach ist ein Gespinst von Widersprüchen und Unklarheiten.[272] Fest steht, daß der Stab nicht in Berlin Quartier bezog, sondern zunächst auf den Fliegerhorst Jüterbog, außerhalb der Hauptstadt, verlegt wurde.[273] Hier arbeitete ein kleiner Stab an den wichtigsten Eingängen, die Arbeit aber, so berichtet Neuenhoff, war wenig erfreulich: Die Meldungen waren nur spärlich, die Unsicherheiten zu groß. Die Forschungsamtskuriere kamen bald nicht mehr durch.

In Jüterbog wurde Anfang Februar die Entscheidung getroffen, eine Zweiteilung vorzunehmen: Eine Gruppe, die sich in erster Linie aus den Abteilungen 10 (Auskunft, Kartei) und 13 (Staatssicherheit) unter Ministerialrat Seifert zusammensetzte, sollte vorläufig in Berlin bleiben; die Hauptgruppe sollte von Bayern aus operieren.[274] Schapper schickte Ferdinand Niedermayer, der seit dem 1. September 1944 die Uniform eines Luftwaffenmajors trug und Ministerialrat Seifert nach Bayern, um einen geeigneten neuen Standort für eine Hauptleitstelle und eine „B“-Stelle zu erkunden.[275] Sie wählten – unglücklicherweise, wie sich herausstellen sollte – den Fliegerhorst Kaufbeuren südwestlich von München aus. Die Zentrale mit Amtsleiter Ministerialrat Schapper reiste am 18. Februar aus Berlin in einem Sonderzug zu diesem Fliegerhorst ab; die Reise dauerte zwei Tage. Gegen Ende Februar 1945 hatte das Forschungsamt von hier aus wieder seine Tätigkeit aufgenommen, mit Niedermayer als Leitstellenleiter, der die Einsätze in Süddeutschland und den verbleibenden westlichen Ländern durchführte.

Es bestanden kaum Zweifel, daß Berlin selbst binnen kurzem in der Gefahr stand, von der Roten Armee belagert zu werden. In dieser Lage hatte Schapper, bevor er aus Berlin nach Kaufbeuren abreiste, einer Lösung zuzustimmen, gegen die er und Göring solange angekämpft hatten, nämlich einen Teil der Selbständigkeit der Forschungsstellen an das RSHA abzutreten. Die Meldungen aus der Telefonüberwachung des Forschungsamtes konnten vom Forschungsamt Berlin nicht mehr wirksam weitergeleitet werden. Der autokratische Ministerialrat Schapper wurde von der Mehrzahl seiner Mitarbeiter hart dafür kri-

[272] Im großen und ganzen gehen die Informationen über das FA Süd und das FA Nord auf die Angaben von Ulrich Kittel zurück. Die ergänzenden Einzelheiten werden jeweils durch die folgenden Anmerkungen belegt.

[273] Befragung von Rebien (OSS-Dossier).

[274] Befragung von Peipe (OSS-Dossier).

[275] Befragung von Niedermayer (OSS-Dossier).

tisiert, daß er diese und andere Entscheidungen getroffen hatte, ohne mit ihnen Rücksprache gehalten oder ihnen eine Erklärung gegeben zu haben.[276] Von nun an übernahm die Gestapo verwaltungsmäßig einige der Forschungsstellen, z.B. wurde die Forschungsleitstelle Hamburg der Stapoleitstelle Hamburg IV N angeschlossen, und im Februar 1945 wurde die Forschungsstelle Kopenhagen zur Abteilung IV F des BdS, Befehlshaber der Sicherheitspolizei, SS-Obergruppenführer Dr. Werner Best.

Die Forschungsstelle Bremen wurde ebenso gänzlich umgestaltet. Dr. Schröder, Leiter der Bremer Gestapo, unterrichtete Erwin Marquardt (35), Leiter der Forschungsstelle Bremen, daß eine Nachricht vom RSHA eingetroffen sei, gemäß der, nach Verhandlungen mit dem Amtsleiter des Forschungsamtes, die Forschungsstelle Bremen der Stapoleitstelle Bremen verwaltungsmäßig unterstellt werden sollte.[277] In der Praxis änderte sich wenig. Am 1. April trat diese Neuordnung in Kraft; aber bereits am 8. April erhielt die Forschungsstelle die Anweisung, ihre geheimen Archive zu vernichten und die Gerätschaften und Teile des Personals zur neuen Forschungsleitstelle zu verlegen, die in Deutschlands „hohem Norden“, in Eutin in Schleswig-Holstein eingerichtet wurde. Das verbliebene Personal der Forschungsstelle Bremen machte sich mit Marquardt und der Gestapo auf, um eine Verteidigungslinie in der Lüneburger Heide aufzubauen.

Zusammenbruch im Süden

Normale Arbeitsbedingungen wurden in Berlin niemals wieder möglich. Neuenhoff berichtet, daß der Kontakt mit der neuen Zentrale in Kaufbeuren schwierig war; auch Kittel bezeichnet die Kurierverbindungen zwischen Kaufbeuren und Berlin als sehr schwierig. Auf-

---

[276] Befragung von Peipe (FA-Angehöriger in der Abteilung V von 1935 bis 45; OSS-Dossier); und BAOR-Bericht vom 2. Jan. 1946.

[277] BAOR-Bericht vom 2. Jan. 1946; sowie die Befragungen von Schnarr und Ubbelohde (OSS-Dossier).

grund des Zusammenbruchs von Eisenbahn- und Telefonverbindungen waren kaum Eingänge an unbearbeitetem Nachrichtenmaterial zu verzeichnen. Da immer wieder Luftangriffe auf den Fliegerhorst Kaufbeuren erfolgten, hatten die Mitarbeiter des Forschungsamtes den Befehlen des Fliegerhorstkommandanten Folge zu leisten und mußten jeden Tag stundenlang in den Unterständen der umliegenden Wälder verbringen.

Die Tätigkeiten des Forschungsamtes in Berlin wurden wenige Tage vor Beginn der letzten sowjetischen Offensive eingestellt. Um den 8. April herum ließ Neuenhoff den Damen und Fernschreibern beim Forschungsamt in der Physikalisch-Technischen Reichsanstalt ihr Gehalt auszahlen und ließ sie die Reichshauptstadt verlassen; er selbst begab sich mit dem Fahrrad auf seinen Hof in Thüringen.[278]

Nach einer Besprechung mit Reichsmarschall Göring entschied Amtsleiter Schapper, den Forschungsamtsapparat in zwei Gruppen zu spalten, in das Forschungsamt Nord und das Forschungsamt Süd. Er befahl mehrere Mitarbeiter aus jeder Abteilung von Kaufbeuren nach Berlin, und dann weiter nach Norden; und er schickte 120 seiner Mitarbeiter – im wesentlichen Georg Schröder mit seiner Abteilung IV (Entzifferung) sowie die Auswertung, Verwaltung und die Sicherheitsabteilungen – hinunter nach Innsbruck in Tirol, mit der Absicht, dort, in der künftigen „Alpenfestung", ein neues Hauptquartier einzurichten.[279] Der Großteil der Mitarbeiter verblieb unter der Leitung von Niedermayer in Kaufbeuren.[280]

Bei seiner Ankunft auf dem Obersalzberg am 21. oder 22. April 1945 erhielt Schapper – zweifellos von Göring – die Anweisung, Kontakt zu den Dienststellen der Reichsregierung in Garmisch-Partenkirchen und Berchtesgaden herzustellen und ihnen die Dienste des Forschungsamtes anzubieten.

Am 24. April stellte das Forschungsamt in Kaufbeuren seine Arbeit ein. Nach Vernichtung des übriggebliebenen Materials wurde der Kerntrupp, etwa 100 Mann, aufgelöst. In der Zwischenzeit jedoch machte Franz Hofer, Gauleiter von Tirol, der sich ursprünglich bereit

[278] Neuenhoff, Interview und MS. Er stellt fest: „Als ich am 10. April [sic] wieder in der PTR [Physikalisch-Technische Reichsanstalt] am Knie (TU) aufhörte, waren über 3.000 [Personen] im FA beschäftigt."

[279] Befragung von Georg Schröder (OSS-Dossier).

[280] Befragung von Niedermayer (OSS-Dossier).

erklärt hatte, Unterkünfte für das Forschungsamt in Achensee zur Verfügung zu stellen, plötzlich diese Zusage rückgängig.[281] Der allmächtige Reichsleiter Martin Bormann hatte gerade den Gauleiter davon in Kenntnis gesetzt, daß Reichsmarschall Göring auf Befehl des Führers am 23. April in Haft genommen worden war, und Hofer hielt es zweifellos für unklug, diesem mysteriösen „Forschungsamt des Reichsmarschalls" eine Zufluchtstätte zu bieten.

Nach zwei wegen dieser Sache in Innsbruck verlorenen Tagen, befahl Schapper den Forschungsamtstrupp von ungefähr 150 Mann zurück nach Norden, in die Flakkaserne in Stephanskirchen – im Gebiet Rosenheim, südöstlich von München. Am 29. April ließ sich Schapper zu einem äußerst dringenden Telefongespräch mit Niedermayer verbinden, der noch in Kaufbeuren war, und erteilte ihm die Anweisung, sich in Stephanskirchen zu melden. Niedermayer kam diesem Befehl nach und empfahl dem Rest seiner Männer in Kaufbeuren, in der Stadt und Umgebung unterzutauchen. Am nächsten Tag löste Schapper in Stephanskirchen das kurzlebige „Forschungsamt Süd" formal auf, entließ die meisten Männer aus dem Forschungsamtsdienst und verabschiedete sich in einer kurzen Ansprache von seinen letzten Mitarbeitern. Er sagte ihnen, daß ihre Dienste nicht länger benötigt würden und – sonderbarerweise – falls sie von den Alliierten befragt würden, seien sie nicht mehr durch ihren Eid zur Verschwiegenheit verpflichtet.[282]

Jetzt wurden auch die Akten mit den entzifferten geheimen feindlichen und neutralen Codes und Chiffren, die genialen Leistungen von Schröders Hauptabteilung IV und der letzte unschätzbare Besitz des Forschungsamtes, vernichtet.[283] Möglicherweise immer noch im Ungewissen über das Schicksal seines Führers – oder war es eine geheime Mission im Zusammenhang mit der fortgesetzten Inhaftierung Görings und seines persönlichen Mitarbeiterstabes auf dem Obersalzberg? – beauftragte Schapper, der loyale Amtsleiter, den treuen Niedermayer mit einer letzten geheimen Mission. Er sollte sofort zusammen mit drei weiteren Forschungsamtsbeamten nach Berchtesgaden abreisen und dabei etwa 50 Forschungsamtsangehörige sowie eine Anzahl beweglicher Forschungsstellen – eine „A"-, drei „B"- und eine „D"-Stelle mitführen. In Berchtesgaden sollte sich

[281] Ulrich Kittel, MS.
[282] Befragungen von Niedermayer und Rebien (OSS-Dossier).
[283] Ulrich Kittel, MS.

Niedermayer beim Kommandanten der örtlichen Flakkaserne melden, wo er über seine weiteren Aufgaben informiert werden würde. Die Beförderungsmittel waren jedoch knapp, und als Niedermayer Berchtesgaden erreichte, waren ihm nur noch eine „A"-Stelle und zehn Mann geblieben. Der Kommandant sagte ihm: „Es ist sinnlos: Sie werden nicht länger benötigt, gehen Sie nach Hause." Hitler war tot, und der Krieg war fast zuende.[284]

Kittel schrieb: „Als die Amerikaner am 3. Mai die Kaserne (Stephanskirchen) besetzten, bestand von dem einst so stolzen Forschungsamt kaum mehr als die Erinnerung."

Die letzte FA-Meldung

Das war jedoch nur die halbe Wahrheit. Im hohen Norden bestand das Forschungsamt weiter. Nach und nach waren die Männer des neuen „Forschungsamtes Nord" jeweils in kleinen Gruppen in Eutin in Schleswig-Holstein eingetroffen. Die „B"-Stelle unter Leitung von Regierungsoberinspektor Patzig (Stellvertreter Herbert Braun) hatte hier die besondere Aufgabe, den telegraphischen Nachrichtenverkehr zwischen polnischen Diplomaten in London und der Untergrundbewegung in Polen zu überwachen; und eine außerordentlich leistungsfähige „C"-Stelle unter Hennecke überwachte Rundfunksendungen.[285] Die „B"- und „C"-Stellen, die aus Leba in Pommern geflohen waren, schlossen sich ihnen nun an.[286] Anfang April 1945 kam Wilhelm Schumacher, ein Bremer Kohlengroßhändler, der häufig von der Gestapo als Lastwagenfahrer verpflichtet wurde, mit den Überresten der Bremer „A"-Stelle an Bord seiner Lastwagen in Eutin an, zusammen mit Schnarr, Gern, Dorner sowie

---

[284] Befragung von Niedermayer (OSS-Dossier).

[285] BAOR-Bericht vom 2. Jan. 1946, basierend auf der Befragung von Herbert Braun und anderen Angehörigen des Amtes.

[286] Ebenda. Dieser Bericht enthält eine komplette Liste des Personals der „C"-Stelle in Eutin.

einer weiblichen Schreibkraft.[287] Als am 21. April die Reichshauptstadt unter direktes sowjetisches Artilleriebombardement geriet, brach Ministerialrat Seifert zusammen mit Stabenow, den Fernschreibleuten und etwa 60 Mann aus Berlin auf und ließ den Rest seiner Leute zur Verteidigung der Hauptstadt zurück. Auch Seiferts Forschungsamtstrupp kam in Eutin an. Hier trafen sie verschiedene Beamte des Forschungsamtes aus Lübben, Templin und anderen Forschungsstellen, die aufgrund höherer Gewalt ihre Arbeit dort eingestellt hatten.

Dieses „Forschungsamt Nord", das in Eutin arbeitete, lieferte seine Ergebnisse an Großadmiral Dönitz, unter dessen Leitung das OKW-Nord stand, das am nahegelegenen Ostseestrandort Timmendorfer Strand Zuflucht genommen hatte. Am 2. Mai 1945 verlegte Dönitz sein Hauptquartier wegen des Herannahens der britischen Streitkräfte 120 Kilometer weiter nach Norden, nach Flensburg-Mürwik; er gab dem „Forschungsamt Nord" Anweisung zu folgen. Seiferts Leute verließen Eutin mit Bussen und Lastwagen am selben Abend, und wurden auf dem gesamten Weg von tieffliegenden feindlichen Jagdbombern angegriffen; sie ließen in Eutin wertvolle Forschungsamtsausrüstungen zurück, die jedoch durch das verbliebene Forschungsamtspersonal sichergestellt wurden. Die Kriegsmarine übernahm unter der Leitung von Stock von der Forschungsamtsabteilung 11 diese in Eutin verbliebenen Leute und Ausrüstungsgegenstände, und die Überwachung des Funkbetriebes wurde bis zum Juli 1945 fortgesetzt. Die Forschungsergebnisse erhielten die Engländer.

Mittlerweile hatten Seifert und das Forschungsamt Nord im äußersten Norden des Reiches, in Glücksburg, eine provisorische Funkstelle eingerichtet. Am 4. Mai gab das Forschungsamt Nord in Mürwik sein letztes erstelltes „Ergebnis" heraus:

„Forschungsamt O.U., den 4.5.1945
Nr. 2
Es/Ho

Zum Tode des Führers

Das britische Informationsministerium übermittelt den britischen diplomatischen Vertretungen im Auslande nachstehende Information:

[287] Befragung von Schnarr (OSS-Dossier).

> Kommentatoren in London lenkten die Aufmerksamkeit auf den nachstehenden Bericht von John Evans aus Moskau, der im Daily Herold [sic] veröffentlicht wurde:
> „Während des ganzen Tages *suchten sowjetische Experten in Berlin* nach Hitlers und Göbbels [sic] Leichnamen, die angeblich Selbstmord begangen haben sollen, nachdem die Stadt übergeben wurde. *Sie haben sie nicht gefunden.* Viele hier glauben nicht, daß Hitler überhaupt in Berlin gestorben ist. Aber wir werden herausfinden, was mit ihm geschehen ist, schrieb Nikolaus Tikhanov in der Prawda, ‚wir werden ihn finden, ganz gleich, wo er Schutz gesucht hat.'"
>
> (F)[288]

Als die britischen Truppen Mürwik erreichten, unterstellte Seifert seinen Trupp einschließlich Geräten dem Oberkommando der Marine. Die Ergebnisse wurden nunmehr nicht nur an Dönitz, sondern auch an den britischen Stadtkommandanten geliefert, der, laut Kittel, verschiedentlich seine Zufriedenheit über die Meldungen zum Ausdruck brachte, da er von seinen eigenen Vorgesetzten offenbar im Ungewissen gelassen wurde. Am 21. Mai 1945 aber wurde Dönitz' provisorische Regierung von den britischen Streitkräften verhaftet (Operation „Blackout"); Seifert selbst wurde zusammen mit seinen führenden Beamten von den Briten in Haft genommen, und die Forschungsamtsaktivitäten gingen zuende. Nach Aussagen von Beamten des Forschungsamtes erbeuteten die Briten auch die von Forschungsamtswissenschaftlern entwickelten schnellaufenden Mitschreibgeräte, die in den letzten Jahren des Krieges zur Aufzeichnung der Nachrichtenübermittlungen des sowjetischen Maschinensenders dienten, der imstande war, 30.000 Morsezeichen (rund 500 Worte) in der Minute zu übermitteln.

[288] Forschungsamt, nicht-numerierte Meldung vom 4. Mai 1945 in den Akten von Dönitz, NA, T-77, Rolle 77, S. 0555. Auf der Kopie sind die hier kursiv gesetzten Satzteile mit Bleistift unterstrichen.

Wo bleibt das wertvolle Wissen?

Während des folgenden Jahres wurden die 6.000 Männer (und Frauen), die im ganzen besetzten Europa für Hermann Görings bemerkenswertes Forschungsamt gearbeitet hatten, nahezu in Ruhe gelassen. Wie wir am Beginn dieser Studie gesehen haben, hatten ihre früheren Feinde nichts von der Existenz des Forschungsamtes gewußt, folglich erschienen seine Mitarbeiter auf keiner jener „automatische Inhaftierung" bedeutenden Listen, oder Klassifizierungen, die im Gefolge des infamen Morgenthau-Planes und des kaum weniger schonungslosen Nachfolgeplanes, der Direktive der Vereinten Stabschefs JCS 1067, aufgestellt worden waren. Ehemalige Angehörige der SS, der Gestapo und des deutschen Generalstabes waren der sofortigen Inhaftierung ausgesetzt; die Forschungsamtsmitarbeiter ließ man im großen und ganzen ihrer Wege gehen.

Im Januar 1946 traf die britische Rheinarmee (BAOR) in einem Bericht die Feststellung: „Die letzten aktiven Überreste des Forschungsamtes lösten sich im Juli 1945 auf."[289] In den ersten Monaten der Besetzung wurde das Forschungsamt teils aus Bequemlichkeit, teils aus Unwissenheit hinsichtlich seiner genauen Stellung innerhalb der Regierungsstruktur des Reiches einfach für eine Abteilung des deutschen Nachrichtendienstes gehalten.[290]

Die US-Streitkräfte in Europa waren hierüber beunruhigt, und hielten am 4. Oktober 1945 in einem Bericht fest: „Das CIC [Counter Intelligence Corps, Abwehrorganisation] und andere Dienststellen stehen

---

[289] BAOR-Bericht vom 2. Jan. 1946.

[290] Oberstleutnant M. Moses, GSC, Chef der Security Control Section (Sicherheitskontrollgruppe) der Counter Intelligence Branch (Spionageabwehrabteilung) der USFET G-2, an den Chef der Spionageabwehrabteilung am 11. Sept. 1946 (OSS-Dossier).

vor dem Problem, wie mit enttarnten Angehörigen des Forschungsamtes zu verfahren ist. Unter den von der Automatischen Inhaftierung betroffenen Gruppierungen werden Angehörige des Forschungsamtes nicht aufgeführt. Jedoch", so fuhren die amerikanischen Sicherheitsbehörden fort, „da viele dieser Personen aufgrund ihrer Erfahrung und Ausbildung eine Bedrohung der gegenwärtigen und künftigen Sicherheit darstellen, können und sollten solche Personen aus diesem Grunde inhaftiert werden. Ein weiterer wichtiger Grund für die Inhaftierung ist die Tatsache, daß viele Beschäftigte des Forschungsamtes hohe Staatsbeamte waren."[291]

Am 2. Februar 1946 wurde jedoch entschieden, daß die Mitarbeiter des Forschungsamtes eben nicht, wie ehemalige Angehörige des deutschen Nachrichtendienstes, in Haft gehalten werden konnten, weil das Forschungsamt nicht zu den vom Internationalen Militärtribunal in Nürnberg als verbrecherisch angeklagten Organisationen gehörte.

Mit dem Beginn des Kalten Krieges begann die Sowjetunion, ein nachhaltiges Interesse daran zu entwickeln, sich die Fachkenntnis der Forschungsamtsmitarbeiter zu verschaffen. Um das zu verhindern, dauerten die amerikanischen Inhaftierungen von Beamten des Forschungsamtes noch eine Zeitlang an – Ferdinand Barth wurde erst im Mai 1946 unter dem Vorwand, daß er eine „Bedrohung der Sicherheit" darstelle, im Unterbezirk Ansbach des CIC verhaftet.[292] Im August bat das CIC die US-Streitkräfte in Europa um eine endgültige Entscheidung. „Soll vom CIC irgend etwas unternommen werden, um die mögliche Ausnutzung dieser Personen durch Vertreter interessierter ausländischer Mächte zu verhindern?" Dies war nur eine bewußt schwammige Umschreibung, denn gemeint sein konnte nur die Sowjetunion.[293]

Im Sommer 1946 begannen die Amerikaner mit der Operation „Mesa", die darauf angelegt war, ehemalige NS-Wissenschaftler dem Zugriff durch die Sowjets zu entziehen, ebenso mit der Operation „Bloodhound", die in gleicher Weise dazu bestimmt war, früheres deutsches

---

[291] Zusammenfassung des Nachrichtenmaterials der USFET vom 4. Okt. 1945 (OSS-Dossier).

[292] Brief von Robert E. Enkelmann an den CIC-Chef in Bamberg vom 15. Mai 1946 (OSS-Dossier).

[293] Schreiben des US-Oberst John L. Inskeep, HQ, 970. CIC-Abteilung, an die Spionageabwehrhauptabteilung der USFET vom 23. August 1946. Der Geheimhaltungsgrad wurde am 5. Sept. 1946 auf Weisung des Ic des Stellv. Chefs des US-Generalstabs auf „top secret" (Geheime Kommandosache) aufgewertet.

Nachrichtenaufklärungspersonal aus demselben Grund unter Aufsicht zu stellen. Es wurde darauf hingewiesen, daß die Forschungsamtsmitarbeiter häufig „hochqualifizierte Fachleute im Bereich der Kryptographie, der Telefon- und Funküberwachung und verwandten Gebieten" waren. „In Anbetracht der erwiesenen Tatsache", schrieb der stellvertretende Leiter des CIC, Oberst C.M. Culp, in einem streng geheimen Brief vom 23. Juli 1946, „ daß von interessierten ausländischen Mächten Schritte unternommen worden sind, sich die Dienste derartigen Personals zu verschaffen, ist man sich sehr wohl bewußt, daß jede Entscheidung hinsichtlich der Verfügung über Angehörige des Reichsforschungsamtes [sic] in bezug auf die gegenwärtige Situation erwogen werden sollte und nicht nur im Hinblick auf die Rolle, die diese Organisation im Rahmen des früheren deutschen Nachrichtendienstes gespielt hat" – sie sollten, mit anderen Worten, in „Schutzhaft" genommen werden.[294] Oberstleutnant M. Moses, Leiter der Sicherheitsüberprüfungsabteilung der Spionage-Abwehr der US-Streitkräfte in Europa, stimmte zu: „Es hat einige bekannt gewordene Versuche von seiten der Sowjets gegeben, sich diese Fachleute im Hinblick auf ihr Wissen über US-Codes und -Ausrüstung nutzbar zu machen."[295]

Das Problem bestand darin, daß es keine Möglichkeit gab, die Forschungsamtsangehörigen auf unbestimmte Zeit festzuhalten, außer durch Anwendung der „Automatischen Inhaftierung" auch auf Forschungsamtsangehörige. „Ein solches Verfahren könnte eine mögliche Ausnutzung durch die Sowjetunion für zwei bis fünf Jahre verhindern", empfahl Moses.

Das ist alles, was über die Geschichte des Forschungsamtes bekannt ist. Hunderte seiner ehemaligen Angehörigen zog es zwangsläufig in die Reihen von General Reinhard Gehlens Bundesnachrichtendienst. Sie hatten ihrem Vaterland von 1933 bis 1945 mit Tatkraft und Redlichkeit gedient, und sie waren bereit, ihre hohen Fähigkeiten auch für das neue Deutschland einzusetzen.

[294] Brief von Oberst C.M. Culp, amtierender Chef des CIC, an die Spionageabwehrabteilung der USFET vom 23. Juli 1946; ebenfalls als „top secret" eingestuft.

[295] Brief von Oberstleutnant M. Moses an den Chef der CIB (Spionageabwehrabteilung) vom 11. Sept. 1946 (OSS-Dossier).

Anhang

Abgehörte Telefongespräche tschechoslowakischer Spitzenpolitiker vor dem Münchener Abkommen

Diese Aufzeichnungen von Telefongesprächen, die zwischen Prag und London oder Paris geführt wurden, sind von Hitler am 26. September 1938 an den britischen Botschafter Henderson weitergeleitet worden, um ihn auf das unredliche Verhalten der Tschechen aufmerksam zu machen. Die Aufzeichnungen weisen die typische blaue Vervielfältigungsschrift der Braunen Blätter des Forschungsamtes auf, allerdings fehlt die übliche N-Nummer. Sie stammen aus Berichten des Foreign Office, Akte F.O. 371/21742 im Public Record Office, London. Die hier kursiv gesetzten Namen sind im Original gesperrt.

26. September 1938

Wie erst nachträglich bekannt geworden ist, führte am 14.9. um 11.14 Uhr der tschecho-slowakische Gesandte *Masaryk* in London mit *Hartmann* vom Aussenministerium in Prag folgende Unterhaltung:

Masaryk bedankt sich bei Hartmann für das Telegramm, und beide sprechen die üblichen Begrüssungsworte. Auf die Frage Hartmann's, wie es politisch gehe, antwortet

M.: „Politisch ist es unversöhnlich resp. kritisch."

H.: „Aber besser als gestern, als wir zusammen gesprochen haben."

M.: „Ich weiss nicht, es gab genügend kleine Zwischenfälle (‚incidente')."

H.: „Aber seit gestern 4 Uhr ist bestimmt… überhaupt nichts."

M.: „Es sind doch Gendarme getötet worden."

H.: „Neue? Das wissen wir hier wieder nicht."

M.: „Nun, das bedeutet nichts Schlimmes. Wegen der paar Toten, nicht wahr? Sie können ermessen, was dort für Ordnung herrscht – dort musste Standrecht verhängt werden – es ist hier gezeigt worden, dass wir uns Ordnung verschaffen

können, wenn man uns dazu Gelegenheit gibt. Jetzt handelt es sich darum, ob dieser Herr nun marschieren wird oder nicht. Das ist auch ganz egal."

H.: „Und wenn er marschieren würde, dann marschieren alle, nicht?"

M.: „(gedrückt) Ich glaube in einer Weile ja. Hier drückt man sich. Es ist hier eine grosse Bagage."

H.: „Das ist doch nicht möglich."

M.: „Oh ja, allerdings. Sie drücken sich – jetzt haben sie hier wieder das Plebiszit im Kopf – das Plebiszit kann man aber nicht unter diesen Bedingungen machen – das ist ein Blödsinn – wovon man reden kann, ist eine ordentliche Atmosphäre, aber nicht unter diesen Bedingungen. Ich tue, was ich tun kann, ich stehe mit ihnen in ständiger Verbindung, laufe zum Generalstab und so – nun, wir werden sehen – die Hauptsache ist, dass Ihr Euch nicht der Meinung hingebt, dass wir uns einigen könnten – deutsche Bank – tschechische Bank einigen sich... das ist alles Blödsinn – das sind dumme Leute, die 15 Kreuzer haben und um diese Angst haben – entweder wird alles gewonnen oder verspielt, aber ich bin dabei immer noch für eine Einigung mit Deutschland.

H.: „Ja, ich verstehe."

H.: „Mir geht es gut, und glaubst Du, dass es möglich ist, dass sie es zu Ende spielen werden?"

M.: „Ich glaube ja. Wenn nicht die Grossen einschreiten – wenn ich ihnen nicht heute sage: jetzt aber genug, dann wird man weiterspielen."

H.: „Jetzt hat Beran (?) gesagt, dass der amerikanische Botschafter nach Berchtesgaden kommt, wo er von Hitler empfangen wird."

M.: „Aha. Ich bin mit Amerika von hier aus mit Roosevelt *telefonisch in Verbindung."*

H.: „Und ist das gut?"

M.: „Ja, dort würde es gehen."

H.: „Und Frankreich ist gut?"

M.: „Frankreich, dort hast Du auch verschiedene Haderlumpen. Herr Flandin *flankiert jetzt – aber es ist eben so, wenn die Sache auseinanderfährt, dann wird es sich zeigen – ich hoffe, dass sie sich dann entscheiden müssen. Ich habe hier gerade...* Eden, *ich muss also aufhören."*

* * *

Der tschecho-slowakische Gesandte in London, Jan *Masaryk*, machte am 14. 9. um 21.49 Uhr dem Staatspräsidenten *Benesch*, der gerade von einem Theaterbesuch zurückkehrte, von der bevorstehenden Reise *Chamberlain's* nach Berchtesgaden Mitteilung. Es kam folgende Unterhaltung zustande:

M.: „Entschuldigen Sie, dass ich störe."

B.: „Ja?"

M.: „Sie haben schon gehört von Chamberlain?"

B.: „Nein."

M.: „Er fliegt morgen um 8.30 Uhr nach Berchtesgaden."

...nach einer langen Pause äusserte Benesch offenbar entsetzt: „Ist nicht möglich!"

Masaryk gab alsdann nähere Einzelheiten über den Besuch Chamberlain's beim Führer bekannt und bemerkte, in der Begleitung Chamberlain's würden sich *Strang*, ein Freund der CSR, und „die Sau" Horace *Wilson* befinden. Er (Masaryk) sei der Überzeugung, dass man diese Reise vorher mit den Franzosen verabredet hätte. Die Unterhaltung wurde alsdann mit einigen unwesentlichen Bemerkungen beendet.

* * *

Am 16.9.38 um 11.45 Uhr kommt zwischen dem tschechoslowakischen Gesandten in London, *Masaryk*, und de<n>[m] tschechischen Ministerpräsidenten *Benesch* in Prag folgende Unterhaltung zustande:

M.: „Der Lord, der das verrückte Buch geschrieben hat... zeigte mir einen Brief, den er von dem dicken Feldmarschall erhalten hat. Der sagt in dem Brief: ‚Abtretung der Gebiete und den östlichen Vertrag aufheben.'"

B.: „Ja."

M.: „Dann würden wir Ruhe bekommen."

B.: „Ja."

M.: „Wissen Sie?"

B.: „Ja."

M.: „Der... kam her, um es mir zu zeigen."

B.: „Ja."

M.: „Hier weiß man nichts, da der Onkel... gemeinsam mit ihm hinter verschlossener Tür verhandelte; er (Chamberlain) hat zu keinem Menschen etwas gesagt, und daher sind die Vermutungen verschieden."

B.: „Ja."

M.: „Ein Teil meint, es sei zu keiner Einigung gekommen, und ein Teil meint wieder, daß man sich geeinigt hat."

B.: „Ja."

M.: „Also bisher weiß man nichts."

B.: „Ja."

M.: „Haben Sie etwas?"

B.: „Bei mir war Runciman *eben 1 Stunde."*

M.: „Aha!"

B.: „Ich sende Ihnen gerade darüber ein Telegramm."

M.: „Ja. Ich bitte noch vorher, falls es zu etwas kommen sollte, um Geld."

B.: „Ja."

M.: „Ich brauche jetzt hier gerade genug, wissen Sie."

B.: „Werden es sofort veranlassen."

M.: „Gott mit Ihnen!"

* * *

Zwischen dem tschecho-slowakischen Staatspräsidenten *Benesch* und dem Gesandten *Masaryk* in London entwickelt sich am 19. 9. 38 (13.20 Uhr) nachstehende Unterhaltung:

M.: „Hier in der Presse sind Nachrichten über eine neue Partei bei uns verbreitet."

B.: „Eine deutsche?"

M.: „Ja."

B.: „Also es ist noch nicht bestimmt fertig, aber man spricht selbst davon."

M.: „Ja, und es wird verhandelt?"

B.: „Ja, es wird darüber verhandelt. Konzentrationsbestrebungen unter den Deutschen bestehen[,] und wir wollen einfach konstatieren, daß die Regierung auf der Parität (?), über die verhandelt wurde, weiter besteht und Möglichkeiten sucht, sich mit den Deutschen zu einigen."

M.: „Ja, eben. Hier sitzen die Onkels noch, und bisher haben sie keinem etwas gesagt. Nur der, mit dem sie gestern gesprochen haben, hat hier einen bedeutenden Eindruck gemacht, namentlich seine Auslegungen. Das habe ich heute von Chamberlain's *Sekretärin erfahren."*

B.: „Ja, das habe ich erwartet."

M.: „Und auch die Nachrichten von daheim… ich bin hier absolut intransigent."

B.: „Ja und die Pläne, das bedeutet dann auch Ungarn, das bedeutet Karpat<h>enrußland und das alles also das ist einfach vollkommen indiskutabel."

M.: „Ja, und sie... sprechen auch von der Abtrennung von Gebieten ohne Plebiszit und so, wissen Sie!"

B.: „Ja, Ja!"

M.: „Dafür können wir uns nichts kaufen."

B.: „Es versteht sich, daß diese Sache bis zum letzten, bis zum allerletzten Ziel (?) gelassen wird usw."

M.: „Ja, ja, allerdings."

B.: „Gering" (?)

M.: „Ich gehe überhaupt nicht hin. Sie haben mich nicht gerufen, also ich sch... auf sie... Herr Präsident."

B.: „Ja, und dann die Sachen, die müssen kurz gesagt..."

Benesch unterbricht sich und führt dann unter Hinweis auf die bald bei ihm (Masaryk) eintreffenden Berichte fort: „Ohne uns darf nichts geändert werden."

M.: „Ja, ja, das werde ich machen. Und geht es Ihnen sonst gut?"

B.: „Nun, das wissen Sie, viel Arbeit und Schwierigkeiten."

M.: „Morgen abend kommt Necas*?"*

B.: „Ja, der sagt Ihnen Details."

M.: „Ja, gut."

B.: „Und ihn sehr vorsichtig halten, wissen Sie, damit er sich nicht müde läuft."

M.: „Ja, er wird nur zu Attlee *gehen."*

B.: „Damit er nicht zu weit geht."

M.: „Ja, ja, er wird bei mir wohnen..."

B.: „Gerade wegen der Eventualitäten. Und noch das Eine: ich glaube, daß es kommende Woche mit den Slowaken noch zu einer definitiven Einigung kommt."

M.: „Ja, das wäre sehr gut."

B.: „Also das ist schon zu 90% sicher."

M.: „Dazu möge Ihnen Gott helfen, das ist gut. Da bin ich sehr froh."

B.: „Ich will es für die Mitte der kommenden Woche richten."

M.: „Ihr Neffe, der hier steht, macht einen großen Mund und läßt grüßen."

B.: „Danke."

* * *

Am Abend (19 Uhr) des 19.9. entwickelte sich zwischen dem tschecho-slowakischen Staatspräsidenten *Benesch* und dem Gesandten *Masaryk* in London nachstehende Unterhaltung:

B.: „Ich wollte fragen, was Leute wie Churchill...*"*

M.: (unterbrechend) „Die sind hier sehr wild."

B.: „Ja."

M.: „Halten es für eine schreckliche Sache."

B.: „Ja."

M.: „Ja."

B.: „Könnten Sie um Rat fragen?"

M.: „Nun, ich habe gefragt, man sagte mir, sie könnten nicht raten, und sie hofften, dass wir es uns nicht gefallen liessen."

B.: „Ja."

M.: „Auf jeden Fall berufen Sie doch das Parlament ein, nicht?"

B.: „Wir?"
M.: „Ja."
B.: „Nun, wir werden es wohl müssen."
M.: „Ich würde es unbedingt machen. Das ist das Mindeste."
B.: „Ja."
*M.: „*Chamberlain *sagte, schon wegen der Konstitution, wissen Sie?"*
B.: „Ja."
M.: „Wenn es noch 75% hiesse, aber 50%, das ist ja unmöglich."
B.: „Schrecklich."
M.: „Ja, vollkommene Ignoranz, haben keine Landkarte gesehen und nichts."
B.: „Ja, nun gut."
M.: „Wenn etwas sein sollte, lasse ich es Sie wissen. Ich werde noch einmal mit Ihnen sprechen."
B.: „Ja, ja, bitte."
M.: „Und wie stellt man sich bei uns dazu?"
B.: „Das versteht sich."
M.: „Ja oder nein?"
B.: „Selbstverständlich nein, das versteht sich."
M.: „Ja."
B.: „Aber Sie wissen ja, das Ende."
M.: „Ja."

* * *

Am 20.9. um 20.45 Uhr findet zwischen dem tschechischen Gesandten in London, *Masaryk*, und dem Staatspräsidenten *Benesch* in Prag folgende Unterhaltung, von der der Anfang fehlt, statt:
M.: „Was denken Sie?"
B.: „Nun also, ich suche gerade nach einer Formel, wonach es nicht ein ‚Nein' oder ein ‚Ja' ist, kurzum, in Ehrlichkeit verhandeln zu können."
M.: „Ja, der Alte packt schon wieder seinen Koffer und ist ganz wild."
B.: „Wer?"
M.: „Nun, der hiesige Alte will schon wieder fahren."
B.: „Aha."
M.: „Will heute fahren?"
B.: „Aha, also gut."

Im Anschluß daran unterhält sich Masaryk mit *Strnad* und erfährt, daß die Hälfte seines Vermögens sofort überwiesen werde, der Rest etwas später. Danach wird die Unterhaltung wie folgt fortgesetzt:

M.: „Für mich handelt es sich darum, schnellstens."
St.: „Verstehe."
M.: „Es wird wohl bald losgehen, und ich bin dann vollkommen ohne..."

* * *

Am Morgen des 21.9.38 gegen 8 Uhr unterhält sich ein Unbekannter in Prag mit einem Unbekannten in Paris und erklärt, er könne nicht im Namen der Regierung sprechen, sondern sozusagen als Privatperson, aber im Einverständnis ‚mit dem anderen'. Er teilt mit, dass die tschechische Regierung auf die nächtliche Demarche des britischen und französischen Gesandten den Londoner Plan angenommen habe. Das sei unvermeidlich gewesen, da beide Staaten für den gegenteiligen Fall mit völliger Preisgabe gedroht hätten, damit gebe es nur noch eine Hoffnung. Der Pariser müsse sich unverzüglich mit *Blum*, dem Führer der grössten Partei Frankreichs, in Verbindung setzen und mit allen Mitteln zu erreichen versuchen, *Herriot* zum Regierungschef zu machen. Weiter solle er sich gleichfalls an *Attlee* wenden, damit dieser in England entsprechend handele. Es sei größte Eile geboten, und es müsse unverzüglich gehandelt werden. Nur auf diesem Wege sei noch Rettung zu erwarten. Der Prager will auch von sich aus versuchen, mit Attlee in Verbindung zu treten.

* * *

Zwischen dem tschechischen Gesandten in Paris, *Osusky*, und dem Staatspräsidenten *Benesch* wird am 21.9.1938 um 10.32 Uhr folgende Unterhaltung geführt, deren Anfang nicht bekannt ist:

O.: „Haben Sie es schon absenden lassen?"
B.: „Habe es eben abgesandt."
O.: „Aha, und ich bitte, abzuwarten."
B.: „Wie?"
O.: „Warten Sie ab."
B.: „Ja, wie lange?"
O.: „Nun also, welche Frist hat man Ihnen gegeben?"
B.: „Nun, nachmittags will man es haben."
O.: „Nun gut, bis nachmittag, dann lassen Sie sich nicht jagen."
B.: „Ja."
O.: „Und erwägen Sie ruhig."
B.: „Ja, die Erwägung ist sehr einfach."
O.: „Ja."

B.: „Entweder losschlagen oder nicht losschlagen."

O.: „Ich habe mich schon gewundert, ich habe mit Masaryk *in London telefoniert[,] und der sagte mir, sie hätten es schon beendet."*

B.: „Nun, wir haben noch nicht darauf geantwortet, das ist nur der Cerny*…, wissen Sie?"*

O.: „Ja, ja, aha."

B.: „Die Antwort ist noch nicht gegeben, es ist nur der Wunsch."

O.: „Aha, ich glaubte, die Entscheidung sei schon gefallen, denn er... hatte mich gebeten, ich möchte es dem Churchill *mitteilen, der in Paris ist."*

B.: „Ja."

O.: „Ich habe ihm (Churchill) Mitteilung gemacht, dass es fertig sei und Sie es einfach annehmen. Ich sagte ihm noch, dass ich selbst aus Prag keine Nachrichten darüber habe. Er wusste von nichts, hat mir nichts gesagt."

B.: „Ja."

O.: „Ich sagte ihm (Churchill), Jan Masaryk lässt Ihnen sagen, es sei fertig, man nimmt es an. Ich selbst habe nichts darüber. Ich bitte Sie, Herr Präsident, einfach hinzusenden, dass…"

B.: „Ja, glauben Sie, dass sich die Situation ändert?"

O.: „Ich weiss nicht, Herr Präsident, aber wir werden ja sehen, was wir können."

B.: „Ja."

O.: „Ich wusste ja nicht, was die Kerle gestern nacht bei Ihnen wollten."

B.: „Ja, ja."

O.: „Es ist ein schweres Arbeiten so, Herr Präsident."

B.: „Nun, Sie wissen ja, was für eine Situation hier ist."

O.: „Herr Präsident, ich mache ja keine Vorwürfe, ich konstatiere nur."

B.: „Ja, das versteht sich."

O.: „Ich bin paralysiert, weil ich nicht weiss, was gemacht wird. Das ist das ganze."

B.: „Ja, ja, bitte Sie, die… würden nicht marschieren?"

O.: „Nun, ich habe Ihnen ja schon mitgeteilt, aber das ist nicht entscheidend."

B.: „Jawohl."

O.: „Entscheidend ist das, ob wir eine Einheit darstellen oder keine Einheit vorstellen[,] und daran liegt es, Herr Präsident."

B.: „Ja."

O.: „Man hat mir heute gesagt, das sei nicht entscheidend. Die Regierung ist heute da[,] und in zwei Tagen ist sie nicht da."

B.: „Ja."

O.: „Da liegt das Ganze. Bitte, lassen Sie sich nicht vergewaltigen."

B.: „Ja, und im Falle, dass ein Krieg ausbricht?"

O.: „Nun, Herr Präsident, das bedeutet, dass es im gleichen Augenblick hier eine Krise gibt."

B.: „Ja."

O.: „Im selben Augenblick."

B.: „Ja."

O.: „Denn, wenn man uns anfällt, ändert sich die Situation; das Volk weiss hier überhaupt nichts."

B.: „Ja."

O.: „Hier wird so ein Druck auf die Presse ausgeübt, damit diese nicht die Wahrheit sagt, was los ist. Gaukelt den Frieden vor, sagt aber nicht, um was es geht."

B.: „Ja."

O.: „Ich sage nochmals, lassen Sie sich ja nicht vergewaltigen."

B.: „Ja."

O.: „Telefonieren oder telegrafieren Sie mir mit Halifax, was die Kerle Ihnen sagen."

B.: „In einer Weile werden Sie es haben."

* * *

21. September 1938,
17.51 Uhr

Der tschechische Gesandte in London, *Masaryk,* führt mit einem Unbekannten in Prag eine Unterhaltung, deren Anfang nicht erfaßt wurde.

Masaryk sagt: „Richten Sie ihm folgendermaßen aus, was ich vom französischen Generalstab gemeldet habe, ist nicht wahr. Das ist eine ausgedachte Sache, die von irgendwelchen Rechtskreisen in Frankreich kombiniert worden ist und von den Lumpen hier unterstützt wird, um uns einzuschüchtern. Es ist also nicht wahr, und der Stab hat sich sehr dagegen aufgelehnt, und die ganze Sache ist ein Betrug."

Prag: „Betrug. Und die Frist, ist das wahr?"

Masaryk: „Mit der Frist lange zu warten, das ist wahr."

Prag: „Jesus Maria."

Masaryk: „Es macht einen guten Eindruck, daß wir nicht erschrocken sind, und es muß gehalten werden. Nicht hergeben, was möglich ist, und wenn schon, dann nicht bedingungslos. Nicht einschüchtern lassen. Ich bin dauernd mit den hiesigen Strömungen in Verbindung und sehe, daß es hier guten Eindruck macht, selbst wenn auch manche eine Wut haben."

* * *

22. September 1938

Zu Beginn einer Unterhaltung zwischen dem tschechischen Staatspräsidenten *Benesch* und dem Gesandten *Masaryk* in London fordert Masaryk zunächst den Sekretär des Präsidenten unter mehrfachem Hinweis auf die übergrosse Dringlichkeit und Beschleunigung des Auftrages auf, ihm jene Note vom 19.9.38, welche der tschechoslowakischen Regierung von *Newton* und de *Lacroix* überreicht worden sei, zu übersenden. Masaryk bemerkt dazu, man solle den französischen Text wörtlich übermitteln, da man in London nicht wisse, was die Engländer den Tschechen versprochen hätten. „Unsere Freunde" – so erklärt Masaryk – wollten den Inhalt des Textes wissen. Er habe aus Prag nichts erhalten – so versichert Masaryk – und die Engländer hätten ihm den Text mit Absicht nicht gegeben, und auch Frankreich wolle ihn heute noch nicht zustellen; er (Masaryk) brauche ihn jedoch dringend.

Dann wird die Unterhaltung zwischen Präsident Benesch und Masaryk wie folgt fortgeführt:

B.: „Hallo!"

M.: „Guten morgen."

B.: „Ja, Nezdar."

M.: „Ich bitte Sie nur um eine Sache. Ich habe eben gebeten, man möchte mir den Originaltext des Planes durchgeben."

B.: „Original? Da wurde Ihnen doch eine Depesche gesandt."

M.: „Nein, denn was man uns…"

B.: (unterbricht) „Aha!"

M.: „Den englisch-französischen Plan; man wird es telefonieren, ich habe es schon einrichten lassen. Herr Präsident, dann ist eine Sache sehr wichtig."

B.: „Ja."

M.: „Ordnung und Ruhe erhalten, während der Verhandlungen in Godesberg. Daran liegt nun alles. Hier wächst die Sache lawinenartig für uns."

B.: „Ja."

M.: „Aber wir dürfen dem Volk nicht gestatten, dass es grosse Demonstrationen macht, damit man nicht während des Chamberlain-*Besuches sagen kann: ‚Sehen Sie, man hat uns die Verhandlungen ja selbst gestört.' – Und dann wäre* Hitler *Gelegenheit gegeben. Das lässt Ihnen* Churchill, Eden *und der Erzbischof<f>... ausrichten."*

B.: „Ja, ja."

M.: „Und ich bitte Sie, es wäre sehr gut, wenn Vavrecka *oder* Hodza *die Ermahnungen durch Rundfunk verbreiten würden."*

B.: „Jawohl."

M.: „Nichts während der Verhandlungen unternehmen. Die Grem[i]en sind in unseren Händen. Man hat uns Garantien versprochen, aber es ist dringend nötig, dass wir diese Disziplin zeigen noch während der zwei bis drei Tage, so lange Chamberlain bei Hitler ist, sonst könnte die ganze Sache... Und dieses bitte mit allen möglichen Arten zu verbreiten."

B.: „Wird sofort geschehen."

M.: „Danke vielmals."

B.: „Ich bitte Sie nun andererseits, sich sofort an das Foreign Office zu wenden und darauf aufmerksam zu machen, dass sich an der Grenze abermals die militärischen Formationen anhäufen. Heute in der Nacht hat man Asch besetzt. Es besteht die Gefahr, dass es so weitergeht. Unser Militär steht an der Grenze. Wenn irgendein Grenzübertritt erfolgen sollte, ob begründet oder unbegründet, im selben Augenblick gibt es einen Zusammenstoss, und die Katastrophe ist im gleichen Augenblick da. Wir halten und erhalten und lassen keinen und nichts herein."

M.: „Ja."

B.: „Verstehen Sie. Demzufolge bitte ich Sie, darauf aufmerksam zu machen, dass auch von der anderen Seite absolut fest daran gehalten werden muss."

M.: „Das werde ich sofort tun, und in der Hauptsache: Ruhe während der Verhandlungen."

B.: „Also absolute Ruhe."

M.: „Danke vielmals."

B.: „Bitte."

* * *

22.9.1938 nachmittags

In einer Unterhaltung mit Legationsrat *Fragner* vom tschechischen Aussenministerium führt Legationssekretär *Lisicky* bei der tschechischen Gesandtschaft in London u.a. aus, man solle in Prag unbedingt während der Verhandlungen in Godesberg jegliche Demonstrationen unterlassen und Ruhe bewahren. Dies sei sehr wichtig. Die Verhandlungen würden nur 2–3 Tage dauern, und solange müsste unbedingte Ruhe herrschen. Der Rekord, den die Tschechen an Disziplin und Ruhe bisher aufgestellt hätten, dürfe auf keinen Fall im letzten Augenblick umgeworfen werden. Denn hier, in London, wachse die Begeisterung... ‚lawinenartig'. Die höchsten Personen, z.B. *Eden* und auch die ‚Times' hätten erklärt, dass der tschechische Rekord an Disziplin einzig dastehe.

Es sei möglich, so fährt Lisicky fort, dass heute nachmittag (22.9.) die englische Regierung zurücktreten werde. Fragner erwidert darauf, wenn man dies heute erklären würde, würde es in Prag niemand glauben. Darauf meint Lisicky, er habe aus Paris erfahren, dass drei Minister Proteste eingereicht hätten, und *Bonnet*, ‚das Schwein'[,] gehen müsse. Auf Fragner's Einwurf, dass nach Prager Erkundigungen das Pariser Publikum ‚froh und heiter' auf dem Korso spazierengehe, bemerkt Lisicky, dies sei auch 1914 der Fall gewesen. Man dürfe nicht vergessen, dass das Volk sich wie ein ‚Schwein im Stalle' benehme: ‚Auf einmal dreht es sich um[,] und schon ist alles da'.

Auch der tschechische Militärattaché *Kalla* in London bestätigt dem Kriegsministerium in Prag gegenüber, dass ein Regierungssturz am 22.9. möglich sei. Es fänden grosse Demonstrationen in London gegen die englische Regierung statt. Nach seiner (Kalla's) Ansicht müsse man eine Entscheidung bis Montag (26.9.) hinziehen. Das englische Volk sei für die CSR, die Regierung gegen sie.

* * *

23. September 1938

Um 11.05 Uhr findet folgende Unterhaltung zwischen de<n>[m] tschechischen Gesandten in London, *Masaryk*, und Staatspräsident *Benesch* statt:

M.: „Ich bitte Sie, hier ist eine sehr interessante Sache, mich hat hier der alte Lord angerufen, den haben sie genauso betrogen wie Sie."

B.: „Den, der bei uns war?"

M.: „Ja. Den hat man auf die schändlichste Art verkauft."

B.: „Ich hatte es im Gefühl."

M.: „Er war gestern abend noch der Überzeugung, wir hätten nur bis 75% abzutreten. Als ich ihm von den 50% erzählte, brach er zusammen und weinte, wissen Sie?"

B.: „Ja, ja."

M.: „Ich habe schon von ihm das Dokument. Es ist ein erstklassiges Dokument, Herr Präsident. – Ist auf uns böse, spricht von Abtretung des Gebietes, aber absolut ordentlich, ehrlich. Er läßt Sie bitten, es nicht zu veröffentlichen, er wird es selbst loslassen und gibt Ihnen rechtzeitig Nachricht."

B.: „Ja."

M.: „Ich sende es Ihnen heute mit Flugpost. Ist sehr interessant. Hier ist nun tatsächlich enorme Begeisterung für unsere Sache, und es ist gut, daß Sie es so eingerichtet haben und Ordnung gehalten wird. Das ist sehr wichtig. Aber man erwartet, daß bei uns eingefallen wird, so etwa Sonntag/Montag. Aber man macht großen Druck in Warschau, und es wäre nicht schlecht, wenn sie auch noch etwas darauf hinweisen würden.

B.: „Ja."

M.: „Wir machen hier, was wir können, und ich denke, daß es sich hier bald definitiv regen wird, wenn man uns anfällt."

B.: „Ja, ich bitte Sie, ich sende Ihnen jetzt zwei dringende Depeschen und bitte Sie, was sie nach der Situation für richtig halten, sofort beim Außenministerium dort vorzunehmen. Unermeßlich wichtig!"

M.: „Sagen Sie doch bitte, man möchte uns die Depeschen telefonieren."

B.: „Wird sofort geschehen."

* * *

24. September 1938

Um 11.24 Uhr vormittags findet folgende Unterhaltung zwischen dem tschechischen Staatspräsidenten *Benesch* und dem Gesandten Jan *Masaryk* in London statt:

M.: „Ich bitte Sie, Herr Präsident, als erstes, daß man mir sofort den Text des Telegrammes chiffriert, mit dem man uns geraten hat, wir sollten mobilisieren."

B.: „Jawohl. Wird gemacht."

M.: „Zweitens, wie lautet der Plan?"

B.: „Den wir jetzt erhalten sollen?"

M.: „Jawohl."

B.: „Den haben wir noch nicht erhalten."

M.: „Also, Sie haben noch nichts?"

B.: „Nein."

M.: „Hier sagt man, man hätte es nachts abgegeben."

*B.: „So gegen 10 Uhr (22 Uhr) sagte der hiesige Gesandte (*Newton*) zu* Smutny…, *er könne ihm nur einen Auszug geben, wie es dort… ausgesehen habe, der Rest würde uns zugesandt."*

M.: „Hier sind nun zwei Versionen: einmal daß es eine Proforma-Abtretung sei, zum anderen, daß wir uns zurückziehen und die Deutschen einmarschieren würden. Da müssen wir aufpassen, denn das ist ja nicht annehmbar."

B.: „Ausgeschlossen."

M.: *„Ich habe hier gesagt, wir sind soweit gegangen, wie wir überhaupt gehen konnten und sind weiter bereit, alles für den Frieden zu tun. Aber wir könnten uns absolut nicht von unseren Positionen zurückziehen."*

B.: *„Es ist ganz ausgeschlossen, daß wir aus unseren Positionen weichen."*

M.: *„Das Militär bleibt da, wo es steht, um jeden Preis – geschehe was da wolle."*

B.: *„Jawohl, so ist es."*

M.: *„Und der* S<y>[i]rovy *sitzt doch absolut fest?"*

B.: *„Ja, sehr fest, es ist alles in Ordnung."*

M.: *„Es wird hier von allen erwartet, daß er sich hält. So muß es auch bleiben, und sobald man auf uns zukommt, wird geschossen."*

B.: *„Jawohl."*

M.: *„Es wäre gut, wenn hin und wieder einige Meldungen im Rundfunk gebracht würden, und wenn es nicht möglich sein sollte, versuchen Sie, es mir zu telefonieren, und geht das auch nicht, dann müssen Sie es mir sofort chiffrieren."*

B.: *„Jawohl."*

M.: *„Denn die Lumpen lassen es mir hier erst 24 Stunden liegen, und wir verlieren damit viel Zeit."*

B.: *„Jawohl."*

M.: *„Hier sieht es jetzt sehr gut aus. Die Presse ist ausgezeichnet. Ich habe um 4 Uhr nach Amerika über sämtliche Sender gesprochen und habe ihnen alles offen gesagt."*

B.: *„Das ist sehr gut."*

M.: *„Ich habe auch gesagt, daß wir auf Wunsch Englands und Frankreichs mobilisiert haben, verstehen Sie?"*

B.: *„Gut so. Die Sache wurde mir gestern abend um 1/2 6 Uhr übergeben, worin gesagt wird, daß beide Regierungen einig gehen, und man uns nicht mehr davor warnen könnte, zu mobilisieren."*

M.: *„Und man hoffe, daß es in Ruhe durchgeführt wird, damit man den ‚alten Herrn' in Godesberg nicht stört."*

B.: *„Ja, ja."*

M.: *„Es scheint so, daß ihn der Deutsche dermaßen fertig gemacht hat, daß er heute früh kaum noch lallen konnte, so daß ich glaube, daß die Sache für uns nicht so schlimm sein wird."*

B.: *„Ja, ja."*

M.: *„Die Leute fürchten hier nur, wir würden wieder nachgeben."*

B.: *„Nein, davor fürchte ich mich nicht. Es ist aber selbstverständlich, daß eine große Reaktion kommt. Aber da werde ich sehen, wie die sich entwickelt, verstehen Sie mich?"*

M.: *„Was für eine Reaktion?"*

B.: „Die gegen den alten Plan."

M.: „Nun, allerdings, es geht ja nicht anders. Die Situation ist ja jetzt auch anders. Wir haben seinerzeit den Plan angenommen und jetzt... Ich weiß nicht, wielange wir noch werden telefonieren können, denn man wird uns ja bald das Telefon abschneiden. Dann müssen wir eben eine Kurzwelle einrichten, um dauernd in Verbindung zu bleiben."

B.: „Gut, gut."

M.: „Ich glaube, da<s>[ß] heute hier alle politischen Richtungen für uns sind, sogar die ‚Times' sieht, daß wir Herr der Situation sind. Die ganzen Kunststücke haben aufgehört."

B.: „Hier ist absolute Ruhe. Die Mobilisation geht einwandfrei vonstatten. Alles kommt den Gestellungsbefehlen strikte nach, sogar die Deutschen. Die Regierung ist unbedingt Herr der Lage."

M.: „Gut. – Und wenn etwas kommen sollte, dann werde ich sofort dahinter her sein. Und wir werden uns dann noch verständigen, ob ich nach Amerika gehe oder nicht. Ich hoffe, daß es hier ziemlich schnell gehen wird. In Frankreich ist es bereits am Wackeln. Ich bitte Sie, was ist dann mit Rumänien und Jugoslawien?"

B.: „Vorläufig fest, so sagten mir gestern die hiesigen Gesandten."

M.: „Auf Polen habe ich hier auch einen schweren Druck ausgeübt[,] und Rußland, glaube ich, regt sich schon."

B.: „Ja, das ist fest."

M.: „Mehr konnten wir ja nicht machen."

B.: „Nun, ja, es sieht gut aus."

M.: „Herr Präsident, hier bewundert man unser Volk sehr, ohne Unterschied von Klasse und Partei."

B.: „Ja, ja."

M.: „Man bewundert die Disziplin, die Schönheit und Anständigkeit unseres Volkes."

B.: „Das ist sehr gut. Das ist wahr."

M.: „Da<s>[ß] ich Sie gern habe, wissen Sie. Geben sie Ännchen einen Kuß und passen Sie auf sich auf."

B.: „Ja, ja, Sie können sich gar nicht vorstellen, was ich durchgemacht habe."

M.: „Ja, das muß schlimm gewesen sein, aber Sie haben doch noch guten Schlaf?"

B.: „Ja."

M.: „Die Hauptsache ist guter Schlaf und den Stuhlgang in Ordnung halten."

* * *

Zwischen dem Staatspräsidenten *Benesch* und dem tschechischen Gesandten in London *Masaryk* kommt am 25.9.38 um 8.37 Uhr folgende Unterhaltung zustande:

M.: „Herr Präsident, ich komme nach dem Mittagessen mit den wichtigsten Personen zusammen und glaube, es wäre gut, dass ich in Ihrem Namen heute nachmittag den Franzosen und Engländern zusammen etwas sage."

B.: „Jawohl, ich bin gerade dabei, Ihnen eine Depesche zu senden."

M.: „Nun sehen Sie, Herr Präsident, die Sache ist, gleich von welcher Seite gesehen, sehr grotesk. Sie haben doch wohl schon mein Telegramm erhalten, mit welchem ich Ihnen mitteilte, dass ich mit Halifax *gesprochen habe?"*

B.: „Ja, ja."

M.: „Es ist nun alles so: Hier wird noch einmal ein Versuch gemacht werden, verstehen Sie? Von der Konservativen Partei aus, und den müssen wir gleich zu Anfang zerschlagen!"

Benesch stimmt dem zu.

M.: „Damit ich nun Ihre Ermächtigung habe, rief ich an. Wenn Daladier *hier ankommt, so sage ich, dass ich von Ihnen für ihn (Daladier) und die Engländer eine Mitteilung habe. In dieser Mitteilung sage ich:*

‚Der Herr Präsident lässt mitteilen, dass wir mehr als den guten Willen gezeigt haben, dass wir jenen Plan angenommen hatten und auf Grund der Demarche den Krieg verhindert haben, ebenso den Zerfall der Entente Cordiale. Dies alles wurde getan. Noch vorgestern wurde an das tschechische Volk appelliert, um Herrn Chamberlain *zu halten, und am Schluss bringt er nun dafür dieses Dokument.'"*

Benesch stimmt zu.

M. fährt fort: „Ich bedaure sehr[,] sagen zu müssen, dass dieses Dokument nicht angenommen werden kann."

B.: „Nun, ich bin damit einverstanden und telegrafiere Ihnen noch, und darin finden Sie noch einige Einzelheiten."

M.: „Ja, Sie haben ja die Karte schon gesehen."

Benesch bejaht.

M.: „Das ist ja dasselbe, was sie wollten!"

B.: „Nein, es ist bedeutend mehr. Es handelt sich um die sofortige Übergabe des ganzen Staates in die Hände Hitler's.*"*

M.: „Ja, als zweites bitte ich mich zu ermächtigen, dass ich alle Zeitungsredakteure heute nachmittag zu mir bestelle, um ihnen zu sagen: ‚Das haben wir erhalten, und hier habt ihr es!' Ich habe vor mir die ganzen englischen Blätter liegen, und alle sagen, absolut unmöglich usw."

B.: „Nicht nur das, aber zeigen Sie auf der Karte, wie der Staat vernichtet werden soll!"

M.: „Bisher hat man mir die Karte nicht gegeben, es ist eine grosse Lumperei, und als ich mit Halifax sprach, hatte er selbst die Karte auch noch nicht. Er hatte nur das, was ‚der' ihm dort gesagt hatte."

B.: „Ausdrücklich wird ein Plebiszit verlangt und soll unter ihrer Besetzung sein. Von Pilsen geht es etwa 40 km rund herum. Ostrau ist vollkommen eingekreist."

M.: „Das würde ihnen gehören?"

B.: „Ja. Opacko ist ganz darin, ganz eingekreist bis nach Ostrau."

M.: „Also Witkowitz soll ihnen gehören?"

B.: „Das ist noch nicht ganz ersichtlich."

M.: „Ostrau ganz?"

B.: „Es ist dann fast abgeschnitten. Witkowitz und Mährisch-Ostrau wären dann mit dem restlichen Teil Mährens nur durch einen ganz kleinen Hals verbunden."

M.: „Also kurz und gut! Ich möchte darum bitten, dass Sie heute nachmittag die Journalisten anrufen und ihnen das sagen."

B.: „Ja, das ist schon möglich. Man wird ihnen auseinandersetzen müssen, wie dies ausfallen würde, dass also der ganze Staat, die ganze Nation vernichtet würde. Nach ihren Vorschlägen ist das so, dass wir eine vollständige Volksabstimmung machen müssten (sollten?), und unmittelbar bei uns, so dass er... nach ihrer Besetzung das alles haben würde, so also, dass für die Verbindung zwischen der Tschechei, Mähren und der Slowakei nur ein Hals von 60 km Breite bleiben würde.

M.: „Also ich kann sagen, es ist einfach unmöglich, dass wir es annehmen."

B.: „Praktisch ist es einfach undurchführbar."

M.: „Das kann ich nicht sagen. Ich muss sagen, dass es uns einfach unmöglich ist, es anzunehmen."

B.: „Das können Sie sagen, Sie haben vollkommen die Genehmigung dazu."

M.: „Ich werde mit dem Aussenminister zusammen kommen und ihm das irgendwie sagen. Ich möchte Sie in diesem historischen Augenblick bitten, dass Sie mir Ihre Erlaubnis geben, Ihre und die S<y>[i]rovys usw."

B.: „Ja."

M.: „Deutschland macht scharfe Angriffe auf S<y>[i]rovy usw. Er sei Bolschewist usw. Er hat doch von England die höchsten Auszeichnungen für Bekämpfung des Bolschewismus."

B.: „Ja, das ist nötig mitzuerwähnen."

M.: „Ich werde es mir in aller Ruhe vorbereiten und dann versuchen, dass ich von der ganzen Delegation empfangen werde."

B.: „Die Hauptsache ist, dass man nun von uns nicht eine Evakuierung von Gebieten verlangt, dass die Armee zurückgehen soll. Wir können nicht *von dem abweichen, was wir maximal bewilligt haben. Da ist die Kommission, die Garantien usw."*

M.: „Nach dem englisch-französischen Plan."

B.: „Ruhig sachlich!"

M.: „Sachlich werde ich ihnen sagen, dass wir alles getan haben, wie wir das angenommen haben und jenes, das ist selbstverständlich, das kommt von selbst. So werde ich das machen! Wir können nicht annehmen."

B.: „Einverstanden!"

Um 11.35 Uhr setzt sich *Benesch* erneut mit *Masaryk* in Verbindung und sagt:

B.: „Uns wurde mitgeteilt, dass wir die Antwort durch England schicken sollen. – Zweitens, dass sie mit uns diskutieren wollen, am besten am Montag. Es würde in England sein, und wir sollten einen Repräsentanten schikken."

M.: „Wer will mit uns diskutieren?"

B.: „Chamberlain."

M.: „Und gestern haben Sie gehört, dass sie in Genf zusammentreten wollen."

B.: „Das sagte mir Halifax."

M.: „Ich denke, dass es nötig ist, diese Veröffentlichung zu machen, dass wir nicht annehmen."

B.: „Das ist selbstverständlich! Und in dieser Sache des Repräsentanten… wir haben hier den Pariser."

M.: (nach langer Pause): „Äh, äh!"

B.: „Damit Sie in Verbindung bleiben. Wie denken Sie?"

M.: „Nun, ich bin bereit! Gut, Frankreich und England."

Nach beiderseitiger Wiederholung, dass die deutschen Bedingungen absolut unannehmbar sind, fährt der Gesandte fort:

M.: „Ich werde das alles sagen, ich habe offiziell gefordert, dass ich von beiden Delegationen empfangen werde, und sie sagten mir das auch schon zu."

B.: „Und die ganzen Folgen aufzeigen!"

M.: „Ich werde auf alle Details eingehen wie Witkowitz, Brünn, Pilsen!"

* * *

25. September 1938

Um 19.05 Uhr wird zwischen dem tschechischen Gesandten *Masaryk* und *Benesch* folgende Unterhaltung geführt:

M.: „Ich habe es übergeben, wie ich Ihnen gesagt habe."

B.: „Ja."

M.: „Ich wurde dann gerufen und hatte eine Unterredung von einer Stunde. Die Ignoranz ist von einem derartigen Charakter, daß Sie es kaum glauben werden. Sie bekommen darüber eine Chiffre."

B.: „Ja."

M.: „Ob wir damit einverstanden sind, wenn es gelingen würde, in letzter Minute eine Konferenz zustande zu bringen, an der wir alle beteiligt wären?"

B.: „Ja."

M.: „Ich antwortete selbstverständlich mit ja, wenn von vornherein durch die Grossmächte garantiert wird, daß inzwischen nichts geschieht. Sind Sie einverstanden?"

B.: „Was für eine Konferenz? Um es in Ordnung zu bringen?"

M.: „Jawohl. Ein anderes System als der letzte skandalöse Vorschlag."

B.: „Welcher? Der von ihm?"

M.: „Er wird einen verzweifelten Versuch machen, damit er davon abgehe, verstehen Sie?"

B.: „Ja."

M.: „Sind Sie einverstanden?"

B.: „Nun, das ist eine sehr schwere Sache, darauf zu antworten. Weil man uns nötigen wird, es einzuhalten, und bei der Konferenz zwingt man uns noch zu neuen Sachen."

M.: „Das heisst, es würde bedeuten, daß der Plan zuerst einmal fallen würde."

B.: „Und auch die ursprünglichen Propositionen?"

M.: „Jawohl, das würde bedeuten, daß es eine neue Grundlage würde."

B.: „Nun ja, dann ja."

M.: „Er hat es gar nicht begriffen, daß wenn wir jetzt einen neuen Plan bekommen haben, daß der alte nicht mehr existiert. Wissen Sie? Er hat es nicht begriffen."

B.: „Ja."

M.: „Die Garantien, die in dem sind, existieren nicht in dem neuen, daher fällt es weg."

B.: „Ja. Wenn alles auf neuer Basis, dass auch auf die ursprünglichen französisch-englischen Vorschläge nicht bestanden wird und wenn uns die Garantie gegeben wird, daß man uns Ruhe gibt solange, dann ja."

M.: „Ja, ich werde so antworten, um Sie nicht zu engagieren. Die Franzosen haben Instruktion, daß das, was über den ursprünglichen französisch-englischen Vorschlag hinausgeht, nicht annehmbar ist."

B.: „Gut, es müsste eine neue Basis gefunden werden."

M.: „Neue Basis, jawohl. Danke."

* * *

26. September 1938

Zwischen dem tschechischen Gesandten in London, Jan *Masaryk*, und Dr. *Jina* vom Prager Aussenministerium wurde heute um 9.57 Uhr folgende Unterhaltung geführt:

J.: „Mit den hiesigen Gesandten wurde das so gemacht, wie Sie das verlangt haben. Weiterhin ordnet ‚unser Herr' an, dass es gut ist, wenn ich das mache. Das ist alles."

M.: „Ich möchte nur das sagen: das, was ich gestern mit Smutny vereinbart habe, das lässt sich alles chiffrieren. Von den Sachen, die so eilig sind, eine grosse Zusammenstellung zu machen, wäre vollkommen überflüssig. Ich habe schon eine solche Zusammenstellung den Journalisten gegeben, und wenn Sie vielleicht anrufen würden... Ich möchte jetzt einige Punkte abschikken, chiffrieren, die mir als die ärgsten erscheinen, und ich vergleiche das mit dem, was wir bearbeitet haben. Aber wie machen wir das? Ich möchte offiziell sagen, dass es so viele sind, die unannehmbar sind, dass das ein Buch werden würde, für das im Augenblick gar keine Zeit vorhanden ist. Verstehen Sie mich?"

J.: „Ich verstehe sehr schlecht."

M.: „Also hören Sie zu: Sie haben doch das mit diesen Gesandten gemacht. Ich sage also, man müsste so sagen, dass sich die Regierung entschlossen hat, nicht dieses große Buch zu machen."

J.: „Was nicht zu machen?"

M.: „Das grosse Memorandum."

J.: „Gut, das muss man also sagen."

M.: „Man muss sagen, dass die Punkte so evident und unannehmbar..."

J.: „Moment, ich schreibe."

M.: „Ich habe das der Regierung abgegeben, was Sie dort haben."

J.: „Also, man muss sagen, dass sich die Regierung entschlossen hat, das Memorandum..."

M.: (unterbricht) „Sich entschlossen hat, momentan ein grosses Memorandum, das eilig abgeschickt werden müsste, nicht auszuarbeiten. Unser Entschluss, der das ablehnt, zeigt schon selbst, worum es sich handelt. Dass es notwendig sein wird, zu irgendeinem friedlichen Ausgleich und internationalen Verhandlungen zu kommen. Wir bereiten das Material vor. Dass bezüglich unserer Antwort, die wir erteilt haben, irgendwelche weitere Erläuterungen an dieser Antwort nichts ändern würden. Das ist hundertprozentig negativ. Deshalb hat sich die Regierung entschlossen..."

J.: (unterbricht) „Ich verstehe."

M.: „Nun, eine zweite Sache: hier ist es sehr gut. Alle Zeitungen stellen sich hundertprozentig hinter uns. Es gibt nicht eine einzige Zeitung, die für die andere Seite Partei ergreift. Der französische Kriegschef ist soeben nach London gekommen. Wissen Sie das schon?"

J.: „Nein."

*M.: „*Gamelin. *Mein Standpunkt, den Sie bekommen haben, hat absolut gesiegt. Sie können dem Herrn (Benesch) sagen, dass dies gerade im Kabinett einen ungeheuren Eindruck hervorgerufen hat, und dass mir vom Kabinett gesagt wurde, dass dies ein derart klassisches Dokument sei, dass weder gegen seinen Stil noch seinen Ton das geringste gesagt werden kann. Noch ein sehr wichtiger Punkt: es wurde gesagt, dass sie gegen die Mobilisierung keine Einwendung machen."*

J.: „Bei uns in Prag?"

M.: „Es wurde von beiden gesagt, von den Franzosen und den Engländern. Es wurde gesagt, dass sie uns schon nicht mehr raten können, nicht zu mobilisieren. Dazu haben sie hinzugefügt, dass sie hoffen, dass diese Mobilisierung nach Möglichkeit rein defensiv bleibe, damit sie der anderen Seite keine Gelegenheit bietet."

M.: „Es ist absolut und definitiv erwiesen, dass sie überzeugt waren, dass wir mobilisieren werden. Irgendwelche Versuche, die vorgekommen sind, dass sie uns eigentlich nicht dazu geraten haben, sind dadurch überholt, dass sie uns gesagt haben, dass wir das nur defensiv tun möchten. Das wäre sonst alles. Jetzt geht es noch darum, dass ich einige Punkte über die Unannehmbarkeit bekomme, damit diese Geschichte mit dem Flugzeug definitiv liquidiert wird. Offiziell habe ich das schon liquidiert."

J.: „Ist schon liquidiert?"

Masaryk erklärt noch, dass er irgendwelche roten oder blauen Bücher... die ‚Orbis' herausgi<e>bt, der Regierung nicht übergeben wird.

J.: „Das ist selbstverständlich. Noch eines: um wieviel Uhr haben <s>[S] ie die Note übergeben?"

M.: „Gestern um 5.30 Uhr abends. Und gleichzeitig habe ich das der französischen Gesandtschaft übergeben."

J.: „Wussten Sie nicht, dass dort die Franzosen sein werden?"

M.: „Das habe ich schon gewusst, aber nachdem ich um... (unverständlich) erfahren habe, dass sie kommen, habe ich das unverändert gelassen <,> und der Regierung gesagt, dass ich auf Befehl von Prag von meinem Wunsch Abstand nehme, dass ich diese Erklärung den beiden Delegationen auf einmal machen könnte, dass ich das deshalb der Regierung gebe, damit sie es in Händen hat, bevor die Franzosen kommen, und dass ich es *den Franzosen gebe, damit sie unsere Stellungnahme haben, bevor sie mit den englischen Staatsmännern zusammenkommen. Inzwischen werde ich aber nichts veröffentlichen. Ich lasse nicht los. Natürlich, wenn irgendeine Sache geschehen sollte, wenn eine Avergenz erfolgt, dass der Präsident es für gut hält, dann werde ich es sofort veröffentlichen. Inzwischen lasse ich nicht los."*

J.: „Unsere Presse veröffentlicht das Hitler-*Memorandum mit der Karte."*

M.: „Das ist richtig. Das haben sie jetzt schon in der ganzen Welt."

J.: „Das ist ausgezeichnet, Sie haben uns sehr erfreut."

M.: „Ich habe den Eindruck, dass ich gestern eine historische Tat vollbracht habe."

J.: „Ich gratuliere."

* * *

26. September 1938

Zwischen dem Staatspräsidenten *Benesch* in Prag und dem tschechischen Gesandten *Masaryk* in London entwickelt sich folgende Unterhaltung:

*B.: „Sie haben doch Nachricht, daß die (*Daladier *und* Bonnet*) nicht kommen."*

M.: „Jawohl, und ich habe demzufolge der hiesigen Regierung eine Note abgegeben, in der ich sozusagen darlege, warum es nicht annehmbar ist. Die Note wird vorläufig nicht veröffentlicht."

B.: „Jawohl."

M.: „Gleichzeitig habe ich Corbin... *Mitteilung gemacht und hatte mit* Osusky, *Paris, ... gesprochen, er solle es ins französische übersetzen und der französischen Regierung dann übergeben. Er ist vollkommen einverstanden."*

B.: „Gut."

M.: „Mit der Auslegung, warum es nicht annehmbar ist; um 17.30 Uhr spreche ich schon mit Chamberlain *und* Halifax *über diese Note."*

B.: „Aha."

M.: „Sie sind einverstanden?"

B.: „Einverstanden."

M.: „Und Sie werden sehen, daß grosse Sachen geschehen werden."

B.: „Gut."

M.: „Gott mit Ihnen."

B.: „Gut. Hallo!"

M.: „Bitte?"

B.: „Es muss so gemacht werden, daß – eh, Sie werden mich schon verstehen."

M.: „Ich sage, wir haben es, das Vorhergegangene unter schwerem Druck angenommen – können aber jetzt ? nichts mehr annehmen, ersuchen nun, da ‚Ihr' uns da hineingerissen habt, daß Ihr uns nicht verlasst."

B.: „Ja."

M.: „So ist es abgegeben, anders geht es nun nicht mehr."

* * *

26. September 1938

12.53 Uhr: Der tschechische Gesandte in London, *Masaryk,* unterrichtet Staatspräsident *Benesch* von einem Kommuniqué, das die britische Regierung im Begriff sei zu veröffentlichen, das aber vorläufig in der C.S.R. noch nicht losgelassen werden solle. Das Kommuniqué laute:

> „Der Vorsitzende der Regierung hatte bis zum Nachmittag weitere Beratungen mit den französischen Ministern. Der Vorsitzende der Regierung hat sich in vollkommenem Einverständnis mit dem französischen Minister entschlossen, eine persönliche Mitteilung dem deutschen Reichskanzler zugehen zu lassen, und zu diesem Zweck ist heute vormittag Sir Horace *Wilson* nach Berlin abgefahren."

Der Vorsitzende der Regierung bitte ihn (Masaryk) mitzuteilen, daß die nach Berlin übermittelte Botschaft in keinem Falle den Beschluß der tschechoslowakischen Regierung präjudiziere. Man mache einfach diesen Vorschlag, da die Verhandlungen zwischen der deutschen und der tschechischen Regierung geeignet seien, eine kriegerische Aktion zu vermeiden. Sowohl das Kommuniqué wie auch diese letztere zusätzliche Mitteilung seien vertraulich, aber er (Masaryk) wolle doch Benesch unterrichten. Masaryk erklärt dann:

> „Ich werde mitteilen, daß ich Ihnen das übergeben habe und gleichzeitig werde ich sagen, daß Sie das zur Kenntnis nehmen, daß Sie aber sofort gesagt haben, daß eine bilaterale Verhandlung – daß Sie sich so etwas überhaupt nicht vorstellen können."

B.: „Erstens das, und dann, wenn man das nach so langer Zeit nunmehr auf eine bilaterale Linie verschiebt, daß das zu keinem Schluß kommen könne."

M.: „Das verstehe ich, ich will auch nur sagen, Sie hätten das zur Kenntnis genommen, daß Sie auch im letzten Augenblick alle möglichen Versuche machten, daß Sie aber alle Reserven bezüglich der Möglichkeit einer bilateralen diplomatischen Verhandlung mit Berlin machten. Sind Sie einverstanden?"

B. (zögert sehr lange): „Und was will man eigentlich damit sagen? – Bedeutet das, daß jene sämtlichen Pläne fallen?"

M.: „Davon sagten sie nichts. Ich glaube, es wird sehr notwendig sein, daß die Regierung hierzu Stellung nimmt, daß wir selbstverständlich bereit sind zu verhandeln, aber ohne Garantien ganz ausgeschlossen, und was die bilateralen Verhandlungen betrifft..."

B. (unterbricht): „Ist das vertraulich?"

M.: „Ja."

B.: „Und darüber wird kein Kommuniqué ausgegeben?"

M.: „Nein."

B.: „Dann möchte ich Sie bitten, daß Sie sofort bei dem einen wie bei dem anderen, also bei den Franzosen und bei den Engländern, feststellen, was das sein soll."

M.: „Ich habe bereits mit allen gesprochen, sie wissen es nicht. Ich habe mit den Franzosen gesprochen, und die Mitteilung, die sie gemacht haben, haben sie niemandem gegeben und geben sie auch niemandem. Ich werde also sagen, daß Sie bezüglich der Möglichkeit einer bilateralen Verhandlung sämtliche Vorbehalte machten, und daß Sie dankbar wären, wenn Sie die Mitteilung sehen würde, die gemacht wurde..., nicht?"

B. (zögert sehr lange): „Ich würde so antworten: Wir möchten wissen, welchen Sinn und Zweck das hat, diese bilaterale Angelegenheit, nach so wochenlangen kollektiven Verhandlungen. Das muß ich zuerst wissen, ehe ich eine Antwort gebe."

M.: „Also, kurz und gut, nach mehreren Wochen kollektiver Verhandlungen sehen Sie überhaupt keine Möglichkeit, noch einen Sinn..."

B. (unterbricht): „Nein."

M. (vollendet)[:] „...dieses jetzt auf bilateraler Grundlage zu tun."

B.: „Nein, ich möchte, daß Sie sagen: Ich möchte wissen, was sie sich dabei denken, und dann würde ich die Antwort darauf geben."

M.: „Das ist hier so, Herr Präsident, das ändert sich hier von einem Mal zum anderen, und wir können keine großen Spekulationen anstellen. Ich möchte deshalb um eindeutige Mitteilung bitten, was ich sagen soll."

B.: „Sagen Sie ihnen folgendes: Da<s>[ß] nach mehrwöchigen kollektiven Verhandlungen ich es nicht gut verstehe, warum man dies jetzt auf diese andere Linie bringt, und daß ich das wissen möchte."

Ein erregender Dokumentenfund

Das hier abgedruckte Dokument ist – von einigen einzelnen Seiten abgesehen – der einzige Original-FA-Bericht, der uns erhalten geblieben ist, denn 1945 vernichtete das Forschungsamt seine Akten, um sie nicht den Siegern in die Hände fallen zu lassen. Dieser FA-Sammelbericht stammt aus dem Archiv des Auswärtigen Amtes. Zusammen mit anderen von den Westalliierten erbeuteten Dokumenten wurde er von einer englisch-französisch-amerikanischen Historikerkommission, deren Aufgabe es war, keine Kontroverse über die Ursachen des Zweiten Weltkrieges möglich werden zu lassen, gesichtet und ausgewertet. Während der Berliner Blockade 1948/49 wurden alle diese Dokumente nach Großbritannien ausgelagert; zehn Jahre später wurden sie der Bundesrepublik Deutschland übergeben.

Die besondere Bedeutung dieses Dokuments liegt aber nicht nur darin, daß es eines der wenigen übriggebliebenen Originale ist: Es vermittelt einen wertvollen Einblick in die britische Politik gegenüber Deutschland im letzten Jahr vor dem Krieg bis zur britischen Kriegserklärung an Deutschland am 3. September 1939 um 11.00 Uhr. Die Objektivität der FA-Arbeit wird hier sehr deutlich – es fehlt jegliche Stellungnahme, und dem IV. Kapitel ist ein zusätzlicher Hinweis vorangestellt, daß jede Ergänzung durch bis dahin erschienene Weiß- (deutsche) und Blau-Bücher (britische amtliche Veröffentlichungen zur auswärtigen Politik) unterblieben sei. So stützt sich dieser Bericht ausschließlich auf zwei Arten von Quellen: jedermann zugängliche Presseberichte und abgefangene diplomatische Telegramme und abgehörte Telefongespräche, die nur dem Forschungsamt zur Verfügung standen.

Das Dokument ist auf dem für diese Berichte charakteristischen braunen Papier verfaßt. Auf der ersten Seite trägt es handschriftlich den Namen des Unterstaatssekretärs im Auswärtigen Amt Ernst von Woermann sowie sein Namenszeichen „W“ als Zeichen, daß er es gelesen hat. Es befand sich in den Akten seines Büros, ist aber offensichtlich weder von der normalen noch gar von der geheimen Registrierung des Außenministeriums erfaßt worden, da es weder eine Aktennummer noch einen Eingangsstempel, Verteilerschlüssel oder sonstige Vermerke aufweist. Das einzige offizielle Merkmal ist die Bezeichnung „U[nter] St[aatssekretär] Auswärtiges – Amt“. Vermutlich ist es vom Forschungsamt mit der maschinegeschriebenen Adresse versehen worden.

Jede Seite trägt die vom Forschungsamt für dieses Dokument vergebene Nummer „N 140.098" und eine aufgedruckte Blattnumerierung von 323.510 (auf Seite 1) bis 323.591 (auf Seite 82). Ferner befindet sich auf jeder Seite eine längere Warnung, die auf die Geheimhaltungspflicht hinweist. Äußere Merkmale lassen darauf schließen, daß der FA-Bericht im November 1939 verfaßt wurde, mit Sicherheit aber vor dem 11. Februar 1940, da ein FA-Bericht mit der Nummer N 150.721 auf diesen Tag datiert ist.

Die Fußnoten, die im Original je Seite mit 1 beginnend durchnumeriert sind, wurden hier zusammen mit den N-Nummern, die im Original links neben dem Text stehen, im Anmerkungsapparat untergebracht. Die Seitenzahlen beziehen sich auf den Original-FA-Bericht und nicht auf die Paginierung dieses Buches.

Quelle: Politisches Archiv des Auswärtigen Amtes, Bonn.

Geheime Reichssache!

1. Dies ist ein Staatsgeheimnis im Sinne des RStGB. (Abschnitt Landesverrat) in der Fassung des Gesetzes vom 24.4.1934.

2. Nur für die vom FA verpflichteten und zum Empfang berechtigten Personen bestimmt und diesen gegen Empfangsbescheinigung auszuhändigen.

3. Beförderung nur in doppeltem Umschlag und durch Kurier oder Vertrauensperson.

4. Vervielfältigung jeder Art, Weitergabe im Wortlaut oder Herstellung von Auszügen im Wortlaut verboten.

5. Empfänger haftet für sichere Aufbewahrung im Geheimschrank, Nachweisbarkeit und Rückgabe. Verstoß hiergegen zieht schwerste Strafen nach sich.

[Seite] 1

Zu der englischen Politik vom Münch[e]ner Abkommen bis zum Kriegsausbruch

[Seite] 2

Inhaltsübersicht

[Seite] 5

I.

Englands Haltung nach dem Münchener Abkommen bis zur Besetzung Böhmens und Mährens

Die Erklärungen Chamberlains zur Verteidigung seiner Münchener Politik

Mit der Unterzeichnung des Abkommens von München am 29.9.39 und der sich daran schliessenden deutsch-englischen Erklärung vom 30.9.38 schien die Gewähr dafür gegeben, dass das Verhältnis Englands zum Reich eine von beiden Seiten erstrebte Neuregelung der gegenseitigen Beziehungen auf Grund freundschaftlicher Zusammenarbeit für eine friedliche Lösung aller Probleme erfahren konnte. So erklärte der englische Ministerpräsident in seiner Rede vom 3.10.38 im Unterhaus: „Ich glaube, es gibt viele, die mit mir der Ansicht sind, dass diese vom deutschen Reichskanzler und mir unterzeichnete Erklärung etwas mehr ist als nur eine fromme Äusserung der Ansichten. In unseren Beziehungen zu anderen Ländern hängt alles davon ab, dass Aufrichtigkeit und guter Wille auf beiden Seiten vorhanden sind. Ich glaube, dass hier Aufrichtigkeit und guter Wille auf beiden Seiten bei diesem Dokument vorhanden sind. Das ist der Grund, warum für mich seine Bedeutung weit über die in ihm vorhandenen tatsächlichen Worte hinausgeht." An einer anderen Stelle dieser Rede hiess es: „Heute und in der Vergangenheit sind harte Dinge über den deutschen Reichskanzler gesagt worden. Ich glaube, das Haus sollte die Schwierigkeit für einen Mann anerkennen, in dieser Lage seine emphatischen Erklärungen zurückzunehmen, die er vorher

[Seite] 6

gemacht hatte. Es sollte anerkennen, dass seine Zustimmung dazu, jene Dinge, die bereits ein für allemal beschlossen waren – wenn auch im letzten Augenblick – noch einmal mit den Vertretern anderer Mächte zu erörtern, einen echten und substantiellen Beitrag darstellt."

Die Haltung Hendersons bei den Beratungen der ‚Internationalen Kommission'

Bei den Arbeiten der ‚Internationalen Kommission' für die Regelung der Anwendung des Münchener Abkommens zeigte sich bei dem Vertreter Englands, dem britischen Botschafter in Berlin, Sir Nevile Henderson, eine oft zu Tage tretende unentschlossene Haltung, die erkennen liess, dass England bestrebt war, weiterhin eine eigene und ungebundene Politik in Europa zu betreiben. Aus den vorliegenden Unterlagen[1] *geht hervor, dass Henderson in seiner Mitarbeit durch seine Haltung wiederholt zu Spannungen Veranlassung gab, die bei der Abwicklung der Geschäfte der Kommission auftraten. Infolgedessen musste der Eindruck entstehen, dass England durch seine Delegierten versuchte, die Durchführung der Münchener Vorschläge zu komplizieren.*[2] *Dass der englische*

[Seite] 7

Ministerpräsident selbst wegen dieses Eindruckes besorgt war, geht aus der Botschaft hervor, die er am 5.10.1938 dem Führer im Hinblick auf die bevorstehende Rede im Sportpalast am 5.10.1938 durch die britische Botschaft übermitteln liess, und in der er der Hoffnung Ausdruck gab, dass sich die Differenzen bald beilegen lassen würden.[3]

Wachsende Opposition gegen die Münchener Politik in England

Der Rücktritt des Ersten Lords der Admiralität, Duff Cooper, am 1.10.1938 stellte die erste sichtbare Reaktion unter den Gegnern des Münchener Abkommens dar. Zwar bedeutete nach Ansicht Hendersons dieser Rücktritt in keiner Weise die Erschütterung der Stellung des Ministerpräsidenten und seiner Politik,[4] *doch erschien er gewissermassen als das Signal für eine kritischere Betrachtung der Regierungspolitik in weiten Kreisen der öffentlichen Meinung, die von der Opposition aufgegriffen und genährt wurde.*[5] *So fasste*

---

1 N 99.186: Henderson mit Attolico über François-Poncets Besuch beim Führer am 4.10. Henderson – teilte Attolico mit, dass der Führer sich gegenüber François-Poncet darüber beschwert habe, dass die britischen und französischen Delegierten versuchten, die Münchener Vorschläge zu sabotieren.
N 98.908: Bericht von ‚Agence d'Espagne', Paris v. 1.10.38.
N 98.911: Kirkpatrick mit F.O. [Foreign Office] am 3.10.38.
N 99.052: François-Poncet mit Léger, Quai d'Orsay, am 4.10.
N 99.132: François-Poncet mit Henry, Quai d'Orsay, am 5.10.
N 99.630: François-Poncet mit Henderson am 11.10.38.
N 99.384: François-Poncet mit Henderson am 7.10.38.
N 99.447: Legationsrat Schubert mit Mastny über die Erklärung Chamberlains im Unterhaus am 7.10.

2 N 99.116.

3 Anweisung des Foreign Office an britische Botschaft, Berlin, vom 5.10.38 (N 99.186).

4 In einer Unterhaltung mit Attolico am 2.10.38 äusserte Henderson: „Ich bin sehr froh, dass er (Duff Cooper) gegangen ist – er ist ein schrecklicher Kerl." (N 98.871)

5 N 98.859.

[Seite] 8

der Sender Daventry am 7.10.38 den Rücktritt Duff Coopers als Beweis für die ‚Zweifel und Sorgen mancher Kreise' auf, mit denen diese den kommenden politischen Ereignissen entgegensähen.[6] *Diese Stimmung wuchs in den ersten Oktobertagen derartig an, dass sich Chamberlain veranlasst sah, in seiner oben erwähnten Botschaft an den Führer darum zu bitten, der Führer möge in seiner Rede am 5.10.38 ‚in irgendeiner Weise auf die Fühlungnahme, die er mit dem Ministerpräsidenten gehabt habe, näher eingehen, wodurch er den Ministerpräsidenten bei der Leitung der öffentlichen Meinung in England unterstützen würde'. Für die innerpolitischen Schwierigkeiten Chamberlains ist ferner ein Bericht des japanischen Botschafters in London, Shigemitsu, vom 16.12.38 aufschlussreich,*[7] *in dem es hiess, ‚gegenüber der Politik Chamberlains herrsche in England Misstrauen, und die Atmosphäre des Widerstandes sei entsprechend stark'.*

Verschärfung der deutsch-englischen Beziehungen durch die Pressekampagne des November 1938

Zu einer weiteren Verdichtung dieser Atmosphäre führten die durch den Mord an dem Gesandtschaftsrat vom Rath in Paris hervorgerufenen deutschen Presseangriffe gegen oppositionelle englische Politiker, die am 11.11.38 den britischen Aussenminister Lord Halifax veranlassten, die Botschaft in Berlin anzuweisen, wegen dieser Angriffe bei der Reichsregierung zu intervenieren.[8] *Der englische Aussenminister bezeichnete die Veröffentlichung derartiger Angriffe als unverantwortlich und ausserdem unvereinbar mit*

[Seite] 9

dem Geist seiner im November letzten Jahres in Berlin gepflogenen Besprechung sowie mit dem Sinn der vom Ministerpräsidenten und dem Reichskanzler in München unterzeichneten Erklärung. Am 14.11.38 nahm Ministerpräsident Chamberlain im Unterhaus hierzu Stellung. Gleichzeitig riefen die antijüdischen Demonstrationen im Reich einen äusserst scharfen englischen Pressefeldzug gegen Deutschland hervor, bis dann am 19.12.38 der erste grosse und offizielle Angriff gegen die Politik von ‚München' im Unterhaus stattfand, bei dem der

6 N 98.937, N 99.313, N 99.186.

7 N 105.906.

8 N 102.515. [Telegramm von Lord Halifax an die britische Botschaft in Berlin am 11.11.1938.]

Ministerpräsident gegen den Misstrauensantrag der Sozialisten eine Verteidigungsrede für seine Politik halten musste. Die in der Rede enthaltene Erklärung, er warte immer noch auf ein Zeichen von Seiten der Reichsregierung, dass sie bereit sei, ihren Anteil am Frieden zu leisten, wurde von der englischen Öffentlichkeit als erstes Zeichen der Erschütterung des Vertrauens Chamberlains in die deutsche Haltung nach den Münchener Besprechungen aufgefasst. ‚Manchester Guardian' vom 20.12.38 gab seinem dieser Erklärung Chamberlains gewidmeten Leitartikel deshalb bezeichnenderweise die Überschrift ‚Das Erwachen?'. In Verfolg dieser Entwicklung und der von der britischen Regierung vorangetriebenen Aufrüstungsmassnahmen beurteilte der Londoner japanische Botschafter Shigemitsu in einem Bericht vom 16.12.38[9] die in weiten englischen Kreisen herrschende Stimmung dahin, dass man bei genügender Stärke auf Grund der Abneigung gegen die Errichtung einer deutschen kontinentalen Hegemonie diese zum geeigneten Zeitpunkt brechen werde[10] und dass diese Gedankengänge auch unter den Anhängern der Regierungspartei immer grösseren Einfluss aus-

[Seite] 10

übten. Shigemitsu fügte hinzu, dass es niemanden gäbe, der gegen die Durchführung der Rüstungen wäre, und dass alle Kräfte zu ihrer Verwirklichung eingesetzt würden.

Anzeichen für eine beginnende Loslösung von der Münchener Politik im Beginn des Jahres 1939

Gewisse Begebenheiten aus den ersten Monaten des Jahres 1939 deuten darauf hin, dass schon zu dieser Zeit die englische Politik sich vom Münchener Kurse zu lösen begann; so die Weiterführung der englisch-französischen militärischen Zusammenarbeit, die offiziell am 26.1.39 von dem französischen Aussenminister Bonnet und am 6.2.39 von Ministerpräsident Chamberlain zugegeben wurde, sowie die Reise Hudsons nach Warschau und Moskau und die Teilnahme Halifax' und Churchills an dem nach sehr delikaten Verhandlungen zwischen dem russischen Botschafter Maiskij und dem Foreign Office arrangierten Bankett auf der russischen Botschaft in London.[11]

---

[9] N 105.906.

[10] Bemerkenswert ist in diesem Zusammenhang die Äußerung des polnischen Botschafters in Paris, Lukasiewicz, das englische und französische Volk hätten einen Krieg außerordentlich gescheut und aus diesem Grunde ihre konservative Politik aufgegeben und sich letzten Endes zu einem Kompromiß entschlossen. (Bericht des japanischen Botschafters in Paris, Sugimura, N 99.640.)

[11] N 109.971.

[Seite] 11

Abkehr von München als Reaktion auf die deutsche Besetzung Böhmens und Mährens

Die Ereignisse in der ehemaligen Tschecho-Slowakei und der deutsche Einmarsch in Böhmen und Mähren am 15.3.39 gaben dann der englischen Aussenpolitik die endgültige Zielrichtung. Allerdings erklärte Chamberlain im Unterhaus am 14.3.39 zur Frage der englischen Garantie für die Tschecho-Slowakei, die Lage habe keine Änderung erfahren, da eine Garantie sich nur auf einen unprovozierten Angriff bezogen habe – dieser liege aber nicht vor. Auch liess er am 14.3.39 durch die Botschaft in Berlin der Reichsregierung mitteilen, dass die englische Regierung ‚sich nicht unnötig in Dinge einmischen möchte, an denen die Regierungen anderer Staaten weit mehr interessiert seien als England'.[12] *Gleichzeitig betonte der Ministerpräsident aber in derselben Mitteilung, dass die britische Regierung sehr in Sorge sei um den Erfolg aller Bemühungen zur Wiederaufrichtung des Vertrauens und um die Verminderung der Spannung in Europa und erklärte deutlicher in der Unterhaussitzung vom 23.3., Deutschland werde auf den entschiedenen Widerstand Englands und anderer Staaten stossen, wenn es danach trachte, noch weiter zu gehen. Noch schärfer war der Ton seiner Rede in Birmingham am 17.3., in der er sagte, das deutsche Volk werde seinen Schritt noch einmal bitterlich bereuen. Der bulgarische Gesandte in London, Momtschilow, berichtete als ‚offiziellen Kommentar' zu dieser Birminghamer Rede, dass der Ministerpräsident damit die Münchener Politik verlassen habe.*[13] *Die Äusserung Halifax' im Oberhaus am 20.3., das Abkommen von München bedeute einen ‚tragischen*

[Seite] 12

Fehler der englischen Aussenpolitik', bestätigt diesen Bericht Momtschilows.

In ihrer Note an die deutsche Regierung versuchte die britische Regierung Deutschland die Verantwortung für den Bruch des Münchener Abkommens zuzuschieben. In dieser Mitteilung, die der deutschen Regierung zu übermitteln die britische Botschaft in Berlin am 17.3. angewiesen wurde, heisst es, die britische Regierung wünsche klarzustellen, dass sie zwar nichts zu unternehmen beabsichtige, jedoch die Geschehnisse der letzten Tage als eine vollständige Nichtanerkennung des Münchener Abkommens und als ein Ableugnen der Gesinnung ansehe, zu welcher sich die Unterhändler dieses Abkommens bekannt hätten.[14] *Gleichzei-*

[12] N 112.097.

[13] N 112.548.

[14] VN 1859.3.39. [VN = Vertrauliche Nachrichten, entschlüsselte Dokumente, die vom Geheimen Meldedienst des OKW in Umlauf gebracht wurden.]

tig protestiere die britische Regierung gegen die in der Tschecho-Slovakei [sic] durch das deutsche militärische Vorgehen verursachten Änderungen, die nach Ansicht der englischen Regierung jeder rechtlichen Grundlage entbehrten.

Am 19.3. reiste der englische Botschafter Sir Nevile Henderson zur Berichterstattung nach London.

Am gleichen Tag verliess auch der deutsche Botschafter v. Dirksen London und begab sich nach Berlin.

[Seite] 13

II.

Die englische Einkreisungspolitik

Das Einkreisungsprogramm und die ersten diplomatischen Schritte zu seiner Ausführung

Die Nichtanerkennung des deutsch-tschechischen Abkommens vom 15.3. und die Reise Hendersons nach London wurden, einem Bericht des jugoslawischen Legationsrates Dragutinovic aus Genf zufolge, in erster Linie als eine ernste Warnung an Deutschland angesehen. Die Westmächte, so heisst es in dem Bericht, wünschten aber, einem Konflikt zu dieser Zeit aus dem Wege zu gehen und rechneten damit, durch entsprechende Massnahmen für eine diplomatische Aktion bei den Kleinmächten (Polen, Rumänien, Jugoslawien, Belgien, Holland) und Sowjetrussland zwecks Vorbereitung eines zukünftigen Widerstandes Zeit zu gewinnen. Ähnlich äusserte am 16.3. der bulgarische Gesandte in London, Momtschilow, es sei (einer vertraulichen Nachricht zufolge) die wahre Absicht der englischen Regierung, Zeit zu gewinnen und nichts Entscheidendes zu unternehmen, bis man bereit sein werde, sich mit allen Kräften einzumischen.[15] *Zwei Tage später berichtete Momtschilow, dass eine energische Tätigkeit der englischen Diplomatie auf dem Balkan bevorstehe.*[16] *In der Tat ergriff – wie dem jugoslawischen Gesandten in Paris vom Quai d'Orsay bestätigt wurde*[17] *– die britische Regierung im Einverständnis*

[Seite] 14

mit der französischen Regierung die Initiative, bei den Mächten, ‚denen von Seiten des Reiches Gefahr drohe', anzufragen, ob sie bereit seien, eine gemeinsame

---

[15] N 112.581.

[16] N 112.264.

[17] N 112.548: Information des jugoslawischen Außenministers für den jugoslawischen Gesandten in Berlin.

Aktion mit dem Ziel der Verhinderung einer weiteren deutschen Expansion zu unternehmen[,] und begann, am 18.3. aktive diplomatische Besprechungen in diesem Sinne mit den interessierten Mächten aufzunehmen.[18]

Durch eine Anfrage im englischen Unterhaus am 28.3. wurde Chamberlain veranlasst zuzugeben, dass die Besprechungen mit anderen Regierungen weit über den Rahmen von Konsultationen hinausgingen.

Die britischen Pläne auf dem Balkan

Über den Sinn der englischen Balkanpläne äusserte Momtschilow am 17.4., die englische diplomatische Aktivität ziele auf eine gegenseitige Solidarität und auf eine noch intimere Zusammenarbeit unter den Balkanstaaten zur Sicherung eines einheitlichen Blocks hin. England erwarte von diesem Block, dass er sich in erster Linie als eine neutrale Grossgruppe erkläre, die den möglichen Versuch eines deutschen und italienischen Vordringens auf dem Balkan erschweren und eine gemeinsame Verteidigung der Grenzen des Balkan im Falle eines Krieges sicherstellen solle. Momtschilow fügte hinzu, das Foreign Office habe ihm diese Information ‚unter dem ziemlich deutlichen Hinweis' gegeben, dass England immer mehr von der Möglichkeit eines deutschen und italienischen Vordringens auf dem Balkan überzeugt sei.[19]

[Seite] 15

Bereits am 5.4. hatte Momtschilow seinem Aussenministerium mitgeteilt, das Foreign Office halte es für unerlässlich, dass der Balkanpakt dem Abkommen mit Polen angeschlossen werde, und man habe Schritte unternommen, dies in kurzer Zeit zu erreichen.[20] *Bei der Durchführung dieser Pläne hatte sich das Foreign Office – wie Momtschilow ‚aus türkischer und jugoslawischer Quelle' erfahren haben wollte – der Unterstützung von Paris und Ankara versichert.*[21]

Die Methode, der sich England bei der Verwirklichung seiner Einkreisungspläne bediente, blieb nicht ohne Kritik. Der Ständige Unterstaatssekretär im griechischen Aussenministerium, Mavrudis, sagte, er finde die Art, wie England den Gedanken einer Einkreisung durchgeführt habe, zumindest unvollkommen. Er wisse, dass das schädlich gewirkt habe. Die Konsultationen hätten mit grösster Vorsicht und in grösster Heimlichkeit durchgeführt werden müssen, während

[18] VN 2669.3.

[19] N 115.433.

[20] N 114.473.

[21] N 115.068. In diesem Zusammenhang ist ein Bericht des Senders Daventry am 24.6. bemerkenswert, in welchem es heißt, aus Bukarest werde gemeldet, dass Gafencu an einem Plan für gegenseitige Hilfeleistung arbeite, der Rumänien, Jugoslawien, die Türkei und Griechenland umfassen solle.

England dagegen allem Anschein nach nur gewünscht habe, in der eigenen Öffentlichkeit Eindruck zu erwecken.[22]

[Seite] 16

Die englisch-türkischen Vertragsverhandlungen:

Der Widerstreit der englisch-italienischen Interessen – Einfluss der italienischen Besetzung Albaniens auf die türkische Vertragsbereitschaft – Der erste englische Vorschlag und die türkische Antwort – Türkisches Interesse an einer Zusammenarbeit mit der UdSSR – Schwierigkeiten um den „Artikel 6" des Vertragsentwurfs –

Für die Ziele, die England mit der Türkei verfolgte, ist eine Auslassung des britischen Untergeneralsekretärs beim Völkerbund, F.P. Walters, sehr aufschlussreich.[23] *Der Türkei – so äusserte Walters – wurde von seiten Englands bei der Bildung einer Verteidigunskoalition im Südosten die allergrösste Bedeutung beigemessen, da die Westmächte durch einen Eintritt der Türkei in ein solches Verteidigungsbündnis bei einem evtl. Konflikt in der Lage sein würden, über die Türkei die Verbindung mit dem Osten aufrecht zu erhalten und da die türkische Meerenge dann nicht mehr das grosse Hindernis darstellen würde, das sie im vergangenen Krieg gewesen wäre.*[24] *Italien müsste – so erklärte Walters weiter – wohl als ein gewisses Hindernis für diese Verbindung betrachtet werden, doch könnte das im Vergleich zu der türkischen Meerenge leichter in Kauf genommen werden. Ein Urteil von italienischer Seite bestätigt die Tatsache, dass England bei seinen Bemühungen um die Türkei in einen Konflikt*

[Seite] 17

mit den italienischen Interessen kommen müsste, sehr deutlich. Der italienische Botschafter in Ankara, de Peppo, nämlich sagte[25] *im Dezember 1938: „Der*

[22] Information des jugoslawischen Außenministeriums für den jugoslawischen Gesandten in Berlin über eine Unterhaltung zwischen Mavrudis und dem jugoslawischen Gesandten in Athen (N 114.876).

[23] N 114.524: Bericht des bulgarischen Legationsrats Dragutinovic aus Genf vom 4.4.39 (N 114.524).

[24] In einem Rundfunkvortrag sagte der Professor für internationale Beziehungen an der Universität Oxford, Sir Alfred Zimmern, u.a., der bedeutendste strategische Faktor in dem neuen englisch-türkischen Abkommen bestehe darin, dass die Türkei den Zugang zum Schwarzen Meere kontrollieren könne. Die Türkei habe ihr Schicksal endgültig mit dem Englands verknüpft und die seit 1914 verfolgte Politik aufgegeben (RW 213).

[25] Bericht des jugoslawischen Gesandten in Ankara, Adzemovic, vom 23.12.38 über eine Unterhaltung mit de Peppo (N 106.111).

überwiegende Einfluss Englands in der Türkei hat stets die Entwicklung eines Vertrauensverhältnisses zwischen der Türkei und Italien verhindert. Alle Anstrengungen Italiens, die Türkei zu überzeugen, dass Italien ihr gegenüber keine aggressiven Bestrebungen habe, ergaben negative Resultate."

Die am 7.4.1939 beginnende Besetzung Albaniens durch Italien musste für die Haltung der Türkei gegenüber den englischen Werbungen von entscheidender Bedeutung sein. Die türkische Regierung vertrat, wie der türkische Botschafter in London, Rüschdi Aras, äusserte, die Anschauung, dass die Okkupation Albaniens einen feindlichen Akt gegenüber den Balkanstaaten darstelle und die unmittelbare Gefahr eines weiteren Vordringens Italiens auf dem Balkan heraufbeschwöre.[26]

Diese Situation wurde von England sogleich benutzt, um der Türkei einen ersten Entwurf für einen Beistandspakt vorzulegen, in dem zunächst nur ein eventueller Konflikt mit Italien berücksichtigt war, der aber durch einen kurz darauf

[Seite] 18

folgenden Ergänzungsvorschlag, auch auf eine „deutsche Bedrohung" Bezug nahm. Eine hierauf bezügliche Information des türkischen Aussenministers für den türkischen Botschafter in Moskau vom 27.4.39 lautet wörtlich[27]*:*

„Der englische Botschafter (FA: Sir Hughe Knatchbull-Hugessen) hat mir am Ende dieser Woche einen Vorschlag seiner Regierung überbracht. In diesem Vorschlag heisst es:

‚In dem Falle, wo die Türkei gegen die Bedrohung ihrer Willensfreiheit im Mittelmeergebiet oder gegen irgendeine andere direkte oder indirekte Bedrohung von Seiten Italiens einen bewaffneten Widerstand zeigen sollte, ist die englische Regierung im Prinzip bereit, der Türkei zu Hilfe zu eilen, mit der Bedingung, dass, wenn England gegen Italien in einen Krieg zieht, auch die Türkei von sich aus bereit sein soll, der englischen Regierung zu helfen. – Um ausdrücklich bestimmen zu können, in welchen Situationen die oben erwähnte gegenseitige Verpflichtung in Tätigkeit treten soll, ist die Aufzeichnung der Grundlinien nötig.'

Nach diesem Vorschlag haben die Engländer ihre Vorschläge noch dahingehend erweitert, dass diese auch eine Bedrohung, die möglicherweise von Deutschland aus erfolgen könnte, enthalten."

Die türkische Antwort auf diese britischen Vorschläge übermittelte das Aussenministerium in Ankara dem türkischen Botschafter in London am 16.4.39; sie lautete[28]*:*

[26] Bericht des jugoslawischen Gesandtschaftsrats Milanovic in London vom 9.4.39 über eine Unterhaltung mit Botschafter Rüschdi Aras (N 117.395).

[27] N 116.206.

[28] N 115.599.

„Unserer Ansicht nach ist die Errichtung einer Vorherrschaft der Achsenstaaten in Europa wie die Gefährdung des Daseins der kleinen Staaten und der Umstand, dass sogar die Türkei einem Angriff und einer Gefahr ausgesetzt ist, den allgemeinen Friedensinteressen und den privaten Interessen der Türkei entgegengesetzt. Folglich ist die Möglichkeit der Vorherrschaft Italiens

[Seite] 19

im Mittelmeer eine ebenso erwiesene Gefahr für die Türkei wie für England. Dieses lässt die enge… (FA: nicht lesbar) der… (FA: nicht lesbar) türkischen und englischen Interessen in der heutigen politischen Lage klar hervortreten. Indem die Türkei dieser Lage gegenüber… (FA: nicht lesbar) ist, indem ihre Handlungsweise, die sie verfolgen wird, offenkundig ist, und indem die Türkei in der Frage der Wahl gezwungen ist, diese Erwägungen anzustellen (und?) schon jetzt offen ist, wird sie im Falle, dass die Achse gegen sie Stellung nehmen sollte, – wenn die Mittelmeerstaaten einen neuen Weltkrieg… (FA: nicht lesbar) haben sollten, so werden sie in kürzester Zeit mit aller Macht von den Dardanellen angezogen – gezwungen sein, dem Druck der Achse zu begegnen, so dass es dieser Situation gegenüber keiner Erklärung bedarf, dass sich England und womöglich Frankreich und Sowjetrussland – … (FA: nicht lesbar) seiend – auf die… (FA: nicht lesbar) Hilfe stützen, und dass es – um der Notwendigkeit gegenüber,… (FA: nicht lesbar) zu wissen und zu beschliessen, einen Entschluss fassen zu können – für uns im gewissen Grade notwendig ist, die Handlungsweise Sowjetrusslands zu… (FA: nicht lesbar). In unseren bisherigen Anfragen sind wir noch nicht… (FA: nicht lesbar) worden. Die Verteidigungs…(FA: nicht lesbar), die uns über die Dardanellen zufällt, ist so wichtig, dass die Entsendung unserer Kräfte ausserhalb unseres Landes zur Hilfe Rumäniens weder möglich sein, noch den allgemeinen wie den gemeinsamen Interessen entsprechen würde. Dass wir gegen die Achse engagiert sind, wird Bulgariens Bedeutung und seine Unversöhnlichkeit steigern. Dabei glauben wir, dass das Daraufhinarbeiten, die Solidarität der Balkanstaaten zu wahren und die Balkanstaaten gegen das Eindringen des Einflusses der Achse zu… (FA: nicht lesbar) und das bis jetzt von uns Geleistete, die grösste Anstrengung der Türkei ist, die den allgemeinen Friedensinteressen dargebracht werden kann.

[Seite] 20

Für heute können wir diese… (FA: nicht lesbar) folgendermassen zusammenfassen:

1) Man darf niemanden im Zweifel darüber lassen, dass wir gemäss dem Verlauf der Ereignisse,… (FA: nicht lesbar), zu Gunsten der allgemeinen Friedens-

interessen mit England gehen, oder eine (FA: nicht lesbar) Politik verfolgen, und dass wir neutral bleiben werden, solange die Achsenstaaten im Mittelmeer und auf dem Balkan nicht zum Angriff übergehen.

2) D.. grosse... (FA: nicht lesbar) muss schon jetzt unsere unternommenen Abwehrvorbereitungen, uns nötigenfalls auf dem Lande gegen die Achsenstaaten zu wehren, unterstützen.

3) Man muss sich bemühen, um die Zusammenarbeit Sowjetrusslands sicherzustellen.

4) England muss seine Unterstützung dazu gewähren, zwischen den Bulgaren und Rumänen einen Schritt zu... (FA: nicht lesbar).

5) Daraufhin, dass wir im Einigungsfalle mitmarschieren, muss man uns schon heute über das in Ihrer Note besprochene Projekt Mitteilung machen.

6) Die oben aufgeführten Punkte und... (FA: nicht lesbar) müssen vollkommen geheim bleiben."

Aus dieser türkischen Antwort geht hervor, wie stark die Türkei daran interessiert war, die sowjetrussische Mitarbeit bei der Einkreisungsaktion sicherzustellen.[29]

[Seite] 21

Als am 12.5.1939 in London veröffentlicht wurde,[30] *dass die englische und die türkische Regierung sich schon vor Abschluss des endgültigen Vertrages*[31] *für den Fall eines im Mittelmeer entstehenden Krieges zu effektiver Zusammenarbeit und gegenseitiger Hilfeleistung verpflichteten, erregte es türkischerseits deshalb ein unbehagliches Gefühl, dass Russland auf die besagte türkisch-englische Erklärung mit grösster Zurückhaltung reagierte. Einem Bericht des türkischen Botschafters in Moskau, Apaydin, vom 13.5. zufolge,*[32] *hat dieser dem [sowjetischen] Aussenkommissariat gegenüber seiner Verwunderung darüber Ausdruck ge-*

[29] Als im Juni 1939 eine türkische Militärmission zu Besprechungen über Kriegsmateriallieferungen in London weilte, berichtete der Delegationsführer General Orbay, dass man angesichts eventueller Schwierigkeiten, das von England zu liefernde Material nach der Türkei zu überführen, in Betracht ziehe, das ganze von England angeforderte Material von Rußland zu beziehen. Orbay äußerte ferner, dass England nur einen Teil der türkischen Ansprüche werde befriedigen können, da es den Bedürfnissen und Forderungen des eigenen Heeres und des Heeres der Verbündeten sowie denen der Ostfront gegenüberstehe (N 121.213).

[30] Die Veröffentlichung in London erfolgte durch eine Erklärung Chamberlains im Unterhaus, vgl. Monatshefte für auswärtige Politik, Heft 6, S. 599.

[31] Der endgültige Vertragsabschluß erfolgte erst nach Ausbruch des Krieges am 19. 10. 39.

[32] N 117.893.

geben, dass weder im russischen Rundfunk noch in der russischen Presse auch nur ein Wort über die englisch-türkische Erklärung gesagt worden sei. In dem Bericht äusserte Apaydin weiter, dass das Verhalten Russlands zu falschen Schlussfolgerungen Anlass geben könnte, und dass er daher mit dem stellvertretenden Aussenkommissar Potemkin eine diesbezügliche Rücksprache nachsuchen werde. Einen Tag später berichtete der Botschafter, dass die Zeitungen zwar das Résumé der Erklärung, das die Tass-Agentur aus Ankara erhalten habe, jedoch keine eigenen Kommentare gebracht hätten.

Da auch bei ihren weiteren Vertragsverhandlungen mit England die Türkei auf Russland weitestgehend Rücksicht zu nehmen sich bemühte, war sie, wie der japanische Botschafter in Ankara, Taketomi, am 7.7. berichtete, sehr enttäuscht, dass die parallel laufenden englisch-russischen Verhandlungen keinen schnellen und erfolgreichen Verlauf nahmen.[33]

Obwohl die genannte englisch-türkische Erklärung vom 12.5.39 ihrer Fassung sowohl als auch der Art und den Umständen

[Seite] 22

der Veröffentlichung nach betont demonstrativen Charakter hatte, schloss doch der jugoslawische Geschäftsträger in London, Tomazeo, aus der Tatsache, dass England – wie er zu berichten wusste[34] *– Ende Mai 1939 die Türkei „in beschleunigtem Tempo" mit „ungeheuren Mengen" von Kriegsmaterial zu beliefern begann, dass der bevorstehende englisch-türkische Bündnisvertrag ganz reale Ziele und nicht nur den Zweck eines Pressionsmittels verfolge.*

Über die speziellen Schwierigkeiten, die sich bei den englisch-türkischen Vertragsverhandlungen bezüglich des vielbesprochenen Artikels 6 der englisch-türkischen Erklärung vom 12.5.39[35] *ergaben, handelt ein Bericht der jugoslawischen Gesandtschaft in Ankara vom 1.7.39,*[36] *wonach „man" nicht gewagt hat, den die Sicherheit des Balkans betreffenden Punkt in den Vertragsentwurf aufzunehmen. Doch war, wie es in dem Bericht heisst, geplant, Rumänien und Griechenland in der Form zu erwähnen, dass in dem Vertragstext der Passus aufgenommen wurde, die Türkei werde sich im Falle eines Angriffs auf eines dieser Länder und des Inkrafttretens der englischen Garantie England anschliessen.*

33 N 122.104.

34 N 119.439.

35 Artikel 6 der Erklärung vom 12.5.39 lautete: Die beiden Regierungen erkennen an, dass es ebenfalls notwendig ist, die Sicherheit auf dem Balkan zu verbürgen, und sie beraten zusammen mit dem Ziel, diesen Vorsatz so schnell wie möglich auszuführen.

36 N 121.727.

[Seite] 23

Die Rolle Rumäniens bei der Einkreisung:

Die ersten Meldungen über die Absicht Englands, auch Rumänien ein Garantieversprechen zu geben – Die englische Garantie-Erklärung – Der Besuch Gafencus in London –

Am 17. März suchte der rumänische Gesandte in London, Tilea, – wie der jugoslawische Geschäftsträger in London, Milanovic berichtete – auf Anweisung seiner Regierung, Lord Halifax auf, um diesem von dem ‚Wirtschafts-Ultimatum' Deutschlands Mitteilung zu machen und die englische Regierung um Hilfe zu bitten. Milanovic teilte ferner mit, Tilea habe ihm gesagt, die rumänische Regierung habe den Zwischenfall mit den deutschen Forderungen dazu benutzt, die Erregung zu steigern und die Sicherheit Rumäniens gegen jede Eventualität sicherzustellen; dabei habe er (Tilea) seine Instruktionen bis zum ‚alleräussersten ausgenutzt'. Halifax – so weiss Milanovic schliesslich zu melden – habe auf die rumänische Bitte geantwortet, dass Rumänien grundsätzlich auf die Unterstützung Englands rechnen könne.[37] *Anfang April wurde von der jugoslawischen Gesandtschaft in London nach Belgrad berichtet, dass man bei den englisch-polnischen Besprechungen sich zwar entschlossen habe, auf eine Teilnahme Rumäniens am englischpolnischen Bündnis zu verzichten, dass England und Frankreich aber hinsichtlich Rumäniens eine ähnliche Erklärung abgeben würden wie Polen.*[38]

[Seite] 24

Als über eine Ausdehnung der englischen Garantieversprechen auch auf Rumänien die ersten Meldungen in der englischen und französischen Presse auftauchten, wurden diese einem Bericht des italienischen Gesandten in Bukarest, Chigi, vom 9.4.39 zufolge von der rumänischen Presse nicht übernommen. Chigi bemerkte, die rumänische Regierung habe am 3.4. von einer bevorstehenden englischen Garantie-Erklärung noch keinerlei offizielle Kenntnis gehabt und habe ausdrücklich erklärt, dass sie von sich aus in dieser Hinsicht keinerlei Initiative ergriffen habe noch ergreifen wolle.

[37] Information des jugoslawischen Aussenministers Cincar-Mar<k>[c]ovic für den jugoslawischen Geschäftsträger in Berlin vom 21.3.39 (N 112.905).

[38] Information des jugoslawischen Aussenministers Cincar-Mar<k>[c]ovic für die jugoslawische Gesandtschaft in Berlin vom 6.4.39 (N 114.491).

Am 13.4. erfolgte dann durch den Ministerpräsidenten Chamberlain im Unterhaus die Erklärung des folgenden britischen Garantieversprechens für Rumänien und Griechenland:

„Die britische Regierung hält es für ihre Pflicht, keinen Zweifel über ihre Haltung aufkommen zu lassen. Ich ergreife daher die Gelegenheit, um festzustellen, dass es vermieden werden soll, dass durch Gewalt oder durch Furcht vor Gewalt der status quo im Mittelmeer und auf der Balkanhalbinsel gestört wird. Infolgedessen ist die britische Regierung zu der Schlussfolgerung gekommen, falls eine Aktion ergriffen wird, die die Unabhängigkeit Griechenlands oder Rumäniens bedroht und die von der griechischen oder rumänischen Regierung für so lebenswichtig gehalten wird, dass sie mit ihren Streitkräften Widerstand leistet, die britische Regierung sich verpflichtet fühlen würde, der griechischen oder rumänischen Regierung mit allen ihr zur Verfügung stehenden Streitkräften zu Hilfe zu eilen. Wir übermitteln diese Erklärung den betreffenden Regierungen direkt sowie auch anderen Regierungen, insbesondere der Türkei."[39]

[Seite] 25

Ehe der rumänische Aussenminister Gafencu seine Reise nach Berlin, London und Paris antrat, wurden, wie der rumänische Botschafter in Paris, Tatarescu, dem jugoslawischen Gesandten Puric gegenüber äusserte, im rumänischen Staatsrat die Richtlinien für die Aussenpolitik beraten und beschlossen, welche Gafencu in den europäischen Hauptstädten erläutern sollte; diese Richtlinien besagten, Rumänien wünsche mit allen Grossmächten gute Beziehungen zu pflegen, ohne eine von ihnen zu bevorzugen. Die englisch-französische Garantie lege Rumänien keine Verpflichtungen auf, und Rumänien werde gleiche Garantien auch von Deutschland, Italien oder Russland gegebenenfalls entgegennehmen. Hinsichtlich der wirtschaftlichen Versorgung Deutschlands werde Rumänien unter Vorbehalt seiner Unabhängigkeit äusserstes Entgegenkommen zeigen. Da es gewisse Lieferungen und Kredite für seine Aufrüstung benötige, werde Rumänien die entsprechende Politik mit England und Frankreich führen.[40]

---

39 DNB [Deutsches Nachrichten-Büro] Anglo 13.4. auf Blatt 18.

40 Bericht des jugoslawischen Gesandten in Paris, Puric, an das Aussenministerium in Belgrad vom 21.4. – Bemerkenswert ist aus diesem Bericht noch eine von Puric wiedergegebene Äusserung des polnischen Botschafters in Paris, Lukasiewicz, dass weder Rumänien noch Polen irgendein Abkommen gegen Deutschland wünschten, um es nicht herauszufordern, und dass jedes dieser Länder hoffe, Deutschland werde über den anderen herfallen (N 115.826).

Vom 23. bis 26.4. hielt sich Gafencu in London auf. Die Meldungen über seine Besprechungen und deren Ergebnisse weisen gewisse Widersprüche auf. Eins steht danach jedoch

[Seite] 26

fest, dass nämlich Gafencu sich um einen englischen Kredit bemühte und diesen auch erhalten hat.[41] *Gafencu selbst äusserte am 24.4. gegenüber dem rumänischen Ministerpräsidenten Calinescu, er habe zwar seine Besprechungen noch nicht beendet, könne aber bereits jetzt sagen, dass er auf jeden Fall zufrieden sei und sich keinen Augenblick in der Opposition befunden habe. Man habe ihm sehr viele Vorschläge gemacht, die er mit der durch Rumäniens Lage gebotenen Reserve entgegengenommen hätte. Allgemein habe er in London eine ‚aussergewöhnliche' Aufnahme gefunden.*[42] *Das jugoslawische Aussenministerium dagegen erhielt aus Paris am 25.4. die Information,*[43] *dass Gafencu in London erklärt habe, Rumänien sei nicht in der Lage, in irgendeine gegen Deutschland gerichtete Kombination, besonders nicht mit Russland zusammen, einzutreten, und habe den Engländern gegenüber die Worte Hitlers zitiert „England bietet Garantien durch die französische Armee. Es besteht kein Zweifel, dass diese eine der besten der Welt ist, aber sie kann nicht die ganze Welt und am allerwenigsten Rumänien verteidigen." Zusammenfassend heisst es in dem genannten Bericht aus Paris, Gafencus Besuch in London werde als ein Misserfolg*

[Seite] 27

der Politik Chamberlains angesehen und habe einen wider Erwarten ungünstigen Eindruck hinterlassen.[44]

Auch Shigemitsu, der japanische Botschafter in London, berichtete am 30. Mai 39, dass man englischerseits in der letzten Zeit mit der rumänischen Haltung unzufrieden sei. Rumänien scheine sich zu bemühen, eine ähnliche neutrale Stellung zu beziehen, wie sie Belgien innehabe, obwohl die Befolgung

[41] Einem Bericht des japanischen Botschafters in London, Shigemitsu, zufolge, gewährte England einen Kredit in Höhe von 5 Millionen Pfund. Da Rumänien – so fügt Shigemitsu hinzu – ursprünglich 30 Millionen Pfund gefordert habe, sei die geringe Höhe des Kredites in Rumänien mit Enttäuschung aufgenommen worden (N 119.222).

[42] N 115.959.

[43] N 116.202.

[44] Ein Bericht des bulgarischen Gesandten in Paris, Balabanow, an das Aussenministerium in Sofia vom 29. April 1939 über Gafencus Besuch in London und Paris stimmt mit der im Text mitgeteilten jugoslawischen Information überein.

einer solchen Politik wegen der gänzlich verschiedenen Voraussetzungen Schwierigkeiten bereite, zumal Rumänien durch seinen Wirtschaftsvertrag und durch seine Abhängigkeit von den Rüstungslieferungen der Skoda-Werke bereits in die deutsche Gewalt geraten sei. Fachleute seien deshalb der Ansicht, dass Rumänien militärisch gesehen nur eine Belastung für die Westmächte darstelle, und dass deshalb auch die Entente-Staaten nur darauf hofften, dass es neutral bleibe.[45]

In der der britischen Garantie-Erklärung folgenden Zeit wurde, wie der jugoslawische Gesandte in Ankara, Sumenkovic, am 11.7. berichtete, an der Ergänzung der Griechenland und Rumänien gegebenen Garantien gearbeitet sowie an der Festlegung der Mitarbeit der Türkei, Griechenlands und Rumäniens im Rahmen eines umfassenderen Garantie-Systems. Soweit Griechenland betroffen sei – so fügte Sumenkovic hinzu – mache die Angelegenheit Fortschritte; anders jedoch sei es bei Rumänien, da dessen Lage rechtlich und faktisch eine andere sei.

[Seite] 28

Die britische Garantie-Erklärung für Griechenland

Am 13.4. erfolgte die britische Garantie-Erklärung für Griechenland gleichzeitig mit jener für Rumänien.[46]

Als schon vorher in der Presse Meldungen über eine bevorstehende englische Garantie-Erklärung für Griechenland auftauchten, äusserte der Unterstaatssekretär im griechischen Aussenministerium, Mavrudis, gegenüber dem jugoslawischen Gesandten in Athen am 9.4., der englische Gesandte habe der griechischen Regierung bisher keine entsprechende Mitteilung gemacht. Die besagten Pressemeldungen, denen er keinen Glauben schenke, könnten Griechenland und Rumänien in ihrer Situation gegenüber Italien und Deutschland nur schaden. Für den Fall, dass England aus eigenem Antrieb wünsche, Griechenland zu schützen, würde – so fuhr Mavrudis fort – Griechenland nicht darauf bestehen, England davon abzuhalten, und dritten gegenüber den Standpunkt einnehmen, dass Griechenland auch von jeder anderen Seite mit Befriedigung ein ähnliches

---

[45] N 119.222.

[46] Wegen des Textes vergl. oben S. 24 [bezieht sich auf die Original-Seitenzahlen des FA-Berichtes]. Im Warschauer Aussenministerium hatte man bereits für den 11. 4. mit der Abgabe eines englischen Garantie-Versprechens für Griechenland gerechnet und angenommen, dass sofort nach Veröffentlichung einer entsprechenden Erklärung Chamberlains englische Truppen auf Korfu und Kreta landen würden, um den italienischen Truppen zuvorzukommen (Bericht des jugoslawischen Gesandten in Warschau, Vukcevic, vom 11. 4., N 114.750).

Angebot annehmen würde. Bezüglich der englischen Konsultationen sagte Mavrudis ferner, Griechenland könne zwar an und für sich eine befriedigende Antwort geben, sei jedoch nicht in der Lage, dies öffentlich zu tun, sondern werde genötigt sein zu antworten, dass es ihm mit Rücksicht auf seine eigene

[Seite] 29

Situation daran gelegen sei, sich in Fragen solcher Natur vorher zu beraten.[47]

Ähnlich wie Mavrudis äusserte sich auch der griechische Gesandte in London, dass Griechenland weder eine Garantie-Erklärung noch einen Pakt von England verlangt habe und auch Vorschläge dazu nicht machen werde. Der jugoslawische Gesandte in London, der diese Äusserung am 12.4. berichtet, bemerkte anschliessend, wahrscheinlich würden England und Frankreich öffentlich nur eine einseitige Garantie-Erklärung abgeben, insgeheim aber einen Plan für militärische Zusammenarbeit im Ernstfall vorbereiten.[48]

Über die Haltung Griechenlands nach erfolgter Garantie-Erklärung seitens Englands und Frankreichs liess sich Shigemitsu, der japanische Botschafter in London, in einem Bericht vom 30.5. des Längeren aus und vertrat die Ansicht, Griechenland werde den Garantie-Staaten England, Frankreich und der Türkei gegenüber eine freundschaftliche Neutralität bewahren.[49]

[Seite] 30

Die britischen Bemühungen um Bulgarien:

Pläne einer Einbeziehung Bulgariens in ein umfassendes Balkan-System – Sondierung der bulgarischen Bedingungen – Englische Fühlungnahme mit Rumänien und Griechenland wegen der von diesen Staaten Bulgarien zu gewährenden Konzessionen –

Dass England auch Bulgarien in seine auf dem Balkan entwickelte diplomatische Aktivität einbezog, ging zuerst aus einem Bericht des bulgarischen Gesandten in London, Momtschilow, vom 15.4.39 hervor, worin es heisst, auch nach der Garantierung Rumäniens würden die englischen Pläne auf dem Balkan mit Konzessionen zugunsten Bulgariens weitergetrieben, wobei sich das Foreign Office, wie

---

[47] Information des jugoslawischen Aussenministers Cincar-Mar<k>[c]ovic für den jugoslawischen Gesandten in Berlin vom 11.4.39 (N 114.876). Dass Mavrudis an der Methode der englischen Konsultationen scharfe Kritik übte, wurde bereits oben S. 15 berichtet.

[48] N 114.715.

[49] N 119.222.

aus türkisch-jugoslawischer Quelle verlaute, der Unterstützung von Paris und Ankara bediene.[50] *Am 17.4. gab man im Foreign Office dem bulgarischen Gesandten Momtschilow – wie dieser dem jugoslawischen Geschäftsträger in London erzählte – ‚ziemlich deutlich zu verstehen', dass England immer mehr von der Möglichkeit eines Vordringens der Achsenmächte auf dem Balkan überzeugt sei und dass seine diplomatische Aktivität auf Unterstützung einer gegenseitigen Solidarität und Schaffung einer noch intimeren Zusammenarbeit zwischen den Balkanstaaten zwecks Sicherung eines einheitlichen Blockes gerichtet sei; England würde von diesem Block in erster Linie erwarten, dass er sich als grosse neutrale Gruppe erkläre und im Falle eines Krieges die Grenzen des Balkans gemeinsam verteidige, wodurch ein evtl. Versuch deutsch-italienischer Abenteuer auf dem Balkan erschwert würde. Wie Momtschilow dem Milanovic weiter erzählte, habe auch der britische Staatssekretär des Äusseren, Lord Halifax, sich bei ihm ausführlich über die Haltung Bulgariens und über die Möglichkeiten einer Zu-*

[Seite] 31

sammenarbeit der Balkanstaaten erkundigt, worauf er (Momtschilow) erwidert habe, dass Bulgarien von dem Wunsche beseelt sei, mit den Balkanstaaten gute Beziehungen zu unterhalten und sich in keine extremen Abenteuer einzulassen, welche man ihm von Seiten Deutschlands oder Italiens vorschlagen würde; denn, so habe er (Momtschilow) hinzugefügt, alle vernünftigen Bulgaren wüssten, dass es für Bulgarien eine Katastrophe bedeuten würde, sich an einen Mächteblock zu binden, der in einem Kriege geschlagen werden würde. Momtschilow sprach gegenüber dem jugoslawischen Geschäftsträger die Vermutung aus, dass die englische Regierung den Schwerpunkt ihrer Verhandlungen nach Sofia verlegen würde, da er selbst vom Foreign Office keinerlei konkrete Suggestionen oder Vorschläge erhalten habe.[51]

In der Tat hatte bereits unmittelbar nach der Besetzung Albaniens durch Italien der britische Gesandte in Sofia den bulgarischen Ministerpräsident Kiosseiwanow gefragt, unter welchen Bedingungen Bulgarien zu einer Annäherung und Zusammenarbeit mit Griechenland bereit sein würde, woraufhin Kiosseiwanow

---

[50] N 115.068.

[51] Bericht des jugoslawischen Geschäftsträgers in London, Milanovic, an das Aussenministerium in Belgrad vom 18.4.39. In diesem Bericht bemerkte Milanovic, er habe aus seiner Unterhaltung mit Momtschilow den Eindruck gewonnen, dass Bulgarien die englische diplomatische Aktivität auch für eine Grenzrevision in der Dobrudscha auszunutzen und sich ferner das Recht zu sichern wünsche, auch die Frage eines Zugangs zum ägäischen Meer einer späteren Lösung zuzuführen (N 115.433).

geantwortet hatte, dass dies einzig und allein unter der Voraussetzung territorialer Abtretungen von Seiten Griechenlands möglich sei.[52] *Wie der jugoslawische Gesandte*

[Seite] 32

in Sofia kurze Zeit darauf von Kiosseiwanow erfuhr, versuchte England in Sofia weiterhin diskret zu sondieren, ob Bulgarien für den Fall, dass es von Rumänien die südliche Dobrudscha erhielte, dem Abschluss eines Sicherheitspaktes mit Rumänien zustimmen würde. Kiosseiwanow gab den Engländern – wie er dem jugoslawischen Gesandten mitteilte – auf diese Anregung hin zu verstehen, dass Bulgarien nicht wünsche, die rumänische Grenze an den Karpaten oder anderswo zu verteidigen.[53]

Dafür, dass England sich in Bukarest bemühte, durch ein rumänisches Entgegenkommen gegenüber den bulgarischen Revisionsbestrebungen einen Ausgleich des Verhältnisses dieser beiden Länder herbeizuführen, liegen mehrere Meldungen vor.[54] *Auch bei den Besuchen Gafencus in London und Paris soll von der Verständigung Rumäniens mit Bulgarien die Rede gewesen sein und der rumänische Aussenminister erklärt haben, diese Frage zum Gegenstand eines Berichts an König Carol machen zu wollen.*[55]

[Seite] 33

Während Rumänien sich demnach den britischen Anregungen gegenüber betreffend gewisse Konzessionen an Bulgarien jedenfalls nicht von vornherein ablehnend verhielt, liess Griechenland – anscheinend noch ehe irgendwelche konkreten englischen Schritte in Athen unternommen waren – in London wissen, dass es sich jeder Suggestion für Gewährung territorialer Zugeständnisse in Bulgarien auf das energischste widersetzen werde, wie sich aus einem Bericht des jugoslawischen Gesandten in Athen über eine Unterhaltung mit

52 Information des jugoslawischen Aussenministers Cincar-Mar<k>[c]ovic für die jugoslawische Gesandtschaft in Berlin vom 11.4.39 über eine Meldung der jugoslawischen Gesandtschaft in Sofia (N 114.707).

53 Information des jugoslawischen Aussenministeriums für die Berliner jugoslawische Gesandtschaft vom 22.4. über einen Bericht der Gesandtschaft in Sofia (N 115.782).

54 So äusserte angeblich Sokoline, der sowjetrussische Generalsekretär beim Völkerbund, in Bukarest hätten seitens Englands verschiedene Interventionen zugunsten Bulgariens stattgefunden (Bericht des jugoslawischen Völkerbundsdelegierten Subotic aus Genf vom 25.5.; N 118.938).

55 Bericht des bulgarischen Gesandten in Paris, Balabanow, vom 29.4.39 (N 116.490).

dem Unterstaatssekretär im griechischen Aussenministerium, Mavrudis, vom 20.4. ergibt.[56]

Da somit zwischen den bulgarischen Forderungen und der griechischen Haltung diesen gegenüber eine Kluft bestand, sind anscheinend die englischen Pläne bezüglich Bulgariens in diesem vorbereitenden Stadium stecken geblieben[57]*; denn im Mai 1939 äusserte der bulgarische Gesandte in London Momtschilow, dass von Seiten Englands bisher, weder über ihn noch in Sofia, irgendwelche konkreten Vorschläge an Bulgarien gemacht worden seien, und dass auf irgendwelche territorialen Abtretungen in der Dobrudscha keine Aussicht bestehe.*[58] *Im August 1939 hinwiederum berichtete Momtschilow dem Aussenministerium in Sofia, dass man einen neuen Versuch*

[Seite] 34

zur Verständigung über die Dobrudscha-Frage unternehmen könne, und dazu im englischen Aussenministerium Aussieht auf eine Lösung der Frage zu bestehen scheine. Er bat gegebenenfalls um Anweisung, ob er entsprechend aktiv werden solle.[59]

[Seite] 35

Die englische Politik gegenüber Jugoslawien

Englische Hoffnungen auf Jugoslawien vor dem Rücktritt Stojadinovic' – Der Besuch des Prinzregenten Paul in London –

[56] Information des jugoslawischen Aussenministers Cincar-Mar<k>[c]ovic für die jugoslawische Gesandtschaft in Berlin über einen Bericht der jugoslawischen Gesandtschaft in Athen vom 20.4.38 (N 115.767).

[57] Für die Annahme, dass die Werbungen Englands um Bulgarien keine greifbaren Resultate gezeitigt haben, spricht auch die Tatsache, dass Kiosseiwanow die Reise des Kammerpräsidenten Muschanow nach London verschieben liess und ihr, als Muschanow dann ohne seine Billigung dennoch den Besuch in London im Juli 1939 ausführte, jegliche politische Bedeutung zu nehmen suchte. Kiosseiwanov verbot dem bulgarischen Gesandten in London ausdrücklich, an irgend einem Empfange oder Essen, das zu Ehren Muschanows veranstaltet würde, teilzunehmen (N 122.419) und erklärte gegenüber dem jugoslawischen Gesandten in Sofia, der Besuch Muschanows, der sich selbst mit irgend einer Mission betraut habe, sei von London und Paris dazu ausgenutzt worden, um die Bedeutung seines (Kiosseiwanows) Besuches in Berlin herabzusetzen (N 123.506).

[58] Bericht der jugoslawischen Gesandtschaft in London an das Aussenministerium in Belgrad vom 16.5.39 über eine Unterhaltung mit dem bulgarischen Gesandten (N 118.105).

[59] Bericht des bulgarischen Gesandten in London, Momtschilow, an das Aussenministerium in Sofia vom 25.8. (N 123.702).

Wenn in Bulgarien wegen der dortigen Verbindung der Aussenpolitik mit den Revisionsforderungen Englands Bestrebungen zur Einbeziehung Sofias in die Einkreisungsfront auf bisher unüberwindliche Schwierigkeiten stiessen, so traf die englische Diplomatie in Jugoslawien auf Hindernisse wegen der Verbindung Belgrads mit Rom. Immerhin setzte London einige Hoffnung auf den ehemaligen Ministerpräsidenten und Aussenminister Stojadinovic, an dessen Reise nach London im Oktober 1937 einige Erwartungen geknüpft worden waren. Gewisse Erklärungen Stojadinovics in London,[60] *ferner die jugoslawische Haltung in Nyon, die Verlängerung des jugoslawisch-französischen Freundschaftsvertrages auf weitere fünf Jahre und nicht zuletzt die regen Geschäftsverbindungen des Aussenministers mit England, die nach Meinung des Wiener Korrespondenten des ,Observer', Fodor, keine nebensächliche Rolle in den englisch-jugoslawischen Beziehungen spielten, liessen, nach Fodors Ansicht, die Hoffnung aufkommen, Jugoslawien würde im Falle eines ernsten Konfliktes sich letzten Endes doch auf die Seite seiner alten Verbündeten stellen.*[61] *Auch die Reise des*

[Seite] 36

Prinzregenten Paul und der Fürstin Olga nach London im November 1938 sollte, wie der Chef des Pressebüros, Lukovic, erklärte, einer Engergestaltung der Beziehungen zwischen Jugoslawien und England dienen.

Der Rücktritt Stojadinovics Anfang Februar 1939 und die Besetzung Albaniens durch Italien im April dieses Jahres stellte die Politik mit Italien wieder mehr in den Vordergrund, und der Besuch des Prinzregenten in Berlin vom 1.–8. Juni gab u.a. auch der englischen Presse Veranlassung, von einem deutschen und italienischen Druck auf Jugoslawien zu sprechen. Der erneute Besuch des Prinzregenten und seiner Gemahlin in London im Juli 1939 liess deshalb nach einer Mitteilung des jugoslawischen Gesandten in Sofia, Jurisic, am 13.7. in Londoner diplomatischen Kreisen die Meinung aufkommen, der Prinzregent wolle die englische Regierung davon überzeugen, dass sich Jugo-

[60] In einem Interview, das er der Londoner Korrespondentin des C.S.R.-Pressebüros (C.T.K), Frau Dr. Worlitschek, am 14.10.37 gewährte, hatte Stojadinovic geäussert, das Abkommen mit Italien vom März 1937 habe Jugoslawien den Vorteil der Präferenzen der Römischen Protokolle gebracht, ohne dass sich Jugoslawien an die drei Mächte der Römischen Protokolle angeschlossen oder wenigstens die Absicht geäussert hätte, dies zu tun. Das englische Gentleman-Agreement vom 12.1.37 sei die Voraussetzung und gleichzeitig die Basis für den Abschluss des jugoslawisch-italienischen Vertrages gewesen. Die Politik Jugoslawiens im Mittelmeer decke sich mit der englischen Politik.

[61] N 71.962.

slawien nicht zur Achse bekannt habe und seine Unabhängigkeitspolitik bewahre.[62] *In Pressekreisen hiess es gleichzeitig, der Besuch in London und die Reise des Finanzministers Djuricic nach Südfrankreich und England im Juli stellten eine Gegenaktion gegen den deutschen Druck dar, und der bulgarische Gesandte in London, Momtschilow, berichtete am 2.3.39,*[63] *in London bringe man der jugoslawischen Freundschaft nach dem Besuch des Prinzregenten wieder mehr Vertrauen entgegen.*[64]

[Seite] 37

Über Gegenstand und Ergebnis der Verhandlungen in London liegen nur wenige Diplomatenberichte vor. So soll, wie der japanische Generalkonsul in Wien, Jamaji, auf Grund eines Agentenberichtes am 3.8. dem Aussenministerium in Tokio mitteilte,[65] *England von Jugoslawien u.a. verlangt haben, übereilte Schritte Bulgariens zu verhindern. Ferner solle London den Wunsch geäussert haben, dass Jugoslawien trotz einer im Ernstfall wegen seiner geographischen Lage notwendigen Neutralität, an der albanischen Grenze militärische Vorbereitungen treffe und sich später einer englisch-französisch-griechischen Allianz anschliesse, wofür es nach Abschluss des Krieges die Häfen Zara, Fiume, Triest und Pola erhalten würde. Der bulgarische Gesandte in London, Momtschilow, wusste dem Aussenministerium in Sofia am 2. 8. 39 mitzuteilen,*[66] *England hoffe nunmehr, dass Jugoslawien die Ausnutzung des Balkans als Operationsbasis der Achse verhindern werde. Ausserdem habe sich der Prinzregent bereit erklärt, über Kredite zu verhandeln. Im Widerspruch zu diesen Ansichten steht die Information, die der jugoslawische Aussenminister Cincar[–]Marcovic am 13.8. der jugoslawischen Gesandtschaft in Berlin übermittelte,*[67] *dass anlässlich des Besuches in London weder von irgendeinem politischen Übereinkommen gesprochen worden sei, noch von englischer Seite irgend etwas in dieser Hinsicht verlangt wurde. Gleichlautend erklärte der jugoslawische Gesandte in London, Subotic, am 21.7. – wie er seinem Aussenmi-*

[62] N 122.823.

[63] N 123.001.

[64] In diesem Zusammenhang ist ein Bericht des bulgarischen Gesandten in Berlin, Draganow, an das Aussenministerium in Sofia vom 21.7.39 bemerkenswert, in dem es heisst, in Berlin sei der Eindruck des Besuches in London nicht günstig. Er habe im Auswärtigen Amt die Überzeugung geschaffen, dass Jugoslawien kein zuverlässiger Mitarbeiter sei und es bis zum Ende an zwei Tischen zu spielen wünsche (N 122.911).

[65] N 123.782.

[66] N 123.373, N 123.702.

[67] N 124.673.

nisterium berichtete – dem deutschen Botschafter gegenüber, der Besuch des Prinzregenten in London würde an der jugoslawischen Aussenpolitik nichts ändern.

[Seite] 38

Zu den englisch-russischen Paktverhandlungen

Wie die Agentur ‚Tass' am 21.3. mitteilte, befragte die britische Regierung auf Grund der Gerüchte über ein deutsches Ultimatum an Rumänien, die gelegentlich der deutsch-rumänischen Wirtschaftsverhandlungen im März 1939 von dem rumänischen Gesandten in London, Tilea, lanciert worden waren,[68] *die sowjetrussische Regierung am 18.3.*[69] *über deren Haltung im Fall eines deutschen Gewaltaktes gegen Rumänien. Die sich hieran anknüpfenden monatelangen russisch-englischen Verhandlungen werden aus den vorliegenden Unterlagen, was ihren Verlauf und ihre einzelnen Phasen anbetrifft, nicht völlig deutlich. Nimmt man das Ergebnis einer zusammenfassenden Auswertung der betreffenden dem FA. bekannten Diplomatenberichte vorweg, so kann gesagt werden, dass von vornherein die Auffassungen der Verhandlungspartner stark auseinandergingen, dass Russland den Verhandlungsgegenstand immer wieder durch neue Forderungen komplizierte, dass England demgegenüber nach Formeln suchte, die substantiellen Hindernisse zu umgehen, und dass schliesslich mehr oder weniger auf beiden Seiten die Tendenz bestand, die Verhandlungen in die Länge zu ziehen in der Hoffnung, dass durch eine Änderung der allgemeinen Lage und Eintritt neuer Ereignisse der Verhandlungspartner nachgiebiger werden oder auch die eigenen Interessen*

[Seite] 39

eine klarere eigene Stellungnahme gestatten bzw. die eigenen Bedenken gegenüber den gegnerischen Forderungen in Wegfall kommen würden.

Die englischen Vorschläge und die sowjetrussischen Gegenvorschläge und Bedingungen

Über die englischen Vorschläge und die russischen Gegenvorschläge ergibt sich das folgende Bild. Zunächst forderte England von Sowjetrussland dessen

[68] Vgl. oben S. 23.

[69] Hierdurch wird die oben S. 14 mitgeteilte Meldung über den Zeitpunkt des Beginns der britischen Einkreisungskonsultationen bestätigt.

Hilfe für Polen und Rumänien,[70] die Russen ihrerseits stellten sich – wie der sowjetrussische Geschäftsträger in London dem jugoslawischen Geschäftsträger Milanovic erklärte[71] – auf den Standpunkt, der Friede sei unteilbar, und schlugen die Einberufung einer Konferenz zur Sicherung des Friedens auch im Fernen Osten vor. Als dies von England nicht angenommen wurde, machten sie den Gegenvorschlag, mit England einen gegenseitigen Beistandspakt ohne Berücksichtigung des Fernen Ostens abzuschliessen.[72] Über den Umfang dieses von Moskau vorgeschlagenen Bündnisses gehen die Berichte auseinander. Während nämlich der sowjetrussische Geschäftsträger

[Seite] 40

in London (laut Bericht Milanovic'[73]) erklärte, Sowjetrussland sei einverstanden, ein praktisch nur gegen Deutschland gerichtetes Bündnis abzuschliessen, erklärte Molotow (einem Bericht des türkischen Botschafters in Moskau, Apaydin, zufolge), dass er diesen Pakt nicht nur gegen einen Angriff Deutschlands, sondern gegen jeden Angriff abschliessen wolle und dass er ferner wünsche, dass diese drei Staaten (FA: England, Frankreich und Russland) den Nachbarn an der sowjetrussischen Grenze eine gemeinsame Garantie abgäben. Molotow wies bei dieser Gelegenheit darauf hin, dass England der Türkei und Polen gegenüber ja auch einen gegenseitigen Beistandspakt eingegangen sei.[74] Auch nach einer Erläuterung, die der sowjetrussische Botschafter in Ankara, Terentjew, den sowjetrussischen Gegenvorschlägen gab, verlangte Sowjetrussland eine gegenseitige sich auf alle drei Staaten (FA: Russland, England, Frankreich) erstreckende Dreiergarantie, in die auch alle (FA: europäischen) Nachbarn der Sowjetunion einbezogen sein sollten.[75]

England hingegen wollte – wie der jugoslawische Geschäfts-

[Seite] 41

träger Milanovic aus London berichtete<,> [–] auf ein volles Bündnis mit Russland nicht eingehen und versuchte, den russischen Wünschen durch eine

[70] Bericht des türkischen Botschafters in Moskau, Apaydin, an das Aussenministerium in Ankara vom 21.4.39 (N 115.968).

[71] Bericht Milanovic' nach Belgrad vom 26.4.39 (N 116.207).

[72] Bericht Apaydins vom 21.4. (N 115.968) sowie der Bericht des jugoslawischen Geschäftsträgers in London vom 9.5. (N 117.393).

[73] Bericht des jugoslawischen Geschäftsträgers in London, Milanovic, vom 26.4. (N 116.207).

[74] Bericht des türkischen Botschafters in Moskau, Apaydin, vom 24.5. (N 118.900).

[75] Information des türkischen Aussenministers Saracoglu für den türkischen Botschafter in London, Rüschdi Aras, vom 17.5. (N 118.213).

Modifikation seiner ursprünglichen Vorschläge entgegenzukommen. Es schlug (dem erwähnten Bericht zufolge) vor, Russland solle erklären, dass es sich im Falle einer Aggression engagieren werde, wobei nicht erwähnt zu werden brauche, welche Staaten für die Intervention in Betracht kämen, weil etliche von diesen das nicht wünschten. Um Russland die gewünschte Gewähr dagegen zu bieten, dass es durch diese Garantie isoliert in einen Krieg mit Deutschland verwickelt werde, sah dieser Vorschlag weiter vor, die russische Intervention solle nur für den Fall eintreten, dass sich England und Frankreich wegen des gleichen Falles bereits im Kriege befänden.[76] *Da auch dieser englische Vorschlag die sowjetrussische Regierung noch nicht befriedigte, entschloss sich England schliesslich, die Aufzeichnung der zu garantierenden Länder in einem Geheimprotokoll vorzuschlagen sowie den Abschluss eines russisch-türkischen und eines russischpolnischen Abkommens anzuregen.*[77]

[Seite] 42

Allein aus diesen Vorschlägen und Gegenvorschlägen geht hervor, wie sehr der Verhandlungsgegenstand durch Forderungen der Sowjetunion auf Einbeziehung aller ihrer Nachbarstaaten in die gemeinsame Garantieverpflichtung kompliziert wurde; denn Lord Halifax bestand darauf, die Unabhängigkeit der baltischen Staaten zu respektieren.[78] *Noch grösser wurden die Schwierigkeiten, als Russland seine Bedingung bezüglich der Garantie der Randstaaten dahin erweiterte, dass auch ‚eine indirekte Aggression', d.h. der Wechsel in der Regierung eines dieser Länder durch friedliche Intervention eines Dritten einen Grund für ein Einschreiten im Sinne der Garantieverpflichtung bedeuten müsse.*[79]

---

[76] Bericht des jugoslawischen Geschäftsträgers in London, Milanovic, vom 9.5.39 (N 117.395).

[77] Bericht des türkischen Botschafters in Rom, Baydur, vom 6.7.39 über Mitteilungen des britischen Botschafters [Sir Percy] Loraine (N 121.916).

[78] Bericht des lettischen Gesandten in London, Zarine, vom 6.6.39 (N 119.552).

[79] Unterhaltung des amerikanischen Botschafters in Warschau, Drexle-Biddle [sic; Anthony Drexel-Biddle], mit Hillman am 19.7.39 (N 122.918). Bericht des türkischen Botschafters in London, Rüschdi Aras, vom 8.8.39 (N 124.262). Eine andere Komplikation, die die Sowjetrussen in die Verhandlungen hineintrugen, war, wie der bulgarische Gesandte in London, Momtschilow, am 5.4. berichtete, die russische Weigerung, britische Kriegsschiffe zur Hilfeleistung für Rumänien durch die Dardanellen durchzulassen. (N 114.473). Aus den Berichten Apaydins vom 21.4. und 24.5. geht gleichfalls hervor, dass Sowjetrussland in diesem Zusammenhange der Frage eines Schutzes der Meerengen grosse Bedeutung beimass (N 115.968 und 118.900).

[Seite] 43

Diesen Umständen entspricht auch, dass alle Berichte, die im übrigen den Verlauf und Stand der englisch-russischen Verhandlungen betreffen, sich durchweg pessimistisch über das zu erwartende Ergebnis äussern.[80]

[Seite] 44

Die Haltung der nicht unmittelbar beteiligten Staaten zu den Verhandlungen in Moskau

Bei seinen Verhandlungen mit Sowjetrussland erfuhr England naturgemäss die Unterstützung Frankreichs.[81]

Besonders intensiv versuchte die Türkei, den Abschluss eines englisch-sowjetrussischen Paktes zu fördern.[82] *Am 15.5. übermittelte Apaydin, der türkische Botschafter in Moskau, aus persönlicher Initiative mit dem Ziele, das Abkommen zwischen England und Sowjetrussland ohne weitere Verzögerung zum Abschluss zu bringen, seinem Aussenministerium die Anregung, den Verhandlungspartnern folgende Erklärung zur Beschlussfassung vorzuschlagen: „Angriffen gegenüber werden sich die Regierungen der Türkei, der Sowjetunion, Englands und Frankreichs – womöglich wiederholt – solidarisch erklären."*[83] *Wie der türkische Aussenminister Saracoglu den Botschafter in London, Rüschdi Aras, am 17.5.39 informierte, hat er diese Anregung Apaydins dem englischen Botschafter in Ankara zur Kenntnis gegeben[,] aber davon bis dato weder dem Ministerpräsidenten noch dem*

[80] Vansittart erklärte gegenüber dem jugoslawischen Gesandten in London, die Verhandlungen kämen schlecht vorwärts. Wenn eine Frage gelöst sei, würfen die Sowjets eine neue auf (N 122.403). Der amerikanische Botschafter in Warschau, Drexle-Biddle [sic], bemerkte am 19.7., Strang habe sich festgelaufen (N 122.918). Der japanische Gesandte in Stockholm berichtete, Strang sei in Moskau nicht besonders willkommen geheissen worden. Bei seiner Ankunft habe man an ihn neue Forderungen im Zusammenhange mit dem finnischen Problem gestellt (N 120.341). Der japanische Botschafter in London, Shigemitsu, berichtete am 30.6., es scheine, als ob trotz der englischen Zugeständnisse die englisch-sowjetrussischen Verhandlungen nicht zu einem Abschluss kommen würden (N 121.595). Rüschdi Aras, der türkische Botschafter in London, äusserte am 8.8.39, die qualitative Zusammensetzung der britischen Militärmission habe in Moskau Missfallen erregt, die Verhandlungen würden zwar aufrechterhalten, doch sei ihr Ende nicht abzusehen (N 124.262).

[81] Bericht des japanischen Botschafters in London, Shigemitsu, vom 10.6. (N 120.003).

[82] Das türkische Interesse an den sowjetrussisch-englischen Verhandlungen wurde bereits oben erwähnt.

[83] N 118.035.

Staatspräsidenten Mitteilung gemacht.[84] *Saracoglu beauftragte gleichzeitig Rüschdi Aras, sich beim Foreign Office im Sinne der englisch-russischen Annäherung zu bemühen. Rüschdi Aras erklärte daraufhin weisungsgemäss in einer Unterhaltung mit Sir Alexander Cadogan, dem ständigen Unterstaatssekretär im Foreign Office, die Türkei würde befriedigt sein, wenn man auf den Grundlagen*

[Seite] 45

des sowjetrussischen Vorschlages zu einem Abkommen gelange. Für den Fall, dass aus irgendwelchen Überlegungen eine gegenseitige Garantie aber nicht möglich sein sollte, wies Rüschdi Aras nochmals auf die Inspiration Apaydins hin und, dass man eine Viererklärung – evtl. sogar eine Fünfererklärung (FA: Englands, Frankreichs, Russlands, der Türkei, Polens) – oder auch zunächst nur eine Viererklärung, der sich anzuschliessen Polen freistehe, beschliessen könne.[85] *Der türkische Botschafter in Moskau, Apaydin, hinwiederum versicherte in der Folge Molotow, dass sich die Türkei sowohl in Ankara und London als auch in Moskau entsprechend bemüht habe (FA: bei den Engländern).*[86]

Alle übrigen betroffenen Staaten trugen durch ihre Haltung keineswegs zur Erleichterung der englisch-sowjetrussischen Verhandlungen bei. Wie der japanische Gesandte in Spanien, Yano, am 31.5. berichtete,[87] *erklärte der polnische Gesandte dortselbst, Szumlakowski, es sei tadelnswert, dass England gegen den Wunsch Polens ein Bündnis mit der Sowjetunion abzuschliessen beabsichtige. Auch wenn dieses zustande käme, habe Polen nicht die Absicht, sich mit der Sowjetunion zu verbünden, und Polen werde auf keinen Fall den Einmarsch sowjetrussischer Truppen dulden. Einem Bericht des Legationsrats Adamovic bei der jugoslawischen Gesandtschaft in Warschau vom 13.8. zufolge*[88] *erwartete Polen von den Besprechungen*

[Seite] 46

in Moskau, dass Russland die Unantastbarkeit und Sicherheit der polnischen Ostgrenze garantieren werde. Für diesen Fall würde Polen der sowjetrussischen Armee gestatten, an seiner Westgrenze aufzumarschieren. Die Angleichung des

84 N 118.213.

85 Information des türkischen Aussenministers Saracoglu für den türkischen Botschafter in Moskau, Apaydin, vom 22.5. über einen Bericht des türkischen Botschafters in London, Rüschdi Aras (N 118.831).

86 Bericht des türkischen Botschafters in Moskau nach Ankara vom 24.5.39 (N 118.900).

87 N 119.328.

88 N 124.585.

polnischen Standpunktes habe in den Besprechungen der britischen Militärabordnung in Moskau die Hauptrolle gespielt.

Auch Rumänien wünschte, wie der japanische Gesandte in Spanien, Yano[,] am 31.5. berichtete, nicht, in Bündnisbeziehungen mit der Sowjetunion zu treten oder eine fremde Militärmacht in sein Gebiet eindringen zu lassen.[89]

Bezüglich der drei baltischen Staaten berichtete am 10.6. Shigemitsu, der japanische Botschafter in London, gegenüber der von Russland aufgestellten Forderung nach Garantie für diese Staaten habe sich deren Haltung als unnachgiebig erwiesen.[90] *In einem späteren Bericht vom 1.7. äusserte Shigemitsu, die Haltung der verschiedenen baltischen Staaten, insbesondere Finnlands, sei klar gegen sowjetrussische Garantien eingestellt, und England könne daher die Haltung dieser Staaten nicht einfach gänzlich ignorieren.*[91]

Lettland hatte, wie der lettische Aussenminister Munters dem japanischen Gesandten in Riga, Otaka, am 10.7. mitteilte, bei England Vorstellungen dahingehend unternommen, dass England das Prinzip der Neutralität Lettlands respektiere, worauf englischerseits geantwortet wurde, dass man dieses Prinzip achten werde. Munters fügte dieser Mitteilung jedoch hinzu, dass es schwer sei, diesem Versprechen Vertrauen zu schenken, da England durch seinen eigenen Vorschlag bereits die Neutralität der baltischen Staaten verletzt habe. Auf diesen Vorschlag, der dahingegangen sei, dass jeder

[Seite] 47

Staat, der England, Frankreich oder der Sowjetunion benachbart sei, im Falle eines Angriffes sowjetrussische Hilfe erhalten solle, habe England seitens Belgiens, Hollands und der Schweiz bereits Proteste erhalten.[92]

Bezüglich Italiens folgerte der japanische Botschafter in Ankara, Taketomi, aus den Kriegsschiffbauten auf italienischen Werften für sowjetrussische Rechnung, dass Mussolini bestrebt sei, Sowjetrussland nicht zum Anschluss an England und Frankreich gelangen zu lassen.[93]

Über die Haltung Deutschlands äusserte der japanische Botschafter in London, Shigemitsu, die Ansicht, dass Reich setze alle Kraft ein, um die englisch-sowjetrussischen Verhandlungen zu stören und durch Wirtschaftsverhandlungen und Kreditgewährungen die Neutralität der Sowjetunion zu erkaufen.[94]

---

[89] N 119.328.
[90] N 120.003.
[91] N 121.595.
[92] Bericht des japanischen Gesandten in Riga, Otaka, vom 10.7.39 (N 122.403).
[93] Bericht des japanischen Botschafters in Ankara, Taketomi, vom 30.6.39 (N 121.595).
[94] Bericht des japanischen Botschafters in London, Shigemitsu, vom 30.6.39 (N 121.595).

[Seite] 48

Die Hintergründe der Schwierigkeiten bei den Moskauer Verhandlungen

Ein Haupthindernis für einen erfolgreichen Abschluss der englisch-sowjetrussischen Verhandlungen scheint das Misstrauen gewesen zu sein, das die sowjetrussische Regierung den englischen Vorschlägen entgegenbrachte. Schon im Anfangsstadium der Verhandlungen betonte der sowjetrussische Geschäftsträger in London, dass Russland auf ein aufrichtiges Bündnis, das den Fall einer Aggression sowohl als auch den Umfang der militärischen Zusammenarbeit präzisiere, Wert lege, um auf diese Weise dem auszuweichen, worauf England abziele, nämlich, in einen Krieg mit Deutschland engagiert zu werden, bei dem England seine Teilnahme auf ein Minimum herabsetze oder sich sogar die Freiheit vorbehalte, zu wählen, was ihm zusage und was nicht.[95] *Auch der türkische Aussenminister Saracoglu gab der Überzeugung Ausdruck, bei den Russen bestehe die Befürchtung, dass die Westmächte Deutschlands Schwergewicht auf die Sowjetunion zu lenken beabsichtigten.*[96] *Der japanische Botschafter in Ankara, Taketomi, dagegen beurteilte die Haltung, die Sowjetrussland bei den englischrussischen Verhandlungen an den Tag legte, dahin, dass Russland zunächst den Entschluss gefasst gehabt hätte, sich aufrichtig dem englischen Lager anzuschliessen, in der Absieht, hierdurch die Westmächte einerseits und*

[Seite] 49

Deutschland andererseits gegeneinander aufzuhetzen. In Verfolg dieses gleichen Zieles habe Russland sich auch zu Waffenkäufen bei den Skoda-Werken und zu einem Wirtschaftsabkommen mit Deutschland entschlossen. Taketomi hielt es damals (30.6.39) für möglich, dass Sowjetrussland gegebenenfalls, um den Ausbruch eines Krieges zwischen den beiden Lagern zu beschleunigen, seine Haltung später ändern würde.[97] *Der japanische Botschafter in London, Shigemitsu, äusserte dagegen am gleichen Tage die Ansicht, Sowjetrussland schwanke in seiner Wahl zwischen dem von England vorgeschlagenen Bündnis und dem deutschen Vorschlag, der über ein Wirtschaftsabkommen hinausgehe und die Neutralität und Unantastbarkeit Sowjetrusslands vorsehe, zumal es offensichtlich bei einem bevorstehenden Zusammenstoss zwischen England und Deutschland am liebsten*

[95] Bericht des jugoslawischen Geschäftsträgers in London, Milanovic, vom 26.4.39 über eine Unterhaltung mit dem Sowjet-Geschäftsträger (N 116.207).

[96] Information des türkischen Aussenministers Saracoglu für den türkischen Botschafter in London, Rüschdi Aras, vom 17.5.39.

[97] Bericht des japanischen Botschafters in Ankara v. 30.6.39 (N 121.595).

aus jeder Verwicklung fernzubleiben wünsche.[98] *Eine andere Version wurde von dem japanischen Gesandten in Stockholm, Kuriyama, berichtet, wonach Sowjetrussland hauptsächlich aus innerpolitischen Gründen Bedenken gegen den Abschluss des Bündnisses habe, und zwar befürchte man russischerseits, dass als Folge eines sich an den Abschluss des Paktes knüpfenden regeren Verkehrs von Delegierten nach Russland das westeuropäische Element auf die innere Politik Russlands Einfluss gewinnen und dadurch die gegen Stalin gerichtete Tendenz anwachsen könnte.*[99]

[Seite] 50

Dafür, dass das sowjetrussische Misstrauen gegenüber England nicht unbegründet war, sprechen die Urteile mehrerer Diplomaten, die sich mit der Analyse der englischen Politik befassen. Der jugoslawische Geschäftsträger in London, Milanovic, äusserte, England lehne eine engere Bindung an Russland unter anderem deshalb ab, um sich Russlands erforderlichenfalls entledigen zu können und sich die Möglichkeit einer Verständigung mit Deutschland zu wahren.[100] *Der Londoner japanische Botschafter, Shigemitsu, gab seinen Eindruck dahin wieder, dass England ein doppeltes Spiel zu spielen versuche, indem es die sowjetrussischen Bündnisverhandlungen gegenüber Deutschland als Waffe benutze und andererseits der Sowjetunion gegenüber mit einem an Deutschland gerichteten Friedensplan als Druckmittel operiere.*[101]

Andererseits liegen verschiedene Zeugnisse dafür vor, dass für Englands Haltung innerpolitische Schwierigkeiten von Bedeutung waren. So erklärte Sir Alexander Cadogan, der Ständige Unterstaatssekretär im Foreign Office, dem sowjetrussischen Vorschlag eines Dreier-Abkommens ständen innen- und aussenpolitische Schwierigkeiten Englands entgegen und die Billigung dieses Vorschlages läge deshalb nicht nur in den Händen des Foreign Office.[102] *Während die Opposition*

---

98 Bericht des japanischen Botschafters in London vom 30.6.39 (N 121.595).

99 Bericht des japanischen Gesandten in Stockholm, Kuriyama, vom 17.6.39 (N 120. 341).

100 Bericht des jugoslawischen Geschäftsträgers in London, Milanovic, vom 9.5. Milanovic bemerkte in diesem Bericht ferner, das Foreign Office hoffe, aus der zu erwartenden russischen Antwort zu ersehen, ob die Absetzung des russischen Aussenkommissars Litwinow (FA: am 3.5.39) eine wichtigere Änderung in der Haltung der russischen Regierung bedeute (N 117.393).

101 Bericht des japanischen Botschafters in London, Shigemitsu, vom 10.6. (N 120.003).

102 Information des türkischen Aussenministers Saracoglu für den türkischen Botschafter in Moskau vom 22.5. über einen Bericht des türkischen Botschafters in London, Rüschdi-Aras (N 118.831).

[Seite] 51

auf die britische Regierung einen starken Druck ausübte, mit Russland eine Allianz abzuschliessen[,][103] und sogar verlangte, dass man den Unterstaatssekretär Butler als Delegierten nach Moskau entsende, rief auf der anderen Seite – einem Bericht des japanischen Botschafters in London zufolge – die Ansicht der seit jeher gegen das Bündnis eingestellten Schriftsteller im Inneren Englands eine Reaktion Englands hervor, wozu noch die weitere Tatsache kam, dass man in England zu zweifeln begann, ob man auch die wahren Absichten der Sowjetunion genügend kenne.[104] Angesichts dieser innerpolitischen Schwierigkeiten bestand nach einem späteren Bericht Shigemitsus bei Chamberlain die Absicht, die Verhandlungen hinzuschleppen und erst wenn der europäische Krieg in umnittelbare Sicht gekommen sei, gänzlich auf die sowjetrussischen Forderungen einzugehen.[105] Ähnlich berichtete Rüschdi<->Aras, der türkische Botschafter in London, man glaube englischerseits, dass durch die Annahme des russischen Vorschlages bezüglich des indirekten Angriffes die Moskauer Besprechungen sofort zu einem erfolgreichen Abschluss geführt werden könnten, dass jedoch, wenn dies notwendig werde, noch Anstrengungen dafür gemacht würden, in das englisch-russische Bündnis einige Rückhaltsklauseln hineinzuarbeiten.[106]

[Seite] 52

Die Entwicklung des englischen Verhältnisses zu Polen

Erste englische Annäherungsversuche nach der Besetzung Böhmens und Mährens – Die britische Garantie-Erklärung für Polen – Der Besuch des Oberst Beck in London – Nach der Endigung des deutsch-polnischen Nichtangriffsvertrages – Der Abschluss des englisch-polnischen Bündnisses

Nach der Besetzung Böhmens und Mährens machte die englische Diplomatie alle Anstrengungen, Englands Verhältnis zu Polen zu intensivieren und es im Zuge der englischen Aussenpolitik nach München in das Einkreisungssystem einzubeziehen. Es ist nicht bekannt, ob feste Pläne dieser Art bereits vor den Er-

---

[103] Bericht des lettischen Gesandten in London, Zarine, vom 6.6. (N 119.552).

[104] Bericht des japanischen Botschafters in London, Shigemitsu, vom 10.6. (N 120.003).

[105] Bericht des Londoner japanischen Botschafters Shigemitsu vom 30.6. Shigemitsu fügte hinzu, er halte es für sehr zweifelhaft, ob die Sowjetunion tatsächlich im letzten Augenblick eine Bewegung zur englischen Seite hin machen werde (N 121.595).

[106] Bericht des türkischen Botschafters in London, Rüschdi-Aras, vom 8.8. (N 124.262)

eignissen in der ehemaligen Tschecho-Slowakei bestanden.[107] *Die englisch-polnischen Beziehungen waren vor der Münchener Tagung angesichts des engen deutsch-polnischen Verhältnisses und der polnischen Absicht, aus dem Völkerbund auszutreten, anscheinend verhältnismässig oberflächlich gewesen. Die geringe Fühlungnahme, die der polnische Aussenminister Beck mit dem ehemaligen englischen Aussenminister Eden hatte, bezog sich angeblich hauptsächlich auf eine englische Prüfung der Haltung Polens in einigen Punkten, die das englisch-polnische Verhältnis als solches nicht unmittelbar betrafen, wie die Stellung Polens zum Abessinienkonflikt und die Möglichkeit einer polnischen Vermittlung zwischen dem Reich und Frankreich. Auch die im September 1938 auftauchende Meinung, England plane eine En-*

[Seite] 53

gergestaltung der englisch-polnischen Beziehungen, beruhte nur auf einem Gerücht.[108] *Erst die englischen Pläne, angesichts der Auflösung der Tschecho-Slowakei, die Initiative zu der sogenannten „Kollektiv-Deklaration" der Staaten zu ergreifen, wobei zunächst neben England, Frankreich und die Sowjetunion und anschliessend Polen und die Südoststaaten eine Erklärung abgeben sollten, setzte der englischen Diplomatie in Warschau neue und konkretere Ziele. Die Aufgabe in Polen war allerdings nicht einfach, da einerseits das polnisch-deutsche Verhältnis eine klare Stellungnahme Polens zunächst noch nicht zuliess und andererseits die polnische Haltung gegenüber der Sowjetunion auf eine neue Grundlage hätte gestellt werden müssen. Als ersten englischen Vorstoss in Warschau kann man vielleicht die Reise des Unterstaatssekretärs für den Überseehandel, Hudson, bezeichnen, die, wie der jugoslawische Gesandte in Warschau, Vukcevic, am 20.3. berichtete, in den politischen Kreisen der polnischen Hauptstadt nicht nur als eine wirtschaftspolitische, sondern auch als eine politische aufgefasst werde.*[109] *Der polnische Aussenminister schien aber, wie Vukcevic weiter mitteilte, auf Grund der internationalen Lage die Bedeutung des Besuchs mässigen zu wollen, indem er ihm einen halboffiziellen und rein wirtschaftlichen Charakter verlieh. Oberst Becks Eingehen auf die Einladung nach London liess jedoch annehmen, dass die Bemühungen Englands*

[107] Nach einem Bericht des Londoner Korrespondenten des „Prager Tagblatt", Eisner, am 24.11.38 hat der „Evening Standard" gemeldet, dass angesichts des drohenden polnischen Einmarsches in die Karpat<h>o-Ukraine die englische Regierung Paris geraten habe, keine Schritte zu unternehmen, da es im Augenblick nicht ratsam sei, das polnisch-französische Verhältnis weiter zu verschlechtern (N 103.470).

[108] N 95.933. Andreas Revai, Pester Lloyd, 2.9.38.

[109] N 112.958.

nicht ganz ohne Erfolg waren. Dass England kein Mittel scheute, um Polens Haltung zu beeinflussen, geht aus einer Information des jugoslawischen Aussenministers Cincar-Marcovic an die jugoslawische Gesandtschaft in Berlin vom 30.3.39 hervor,[110] *die*

[Seite] 54

besagte, das Foreign Office sei sogar bereit, Danzig zu opfern, d.h. die Kontrolle des Völkerbundes aufzugeben und dem Reich freie Hand zu lassen, um Polen dadurch zu zwingen, den Westmächten beizutreten.[111]

Am 31.3. – noch bevor der polnische Aussenminister in London eintraf – gab der englische Ministerpräsident im Unterhaus die Garantieerklärung für Polen ab.[112] *Die Veranlassung hierzu soll nach einem Bericht des Bulgarischen Gesandten in London vom 31.3. die Meldung von einer bevorstehenden deutschen Aktion gegen Polen gewesen sein.*[113] *Nach einer anderen Information aus London soll von der rumänischen Gesandtschaft mit Hilfe englischer Kreise eine Meldung von einem deutschen Ultimatum an Polen lanciert worden sein, die die Erklärung psychologisch vorbereitet und die dagegenstehenden Bedenken im Kabinett überwunden haben.*[114] *Schon im Zeitpunkt der Erklärungsabgabe wies man von englischer Seite darauf hin, dass die Erklärung Chamberlains nur eine Einleitung darstelle, und dass aus Anlass des Besuches Becks darüber verhandelt werden würde, ob diese einseitige englische Erklärung zu einem Pakt ausgebaut werden solle. So*

[Seite] 55

äusserte nach der Erklärung Chamberlains der polnische Gesandte in Budapest, Orlowski, dem dortigen italienischen Gesandten Vinci-Gigliucci gegenüber,

[110] N 113.829.

[111] Dagegen berichtete der japanische Botschafter in London, Shigemitsu, am 31.3., dass London und Paris Polen fortwährend zu einer hartnäckigen Haltung in der Danziger Frage ermutigten (N 114.220).

[112] Die Erklärung lautete: „Wie dem Hause bekannt ist, finden zur Zeit gewisse Konsultationen mit anderen Regierungen statt. Um die Haltung der britischen Regierung in der Zwischenzeit, bevor diese Konsultationen abgeschlossen sind, völlig klarzustellen, fühle ich mich veranlasst, dem Hause mitzuteilen, dass während dieser Zeitdauer für den Fall irgendeiner Aktion, die klarerweise die polnische Unabhängigkeit bedroht und die die polnische Regierung daher für so lebenswichtig ansieht, dass sie ihr mit ihren nationalen Kräften Widerstand leistet, die britische Regierung sich verpflichtet fühlen würde, der polnischen Regierung alle in ihrer Macht stehende Hilfe sofort zu gewähren?" Am 26.3. hatte Polen die deutschen Vorschläge betreffend einer Regelung des Danziger- und des Korridor-Problems zurückgewiesen.

[113] N 114.016.

[114] N 113.948.

dass man in London schon von Anfang an beabsichtigt hätte, mit Polen zu einem Abkommen nach Genfer Muster, aufgebaut auf dem Geist der kollektiven Sicherheit, zu gelangen. Polen sei zwar hierzu bereit, doch dürfe seine Stellung zu Deutschland dadurch nicht beeinträchtigt werden. Auch die mögliche Einbeziehung der Südoststaaten sollte bei dem Besuch Becks besprochen werden. Das Garantieversprechen wurde durchaus nicht überall kritiklos aufgenommen.[115] *Der Berliner britische Botschaftsrat Ogilvie-Forbes erklärte Ward Price gegenüber,*[116] *die Garantie sei zwar sehr schön, aber es sei fraglich, ob England das in Ordnung bringen könne, was es in Unordnung gebracht habe. Diese britische Herausforderung würde den Blitz auf Englands Haupt herunterbringen, und es frage sich, was England überhaupt tun könne, um den Polen zu helfen. Er glaube, in England sei man der Ansicht, dass Deutschland im Ernstfall zusammenfallen würde. Das werde aber nicht der Fall sein, und er selbst habe in London immer klar zu machen versucht, dass Deutschland nicht bluffe. Der englische Bot-*

[Seite] 56

schafter in Rom, Lord Perth, befürchtete einem Bericht der türkischen Botschaft in Rom vom 20.4. zufolge, dass die nach der Garantieerklärung erfolgende schlechte Behandlung der deutschen Minderheiten in Polen den Führer zu einer plötzlichen Aktion veranlassen werde, was dann zu einem allgemeinen Krieg führen würde.

Das Garantieversprechen erhielt, anscheinend nach zuerst komplizierten Manövern, seine Erhärtung durch den Besuch Becks in London vom 3.–7.4., an den in der englischen und polnischen Presse die verschiedensten Vermutungen geknüpft wurden. Allem Anschein nach kam, nach Ansicht des italienischen Gesandten in Budapest, Vinci-Gigliucci, Beck nach London mit dem Vorsatz, durch seine Abmachungen mit der englischen Regierung das polnisch-deutsche Verhältnis nicht

---

[115] Wie Graf Toggenburg am 31.3. aus London berichtete, erklärte ein Mitglied der polnischen Botschaft in London ihm gegenüber, Polen würde das Risiko eines Bündnisses mit England nie übernehmen, wenn es nicht seit dem 30.3. mit Krieg rechnen müsste. (N 114.472) In diesem Zusammenhang interessiert auch ein Bericht des italienischen Botschafters in Warschau, Arone, vom 3.4., in welchem es heisst, die offizielle Meinung in Polen lasse jetzt, nachdem sich in den vergangenen Tagen eine allgemeine Genugtuung wegen der Erklärung Chamberlains gezeigt habe, ein Bestreben erkennen, in den Erklärungen selbst einen nicht so unbedingten und tatsächlichen Vorteil für die Zwecke der polnischen Politik zu sehen. Es liesse sich immer wieder eine Antipathie Polens gegenüber jeder Blockbildung erkennen. (N 114.571) Die PAT [Polnische Nachrichten-Agentur] brachte nach der Erklärung eine Stellungnahme heraus, in der es hiess, Polen habe keinen Grund, seine unabhängige Aussenpolitik nunmehr aufzugeben. (N 113.882) Ähnlich sprach auch der Warschauer Sender in seiner Sendung vom 1. und 2.4.

[116] N 113.922.

allzu sehr zu belasten,[117] *und der bulgarische Gesandte in Paris, Balabanow, glaubte am 6.4. berichten zu können, dass der polnische Aussenminister keine konkreten Verpflichtungen übernommen habe.*[118] *Auch der japanische Botschafter in London, Shigemitsu, vertrat die Ansicht, dass es nicht zur Entwicklung einer militärischen Unterstützung Englands für Polen kommen werde.*[119] *Nach Abschluss der Besprechungen erfuhr der jugoslawische Aussenminister Cincar-Marco<w>[v]ic am 6.4.*[120] *aus London, dass nach einer vom Foreign Office vertraulich mitgeteilten Nachricht die polnisch-englischen Verhandlungen zum Schluss dann doch die Richtung eingeschlagen hätten, einen zweiseitigen Beistandspakt abzuschliessen. Bezüglich der praktischen Auswirkung des gegenseitigen Beistandspaktes traten jedoch, wie der italienische Botschafter in London, Grandi, am 17.4. berichtete, Meinungsverschiedenheiten auf.*[121] *Vermutlich hat die polnische Haltung, wie sie in der unten zitierten Äusserung des jugoslawischen Gesandten in Warschau,*

[Seite] 57

Vukcevic, dargestellt wurde, in London nicht befriedigt. Vukcevic nämlich berichtete am 24.4., Polen wünsche nicht, von seiner Linie des Gleichgewichts abzuweichen und habe nur infolge der durch die Schuld Deutschlands geschaffenen Situation die ihm von England angebotene Sicherung angenommen. Solange aber Friede sei, werde Polen seine Politik keinem Staat gegenüber ändern. Im Falle eines Krieges werde Polen jedoch seine Stellungnahme der Notwendigkeit angleichen.

Diese Haltung änderte sich erst nach dem durch Deutschland am 28.4.1939 ausgesprochenen Erlöschen des polnisch-deutschen Nichtangriffspaktes. Angesichts dieses Ereignisses begann jetzt Warschau, auf London einen Druck auszuüben, um den Abschluss des polnisch-englischen Bündnisses zu beschleunigen, allerdings ohne sofort grosse Bereitwilligkeit zu finden.[122] *Die Zuspitzung des deutsch-polnischen Verhältnisses veranlasste aber am 11.5. die englische Regierung, über die englische Botschaft in Berlin der Reichsregierung zu erklären,*[123] *dass bei einem Vorgehen Deutschlands gegen Polen und Ausbruch von Feindseligkeiten zwischen dem Reich und Polen England und Frankreich einschreiten würden und dann auch Danzig unter die englische Garantie falle. In Warschau selbst dokumentierte man die ernsten englischen Absichten durch die Verhandlungen der britischen*

[117] N 114.224.
[118] N 114.492.
[119] N 114.220.
[120] Information des jugoslawischen Aussenministers für die jugoslawische Gesandtschaft in Berlin (N 114.491).
[121] N 115.444.
[122] N 166.640.
[123] N 117.619.

Militärmission mit dem polnischen Generalstab, die am 24.5. begannen[124] *und durch den Besuch des Sachverständigen für osteuropäische Fragen im Foreign Office, Strang, und des Sekretärs des ständigen Unterstaatssekretärs im Foreign Office, Jebb, vom 27.5.–5.6., deren Aufenthalt mit dem Danziger Problem*

[Seite] 58

und der Vorbereitung für die Unterzeichnung des polnisch-englischen Paktes im Zusammenhang gestanden haben soll.[125]

Am 10. 7. gab der englische Ministerpräsident im Unterhaus seine bekannte Erklärung über Danzig ab,[126] *die angeblich schon einige Tage früher erfolgen sollte, dann aber, wie der Journalist Eisinger aus London berichtet,*[127] *auf Wunsch der polnischen Regierung bis zur Rückkehr des polnischen Botschafters in London, Raczynski, von seinem kurzen Besuch in Warschau verschoben wurde. Über den wirklichen Zweck der*

---

[124] Die englische Mission bestand aus Oberstleutnant Clayton, Hauptmann Rowlingson und Mr. Davidson (N 118.553). Am 20.7. reiste General Ironside nach Warschau (Cang, Manchester Guardian, vom 24. 5.).

[125] Cang, Manchester Guardian, am 1. 6. (N 119.124) und United Press am 2. 6. (N 119.231).

[126] Chamberlain erklärte u.a.: „Die jüngsten Ereignisse in Danzig haben die Befürchtung aufkommen lassen, dass die Absicht bestehe, den künftigen Status Danzigs durch einseitige Massnahmen, und zwar durch verstohlene Methoden, zu regeln und so Polen und die andern Mächte vor ein fait accompli zu stellen. Unter diesen Umständen würde jede Aktion, die Polen zur Wiederherstellung der Sachlage ergriffe, als Angriff seinerseits hingestellt werden, und wenn seine Aktion den Zuzug der anderen Mächte erhielte, dann würden sie ihrerseits der Beihilfe bei einem Gewaltakt bezichtigt. Wenn die Ereignisse sich tatsächlich so abspielen sollten, wie sie die Hypothese vorsieht, dann werden die Mitglieder des Unterhauses auf Grund dessen, was ich früher über diese Angelegenheit sagte, folgern, dass sie nicht als eine rein lokale Sache betrachtet werden könnte.“ Im Hinblick auf die Danziger Frage ist die Äusserung des Berliner Vertreters der Belgrader „Politika“ vom 2.7. bedeutsam, dass die Polen in Berlin (FA: vermutlich Mitglieder der Berliner polnischen Botschaft) sich bei den „Jugoslawen“ darüber beklagt hätten, dass von England ein überaus heftiger Druck auf Polen ausgeübt werde, Danzigs wegen mit dem Reich in einen Krieg einzutreten, da England entschlossen sei, einen Krieg sobald als möglich zu wagen (N 121.402). In diesem Zusammenhang interessiert auch eine Unterhaltung zwischen dem amerikanischen Botschafter in Warschau, Drexel-Biddle und dem Londoner Hearstvertreter vom 2.8.39, in der sich beide über die Verantwortungslosigkeit der Reuterberichterstattung über Danzig äussern. Drexel-Biddle sagte, bei den Reuterberichten aus Danzig handele es sich um gewissenlose antideutsche Sensationsberichte (N 124.274). Nach Vermutung Eisingers hat der polnische Wunsch nach Vertagung der Chamberlain-Erklärung mit einer angeblichen Verhandlungsbereitschaft Berlins zusammengehangen (N 122.023).

[127] N 122.023.

[Seite] 59

Reise Raczynskis nach Warschau liegen keine Meldungen vor. Die englische Presse versuchte diesen durch die Nachricht, dass gleich nach der Rückkehr des Botschafters der englisch-polnische Beistandspakt endgültig abgeschlossen werden sollte, zu erklären. Der Vertrag wurde schliesslich am 25.8. in London unterzeichnet, nachdem angesichts des inzwischen abgeschlossenen deutsch-sowjetrussischen Nichtangriffspaktes der ständige Unterstaatssekretär im Foreign Office, Cadogan, wie der jugoslawische Aussenminister Cincar[-]Marcovic am 22.8. aus London erfuhr, erklärt hatte, dass der deutsch-russische Vertrag die englische Haltung gegenüber Polen nicht ändere und England zu seiner Garantie stehe.[128]

[Seite] 60

III.

Die Rückwirkung der Einkreisungspolitik auf die Entwicklung der deutsch-englischen Beziehungen nach der Besetzung Böhmens und Mährens

Zunahme der deutschfeindlichen Stimmung in England

Die deutsch-englischen Beziehungen hatten sich inzwischen immer mehr zugespitzt. Im Unterhaus richtete am 16.3.39 Duff Cooper die beleidigenden Worte gegen den Führer. Am 4.4. erklärte der damalige Marineminister Stanhope öffentlich in einer Rede an Bord des Flugzeugmutterschiffes ‚Ark Royal', die britische Flotte treffe Vorbereitungen und sei immer bereit.[129]

Die am 23.4. erfolgte Rückkehr des britischen Botschafters nach Berlin und dessen vergebliche Versuche, einen sofortigen Empfang beim Reichsaussenminister zu erwirken, waren für die öffentliche Meinung in England und für die Opposition Anlass, schärfste Angriffe gegen Deutschland zu richten. Man glaubte die Rückkehr Hendersons mit der bevorstehenden Reichstagsrede des Führers vom 28.4.39 in Zusammenhang bringen zu müssen, indem man vermutete, dass Hender-

[Seite] 61

son mit einem bestimmten Auftrag seiner Regierung im Sinne einer Einflussnahme auf die bevorstehende Antwort des Führers an Roosevelt versehen worden

[128] N 125.763. Am 23.8. teilte der jugoslawische Gesandte in Warschau, Adamovic, dem Aussenministerium in Belgrad mit, dass der polnische Aussenminister am 22.8. ein Schreiben des englischen Aussenministers gleichen Inhalts bekommen habe (N 125.629).

[129] Graf Toggenburg, München N. N. [Neueste Nachrichten], berichtete hierzu am 5.4., Stanhope sei „stockbesoffen" gewesen, was für einen Mann in dieser Position bezeichnend sei.

wäre.[130] *Chamberlain erklärte allerdings am 24.4. im Unterhaus, dass der Rückkehr Hendersons nach Berlin keine besondere Bedeutung beizumessen sei.*

Rückkehr Hendersons nach Berlin und Einführung der Wehrpflicht in England

Wie aber aus einem Bericht des französischen Botschafters, Coulondre, vom 26.4. hervorgeht,[131] *hatte Henderson tatsächlich den Auftrag, der Reichsregierung von der Einführung der Wehrpflicht, wie sie Chamberlain am 26.4. im Unterhaus verkündete, vorher Mitteilung zu machen, da die englische Regierung Wert darauf legte, dass die Reichsregierung noch vor der Rede des Führers die Einführung einer beschränkten allgemeinen Wehrpflicht in England unmittelbar von offizieller Seite und nicht durch die Presse erfahre mit der Versicherung, dass die englischen Massnahmen keine irgendwie*

[Seite] 62

geartete Bedrohung Deutschlands bedeuteten.[132] *In gut unterrichteten Kreisen war man jedoch, wie der jugoslawische Geschäftsträger in London, Legationsrat Milanovic, am 26.4. berichtete, der Ansicht, dass der Entschluss, Henderson nach Berlin zu entsenden, lediglich eine taktische Massnahme der englischen Regierung darstellte, die dazu dienen sollte, möglichst viel Zeit zu gewinnen.*[133]

[Seite] 63

Die vernichtende Wirkung der englischen Garantie-Erklärung für Polen auf das deutsch-englische Flottenabkommen

Die englisch-polnischen Garantieabmachungen gaben dem Reich Veranlassung, der englischen Regierung durch das Memorandum vom 28.4. mitzuteilen,

---

[130] Vergl. „Times“ vom 26.4.39, „Letting Germany Know“.

[131] N 116.236.

[132] Die britische Botschaft befürchtete sehr, dass durch eine Presseindiskretion diese Absicht vereitelt werden könnte, und bemühte sich deshalb, die entsprechende Instruktion vom Foreign Office beschleunigt zu erhalten (N 115.829). Nachdem man sich in der britischen Öffentlichkeit mit der Rückkehr Hendersons beschäftigt und die Frage diskutiert hatte, warum er nicht sofort nach einer Rückkehr vom Reichsaussenminister empfangen worden wäre, erwartete die britische Regierung für die Unterhaussitzung vom 26.4. die Anfrage, ob Sir Nevile Henderson Gelegenheit zu einer Unterredung mit dem Reichsaussenminister vor der am 28.4. stattfindenden Reichstagssitzung haben werde. In mehreren Unterhaltungen zwischen der britischen Botschaft und dem Foreign Office am 26.4.39 versuchte man auf diese Anfrage eine passende Antwort zu formulieren, die gleichzeitig die englische Öffentlichkeit zufriedenstellen und dem britischen Botschafter bei seinen weiteren Bemühungen in Berlin keine Schwierigkeiten bereiten sollte (N 116.086).

[133] N 116.237.

dass die englische Regierung durch ihre Einkreisungspolitik dem Flottenabkommen vom 18.6.35 die Grundlage entzogen und dadurch dieses Abkommen sowie die zu seiner Ergänzung vereinbarte ,Erklärung' vom 17.7.37 einseitig ausser Kraft gesetzt habe.[134]

Von diesem Zeitpunkt an stand das deutsch-englische Verhältnis vornehmlich unter dem Einfluss des sich zuspitzenden deutsch-polnischen Konflikts. Die britische Regierung liess das Reich über ihre Haltung in einem eventuellen deutsch-polnischen Konflikt nicht im Zweifel und gab am 11.5. ihrer Botschaft in Berlin die Anweisung, der Reichsregierung mitzuteilen, dass England und Frankreich unter allen Umständen zu ihren Verpflichtungen Polen gegenüber stehen würden.[135] *Trotzdem versuchte die britische Regierung, den Vorwurf einer Einkreisung Deutschlands zurückzuweisen[,] und betonte auch in ihrem Memorandum vom 28.6. zur deutsch-englischen*

[Seite] 64

Flottenfrage, dass die Bezeichnung der englischen Politik als ,Politik der Einkreisung' ohne jede Berechtigung wäre und ein Missverstehen und eine Missdeutung der britischen Absichten offenbare.[136]

Die englische Presse und bestimmte Londoner politische Kreise trugen durch einen immer schärfer werdenden Pressefeldzug zu der weiteren Verschlechterung der deutsch-englischen Beziehungen bei, so dass der britische Botschafter in Berlin, Sir Nevile Henderson, am 15.4.39 an das Foreign Office berichtete, seine

---

[134] Am gleichen Tage wurde bekanntlich auch der polnischen Regierung ein deutsches Memorandum mit der Erklärung überreicht, dass durch die mit England eingegangenen Verpflichtungen der deutsch-polnische Vertrag vom 26.1.1934 willkürlich und einseitig ausser Kraft gesetzt worden sei.

[135] N 117.619.

[136] Vergleiche hierzu den Rundfunk-Vortrag des bekannten britischen Historikers Arnold Toynbee, Direktor am „Royal Institute of International Affairs" und Professor für internationale Geschichte an der Universität London, über das Thema: „Einkreisung in Theorie und Praxis", in welchem Toynbee zu den englischen Bemühungen, „eine Friedensfront in Europa aufzubauen", sagte, dass England eine gemeinsame Aktion anstrebe, gewisse Ziele der deutschen Aussenpolitik zu vereiteln. England habe die Berechtigung, sich mit anderen Völkern zusammenzuschliessen, da die Existenz der anderen europäischen Staaten durch die deutsche Politik bedroht sei. Das Wort Einkreisung im Sinne der englischen Politik könne nur als Bezeichnung für Vorsichtsmassnahmen zu Abwehrzwecken angewendet werden, und allein in solchem Sinne mit ausschliesslich defensivem Charakter könne die neue Friedensfront als eine Einkreisung Deutschlands bezeichnet werden. England werde stets die Ansicht vertreten, dass es durchaus berechtigt sei, Deutschland in diesem Sinne einzukreisen (RW 228).

Lage sei äusserst unangenehm. Die (FA: britische) Presse mache ihm viel zu schaffen.[137]

[Seite] 65

Bei anderer Gelegenheit[138] *äusserte er: „Die King-Hall-Briefe sind eine verdammt dumme Sache – es ist herzzerreissend – was nützen da alle meine Bemühungen!" Bereits damals setzten die Versuche ein, zwischen die deutsche Regierung und das deutsche Volk einen Keil zu treiben. So berichtete der japanische Botschafter in London, Shigemitsu, am... [1.7.],*[139] *dass sich England wie auch früher bemühe, Hitler vom deutschen Volk zu trennen. – Die Politik Englands sei, Italien und Deutschland auseinander zu bringen, um Deutschland allein dastehen zu lassen.*[140]

[Seite] 66

IV.

Die letzten 10 Tage vor Kriegsausbruch

Nachstehend werden die Vorgänge der letzten 10 Tage vor Kriegsausbruch in chronologischer Reihenfolge wiedergegeben. Die Darstellung beschränkt sich auf die dem FA vorliegenden Geheimunterlagen, die hauptsächlich Berichte, Instruktionen und Bewegungen des britischen Botschafters in Berlin betreffen; eine Ergänzung aus der Presse oder aus den unterdessen erschienenen Weiss- und Blaubüchern ist nicht erfolgt.

Überreichung des Briefes Chamberlains vom 22.8. an den Führer durch den britischen Botschafter

In den Nachtstunden des 22.8. bemüht sich der britische Botschafter in Berlin, Sir Nevile Henderson, um die Zusage einer Unterredung mit dem Führer, um diesem einen Brief des Premierministers zu überreichen. Er ist noch nicht im Besitze des Briefes, der erst am Morgen des 23.8. in Berlin ankommen soll, äussert jedoch über den Inhalt bereits[141]*: „Es erklärt unsere Position genau; wie wir an Polen durch unser Wort gebunden sind, und dass wir unsere Verpflichtungen, sollte Polen angegriffen werden, erfüllen müssten. Wir würden bereit sein, in einer ruhigen Atmosphäre alle Fragen, allgemeine Fragen, die unsere und andere Länder interessieren,*

[137] N 115.960.
[138] N 122.405: Unterhaltung mit Mrs. Abbott am 14.7.39.
[139] [Im Originaltext fehlt das Datum.]
[140] N 121.595.
[141] N 125.365.

[Seite] 67

zu erörtern, und in der Zwischenzeit, während dieser – man könnte sagen – Vorbereitungszeit, könnte etwas getan werden, um die Minderheitenfrage zur Lösung zu bringen. Eine Art Waffenstillstand also, um die Atmosphäre zu beruhigen. Während desselben könnte man sich sofort mit den Minoritätenfragen, die jetzt so unangenehm sind, beschäftigen. Das ist so die allgemeine Linie." Henderson fügt hinzu, die britische Regierung hätte Polen empfohlen, es solle jetzt noch direkt Kontakt mit Deutschland suchen, um für die ganze Frage – Danzig usw. – eine Lösung zu finden.

Am 23.8. um 01.10 Uhr setzt sich der 1. Botschaftssekretär [Adrian] Holman mit dem Foreign Office in Verbindung[142] *und bittet, William Strang oder Sir Alexander Cadogan mitzuteilen, Sir Nevile Henderson sei sehr besorgt, dass in der Presse nichts über den Brief erscheine. Auch wenn später etwas veröffentlicht werden sollte, so solle das nur in allgemeinen und vagen Ausdrücken geschehen und der Brief der Presse nicht zur Verfügung gestellt werden, da sonst die Gefahr bestehe, dass die Aktion wie ein Einschüchterungsversuch aussähe. Der Botschafter erbitte noch vor seiner Abreise zum Führer eine Antwort hierauf, da von dieser teilweise der Erfolg abhänge. Es werde zwar schwierig sein, dem Wunsch des Botschafters zu entsprechen, doch Strang – so äussert Holman – sei der Mann, ‚der es in seinen Fingerspitzen habe'. Kurze Zeit später teilt das Foreign Office der Botschaft mit, dass Strang zugesagt habe, den Wunsch Hendersons zu erfüllen.*

Nachdem Henderson am Morgen des 23.8. nach Salzburg gereist und am Vormittag des gleichen Tages vom Führer empfangen worden war, setzt er sich gegen 15.00 Uhr von Salzburg aus mit der britischen Botschaft in Berlin in Verbin-

[Seite] 68

dung und beauftragt diese, den folgenden Bericht nach London zu senden: „Um 12.15 Uhr habe ich (Henderson) den Brief überreicht. Ich warte auf eine schriftliche Antwort von ihm. Ich hoffe, um 20 Uhr in Berlin zurück zu sein. – Er ist ganz unnachgiebig und unbefriedigend. Ich kann jedoch nichts weiter sagen, ehe ich die schriftliche Antwort habe. In grossen Zügen waren die Punkte die: Polen ist gewarnt worden, dass Deutschland sofort zu militärischen Schritten greifen würde, wenn irgendwelche weiteren Verfolgungen deutscher Untertanen stattfänden oder irgend etwas gegen Danzig unternommen werden sollte, einschliesslich wirtschaftlicher Abschnürungsmassnahmen. Wenn England weitere

[142] N 125.361.

Mobilisierungsmassnahmen treffen sollte, würde in Deutschland die allgemeine Mobilmachung angeordnet werden. Ich nehme an, dass die französische Regierung im gleichen Sinne unterrichtet worden ist. Ich fragte, ob dies eine Drohung sei. Die Antwort auf meine Frage war: ‚Nein, eine Schutzmassnahme'."[143]

Wie aus einem vom 24.8. abends datierten Bericht des italienischen Botschafters Attolico hervorgeht,[144] *hat Henderson diesem gegenüber das Ergebnis seiner Unterredung in Berchtesgaden als ‚absolut ungünstig' dargestellt und geäussert, der Führer schien in jeder Weise unbedingt zum Kriege, auch zum allgemeinen Kriege, entschlossen. Henderson hat, wie Attolico ferner berichtet, dem Foreign Office mitgeteilt, dass er keine andere Möglichkeit sehe, als ein sofortiges Ansuchen Polens um direkte Verhandlungen mit Deutschland. Er habe dann die Versendung der Dokumente der Botschaft nach London veranlasst, da er ein deutsches Ultimatum an Polen für den 25.8. mit Wahrscheinlichkeit erwartete.*[145]

[Seite] 69

Unterredung Hendersons mit dem Führer am 25.8., Reise Hendersons nach London und abermaliger Empfang Hendersons durch den Führer am 28.8.

Am Nachmittag des 25.8.39 macht Sir Nevile Henderson dem ständigen Unterstaatssekretär im Foreign Office, Sir Alexander Cadogan, Mitteilung davon,[146] *dass er am Vormittag aufs Neue eine Stunde mit dem Führer gesprochen habe und dass dieser den Briten ein Angebot gemacht habe. Er (Henderson) sei sich ziemlich klar darüber, dass der Führer versuche, zwischen England und Polen einen Keil zu treiben.*[147] *Henderson äussert ferner, der Führer*

[143] N 125.413.

[144] N 125.765.

[145] Der belgische Botschafter Davignon berichtet am Nachmittag des 23.8. nach Brüssel über Hendersons Mission und äussert, es handele sich, wie er jetzt zu wissen glaube, um eine letzte Mitteilung, die geeignet sei, davon zu überzeugen, dass England automatisch in den Krieg eintreten werde, woran man in Berlin noch immer zweifele (N 125.482, N 125.620).

[146] N 125.765.

[147] Am Abend des 25.8. unterhielten sich Henderson und der französische Botschafter Coulondre über ihre Besuche beim Führer. Henderson erzählte, der Führer habe ihm nicht dasselbe gesagt wie in Berchtesgaden, sondern von letzten Versuchen gesprochen. Henderson fügte hinzu, er habe Lipski soeben alles darüber erzählt und Lipski könne Coulondre informieren. Coulondre, der den Besuch Lipskis erwartete, wollte jedoch vorher noch Henderson aufsuchen (N 125.767).

habe vorgeschlagen, dass er (Henderson) nach London fliegen solle, um das Angebot zu übermitteln. Henderson hält diesen Vorschlag für nützlich, auch Cadogan zeigt sich damit einverstanden und glaubt nicht, dass irgend jemand in London etwas gegen diesen Plan einwenden werde. Cadogan verspricht, den Staatssekretär und den Premierminister davon in Kenntnis zu setzen, und, falls sich Bedenken gegen Hendersons Flug nach London zeigen sollten – was er jedoch für unwahrscheinlich halte –, umgehend davon Mitteilung zu machen.

Am Morgen des 26.8. um 8.00 Uhr fliegt Henderson von Berlin nach Croydon mit einem Sonderflugzeug ab. Die Botschaft trifft am Abend des 25.8. für diesen Flug die entsprechenden Vorbereitungen.[148]

Aus den Tagen, in denen sich Henderson in London aufhielt (26.–28.8.), liegen einige diplomatische Berichte

[Seite] 70

vor, aus denen zu schliessen ist, dass man im Foreign Office die Lage in der Tat als gebessert ansah und die Hoffnung hegte, Deutschland werde seine Haltung ändern und sich zu Konzessionen bereit finden. So berichtete der türkische Geschäftsträger in London über eine Unterredung mit William Strang, dem stellvertretenden Unterstaatssekretär im Foreign Office.[149] *Dieser habe ihm gegenüber am 26.8. erklärt, Hitler habe ein zweites München schaffen wollen; er sei gegenüber dem gemeinsamen unerschütterlichen Vorgehen Frankreichs, Englands und Polens in dem Zustand… (FA: nicht lesbar) nicht zurückzukönnen. Hitler sei der Gefangene der Theorien des… (FA: nicht lesbar). Dem japanischen Botschafter Shigemitsu gegenüber äusserte Lord Halifax am 28.8. – wie einem Bericht des Botschafters zu entnehmen ist*[150] *–, für einen englisch-deutschen Akkord sei der Abschluss friedlicher Kompromisse (FA: im Verhältnis Deutschland – Polen) Voraussetzung. Er hoffe, dass die diesbezügliche Haltung Hitlers sich ändern werde. Auch der parlamentarische Unterstaatssekretär im Foreign Office, Butler, betrachtete zu jener Zeit die Situation optimistisch und äusserte in einer Unterhaltung mit dem jugoslawischen Gesandten, Hitler wolle keinen allgemeinen Krieg. Hitler sei überzeugt, dass auch England keinen Krieg gegen Deutschland hervorzurufen beabsichtige. Es sei deshalb möglich, dass sich eine Basis für gemeinsame Besprechungen finden lasse.*[151]

[148] N 125.775.
[149] N 126.107.
[150] N 126.513.
[151] N 126.514.

Die Rückkehr Hendersons von London nach Berlin erfolgt am 28.8. gegen 21.00 Uhr. Das Foreign Office hatte der Botschaft in Berlin avisiert, dass Henderson um 17 Uhr in Croydon starten werde.[152]

[Seite] 71

Am Abend des 28.8. um 22.30 Uhr wird Henderson vom Führer empfangen.[153] *Die britische Antwort,*[154] *die er dem Führer überreichen sollte, wird der britischen Botschaft vom Foreign Office am 28.8. kurz nach 16.34 Uhr übermittelt gleichzeitig mit der Anweisung, sofort die deutsche Übersetzung vorzubereiten.*[155]

Über die Unterredung Hendersons mit dem Führer liegt ein Bericht Coulondres vor.[156] *Diesem zufolge hat Henderson erzählt, der Führer sei auf seine Forderung gegenüber Polen zurückgekommen und habe erklärt, dass er jetzt Danzig und den ganzen Korridor und… (FA: nicht lesbar) verlange. Er (Henderson) habe sich geweigert, auf Diskussionen einzugehen und auf die britische Bedingung, dass das Reich mit Polen auf dem Wege freier Verhandlungen… (FA: nicht lesbar) Garantie… (FA: nicht lesbar) Bezug genommen. Er (Henderson) habe hinzugefügt, dass Polen damit einverstanden sei, über diese… (FA: nicht lesbar) zu verhandeln.*

Das Foreign Office beauftragte die britische Botschaft in Berlin, einem amerikanischen Korrespondenten von der Tatsache des Besuches Hendersons beim Führer Mitteilung zu machen, ohne irgendeine weitere Erklärung darüber abzugeben.[157]

---

[152] N 126.262. Ursprünglich erwartete man die Rückkehr Hendersons bereits am 27. August. Von den ausländischen Korrespondenten wurde die Verschiebung der Rückreise darauf zurückgeführt, dass Henderson die am Vormittag des 28. August stattfindende Kabinettssitzung noch habe abwarten sollen (N 126.051, N 125.946).

[153] N 126.247. Henderson hatte gebeten, den Zeitpunkt seines Empfanges von 22.00 Uhr auf 22.30 Uhr zu verschieben mit der Begründung, dass er gerade erst in Berlin eingetroffen und von der Reise müde sei, sowie auch die deutsche Übersetzung der britischen Antwortnote noch nicht fertiggestellt habe. Um 21.50 Uhr verabredete Henderson jedoch mit Coulondre eine Zusammenkunft vor seiner Unterredung mit dem Führer (N 126.244).

[154] Attolico berichtete, die englische Note sei sehr freundschaftlich und überzeugend. – Er habe den Eindruck, dass die Situation sich etwas gebessert habe. (N 126.372) Der jugoslawische Gesandte, Andric, dagegen erfährt von seinem Presseattaché-Gehilfen, Chamberlains Antwort sei negativ ausgefallen (N 126.269).

[155] N 126.262.

[156] N 126.409.

[157] N 126.274.

[Seite] 72

Das Flugzeug, mit dem Henderson von London nach Berlin geflogen war,[158] *wird am Vormittag des 29.8. mit einem Kurier und 3 Passagieren nach London zurückgesandt.*[159]

Am 29.8. erhielt Henderson vom Führer die deutsche Antwort auf die am Vortage überreichte britische Note.[160] *Um 20.28 Uhr teilt die britische Botschaft dem Foreign Office mit, die deutsche Antwort liege jetzt vor und werde gerade übersetzt. Die charakteristischen Punkte der Antwort seien ganz kurz folgende: Deutschland akzeptiere direkte Verhandlungen. Der polnische Bevollmächtigte solle am 30.8. nach Berlin kommen. Deutschland verlange die Rückgabe des Korridors und Danzigs sowie Sicherungen für die Deutschen in Polen. Deutschland werde einen Plan ausarbeiten und ihn England überreichen. – Am 30.8. um 0.15 Uhr übermittelt dann die britische Botschaft dem Foreign Office und den Botschaftern in Warschau, Rom und Paris den vollen Text der deutschen Note.*[161]

[Seite] 73

Der 30. August:

Britische Bemühungen, die Frist für das Eintreffen eines polnischen Unterhändlers zu verlängern – Bekanntgabe der 16 Punkte durch den Reichsaussenminister an Henderson

In der Nacht zum 30.8. um 03.49 Uhr teilt Botschaftssekretär Holman mit, die britische Botschaft habe vom Foreign Office ein Telegramm erhalten, in dem gesagt werde, die britische Regierung befasse sich eingehend mit der Antwort der deutschen Regierung, es werde jedoch sehr schwierig sein, den polnischen bevollmächtigten Unterhändler in der angegebenen Frist nach Berlin zu beordern.[162]

---

158 N 126.294.

159 Der jugoslawische Gesandte, Andric, zeigte sich sehr beruhigt, als er erfuhr, dass Henderson nicht selbst wieder nach London zurückflog, nachdem er sich über die Nachricht, Henderson sei nach seiner Unterredung mit dem Führer wieder nach London gereist, aufs Höchste erschrocken hatte (N 126.260).

160 N 126.415. Über die bei dieser Gelegenheit stattgefundene Unterredung zwischen dem Führer und Sir Nevile Henderson berichtete am 29.8. Coulondre dem Quai d'Orsay. Vermutlich hat Henderson, der um 20.24 Uhr mit Coulondre eine Zusammenkunft hatte, diesem seinen entsprechenden Bericht an das Foreign Office zur Kenntnis gegeben (N 126.414, N 126.433).

161 N 126.432.

162 N 126.452.

Um 11 Uhr äussert sich auch Henderson[163] *über das besagte Telegramm des Foreign Office und fügt hinzu, er könne nicht sehen, wie es selbst beim besten Willen möglich sei, dass die britische Regierung am gleichen Tage einen polnischen Bevollmächtigten in Berlin ‚produziere'. Man könne einen polnischen Vertreter nicht ‚aus einem Hut hervorzaubern'. Er habe natürlich empfohlen, dass die Angelegenheit mit der grössten Dringlichkeit behandelt werde, aber er müsse gestehen, dass der Ton der Antwort, die er am Vortage erhalten habe, so kategorisch und so hartnäckig gewesen sei – beinahe in Form eines Ultimatums –, dass es nicht leicht sein werde, die Polen zu überreden.*[164]

Am Nachmittag um 17.15 Uhr erhält Henderson vom Foreign Office eine bemerkenswerte Information; die betreffende Meldung des FA lautet wörtlich wie folgt:

[Seite] 74

„Henderson werde jetzt eine Menge Telegramme erhalten, einschliesslich eines langen, ein kurzes sei auch dabei. Sie alle (FA: Foreign Office) hätten das Telegramm ‚über das Geschrei' gelesen. Henderson solle sich nicht über dieses aufregen, der Ministerpräsident habe es persönlich eingesehen und glaube, dass das Telegramm, das Henderson jetzt erhalte, ihm (Henderson) helfen könne. Es sei dazu ausersehen, Henderson behilflich zu sein. Henderson solle es nicht anders auslegen, denn man verfasse Telegramme im allgemeinen recht schnell. Der Ministerpräsident habe erklärt, die Lage recht gut zu verstehen, denn er sei ja selbst drüben gewesen und verstehe daher recht gut. Henderson werde also sehen, worin der Vorschlag bestehe, der in der Absicht verfasst worden sei, ihm bei der Weiterführung der Angelegenheit zu helfen.[165] *– Henderson erwidert darauf, der Eindruck, den er gewonnen habe, sei gut. Er könne jetzt keine Privatbriefe schreiben, aber sein Eindruck sei gut gewesen. In London, so erklärt der Unbekannte vom Foreign Office weiter, sei man, wie Henderson wisse, gänzlich unerregt. Der Unbekannte glaubt, man sei auf dem richtigen Weg. Sie (die Deutschen) könnten wirklich nicht erwarten, wiederum damit Erfolg zu haben, dass sie Leute herzitierten, ihnen Schriftstücke aushändigten und diese von ihnen auf der vorgedruckten Linie unterschreiben liessen. Das sei alles vorbei. Man müsse dies in*

[163] N 126.472.

[164] Die an diesem Vormittage stattfindenden Besuche Henderson – Attolico um 12.15 Uhr, Ogilvie-Forbes – Coulondre um 11.40 Uhr, Ogilvie-Forbes – Orsenigo um 11.30 Uhr und [Geoffrey] Harrison – Berryer (von der belgischen Botschaft) um 12.12 Uhr lassen vermuten, dass die britische Botschaft bemüht war, die Angelegenheit mit dem polnischen Unterhändler den betreffenden Stellen zur Kenntnis zu bringen (N 126.487).

[165] N 126.588.

Berlin ebenso wissen wie in London. Im übrigen sei man in London immer noch zu dem bereit, wozu Henderson gesagt habe, dass London bereit sei. Aber von den anderen Sachen wollten sie in London nichts wissen. Henderson, der dieser Äusserung zustimmt, erklärt, London solle absolut unerschütterlich bleiben. Er übermittele soeben die Botschaft Chamberlains an Hitler."[166]

Kurze Zeit später, um 17.25 Uhr, empfängt Henderson

[Seite] 75

den polnischen Botschafter Lipski auf dessen Wunsch.[167]

Um 22.20 Uhr übermittelt Lord Halifax Henderson die Anweisung, [168] *er solle nicht früher ‚handeln', ehe er das gerade in Bearbeitung befindliche Telegramm erhalten habe. Die Übermittlung dieses Telegramms werde noch eine Weile auf sich warten lassen.*[169]

Um 22.30 Uhr begibt sich Henderson zum Reichsaussenminister v. Ribbentrop. Über diese Unterredung liegt folgender Bericht Hendersons vom 2.9. an Lord Halifax vor[170]*: „Im Gegensatz zu den Mitteilungen des britischen Rundfunks, dass die deutschen Vermittlungsvorschläge (FA: Vorschlag der 16 Punkte), welche am Donnerstag, dem 31.8., veröffentlicht worden sind, vorher nicht der englischen Regierung mitgeteilt worden seien, berichtet die deutsche Presse, dass diese Vorschläge am Mittwoch, dem 30.8. abends, mir mündlich zur Kenntnis gegeben worden seien, und dass weiterhin die Einzelheiten der Vorschläge Herr v. Ribbentrop mit mir mündlich erörtert habe. Der wahre Sachverhalt ist so, wie ich ihn in meinem Telegramm nach jener Unterredung mitgeteilt habe. Es haben bei meiner Unterredung mit Herrn v. Ribbentrop ganz und gar keine Erörterungen über die Einzelheiten stattgefunden. Der Aussenminister verweigerte in schroffer Weise, mir den Text auszuhändigen oder ihn mit mir zu erörtern mit der Begründung, dass die Vermittlungsvorschläge überholt seien, da ein polnischer Bevollmächtigter bis Mitternacht den 30.8. nicht eingetroffen sei. (Zu dieser Zeit war ich bei Herrn v. Ribbentrop.) Meine Antwort zu diesem Punkt war, das in der deutschen Antwortnote vom 29.8. an die britische Regierung genannte Datum wäre tatsächlich also einem Ultimatum gleichlautend gewesen trotz*

[166] N 126.472.

[167] N 126.591.

[168] N 126.609.

[169] Botschaftsrat Ogilvie-Forbes teilte um 22.30 Uhr dem italienischen Botschafter Attolico mit, sie sässen da, drehten die Daumen und warteten auf Antwort aus London. Je länger es dauere, um so besser sei es, da damit Zeit gewonnen werde. Hendersons Besuch beim Reichsaussenminister stehe damit nicht im Zusammenhang (N 126.610).

[170] N 127.118.

[Seite] 76

der gegenteiligen Versicherungen des Kanzlers und seiner (Ribbentrops) eigenen."

Der 31. August:

Henderson befürchtet eine deutsche Aktion binnen 2–3 Stunden – Er schlägt vor, den Polen zu raten, ihre Bedenken wegen des modus procedendi zurückzustellen – Zur Bekanntgabe der 16 Punkte im deutschen Rundfunk

Am Morgen des 31.8. um 8.30 Uhr versucht Henderson vergeblich, sich mit dem polnischen Botschafter Lipski in Verbindung zu setzen[,] und teilt dem polnischen Botschaftssekretär Malhomme mit, er wisse aus unbedingt sicherer Quelle, dass der Krieg da sei, wenn Polen nicht binnen 2–3 Stunden etwas unternehme. Lipski solle sich sobald wie möglich mit ihm in Verbindung setzen, denn es sei kein Augenblick zu verlieren.

Eine Viertelstunde später übermittelt Henderson dem Foreign Office für Sir Alexander Cadogan die gleiche Information mit dem Zusatz, es könne nur Bluff sein, es bestehe aber auch die Möglichkeit, dass es kein Bluff wäre. Er teile es dem Foreign Office für den Fall mit, dass dieses etwas in Warschau veranlassen könne. Der britischen Botschaft sei es nicht möglich gewesen, Lipski zu erreichen. Er (Henderson) habe (FA: am Vorabend) den Polen aufgesucht und ihn zu bewegen versucht, einen Kontakt mit dem Reichsaussenminister herbeizuführen. Man wisse jedoch nicht, ob Lipski etwas getan habe, da er ausgegangen sei, oder ob Lipski Instruktionen erhalten hätte. Er habe Lipski vorgeschlagen, nach Warschau zu telefonieren, um innerhalb einer Stunde Informationen einzuholen.[171]

[Seite] 77

Um 09.05 Uhr macht Henderson auch Coulondre Mitteilung von der besagten Information und von der Tatsache, dass er in der Nacht um 01.00 Uhr Lipski aufgesucht und aufgefordert habe, aus eigener Verantwortung um eine Unterredung nachzusuchen, da man ihm (Henderson) Vorschläge unterbreitet habe mit der Bemerkung, dass jetzt, da der Augenblick verpasst sei, diese Vorschläge hinfällig wären. Coulondre bittet bei dieser Gelegenheit, Henderson sofort aufsuchen zu dürfen.[172]

[171] N 126.644.
[172] N 126.648.

Um 11.20 Uhr übermittelt Henderson dem Foreign Office folgende dringliche Information:

„Ich höre, dass die polnische Regierung die Frage des modus procedendi aufwirft, bevor sie hier ihren Botschafter instruiert, eine Demarche zu unternehmen. Die Zeit ist dabei ein lebenswichtiger Punkt, und ich möchte vorschlagen, dass auf britische Verantwortung hin der polnische Botschafter Instruktionen von seiner Regierung empfangen sollte, dahingehend, sofort um eine Unterredung zu bitten; die Sache sollte so gehandhabt werden, dass sie an der ‚Verfahrungsfrage' nicht scheitert."[173]

Am Abend des Tages unterhält sich Henderson mit Coulondre über einen Besuch des polnischen Botschafters Lipski beim Reichsaussenminister. Coulondre teilt mit, dass Lipski nur die Mitteilung seiner Regierung übermittelt, wahrscheinlich aber nicht die deutschen Vorschläge erhalten habe. Henderson zeigt sich sehr verwundert darüber und äussert: „Aber wozu bloss das? Das ist lächerlich, das ganze."[174] *1½ Stunden später unterhalten sich abermals Henderson und Coulondre, und zwar über die Frage, ob sie die deutschen*

[Seite] 78

Vorschläge gegebenenfalls entgegennehmen sollten oder nicht. Coulondre steht auf dem formalen Standpunkt, dass dies nicht eher möglich sei, als Warschau offizielle Kenntnis der Vorschläge besitze.[175] *Henderson dagegen ist der Ansieht, Lipski habe nicht nach den Vorschlägen verlangt, ihm (Henderson) aber sei bereits vor 3 Tagen die Bekanntgabe des deutschen Planes versprochen worden. Er habe mehrfach Schritte zur Erlangung des deutschen Projekts unternommen und wolle jetzt nur noch annehmen, worum er bereits früher gebeten habe. Coulondre und Henderson geraten bei dieser Gelegenheit in einen sehr erregten Meinungsaustausch, der von beiden in äusserst schroffer Form abgebrochen wird.*

Zur Frage der Bekanntgabe des deutschen Vorschlages der 16 Punkte an die Polen äussert um 22.30 Uhr gegenüber dem päpstlichen Nuntius Orsenigo der britische Botschaftsrat Ogilvie-Forbes, bei den soeben durch den Rundfunk bekanntgegebenen Vorschlägen handele es sich nicht um ein an Polen gerichtetes Ultimatum. Polen habe von den deutschen Vorschlägen leider nur inoffiziell Kenntnis, da der polnische Botschafter die Note nicht angenommen habe. Die Polen hätten den Inhalt der Vorschläge über London erfahren. Deutschland habe nun diese Vorschläge zurückgezogen, weil kein bevollmächtigter polnischer Unterhändler erschienen sei.[176]

[173] N 126.682.
[174] N 156.815.
[175] N 126.835.
[176] N 126.828.

Der Verlauf des 1. September:

Henderson glaubt, ein Zusammentreffen zwischen Generalfeldmarschall Göring und Rydz-Smigly wäre der einzige Ausweg – Warnung der britischen Regierung, dass sie ihre Verpflichtungen Polen gegenüber werde erfüllen müssen

In der Nacht zum 1.9. um 01.02 Uhr macht Botschafts-

[Seite] 79

sekretär Holman dem Botschaftsrat Ogilvie-Forbes von einem eben eingetroffenen Telegramm des Foreign Office Mitteilung, in welchem mit Rücksicht auf die traurige Lage in Danzig vorgeschlagen wird, den bereits früher angeregten ‚modus vivendi' sofort in Kraft treten zu lassen und im Rahmen der Vorschläge den Völkerbundskommissar Burckhardt heranzuziehen.[177]

Um 10.12 Uhr setzt sich Henderson mit Jebb vom Zentraleuropa-Department des Foreign Office in Verbindung und erklärt, es bestehe noch eine geringe Hoffnung, und zwar sei es möglich, dass er nach der Reichstagssitzung zum Führer gerufen werde. Henderson berichtet, die Polen hätten die Dirschauer Brücke gesprengt. Göring habe die Anordnung gegeben, die polnische Luftwaffe an der Grenze zu zerstören, man habe befohlen, die Polen zurückzutreiben. Er (Henderson) glaube, die einzig mögliche Hoffnung bestehe darin, ‚die beiden Marschälle zusammenzubringen'. Er habe diesen Vorschlag bereits am Vortage nach London telegraphiert. Die beiden Soldaten Rydz-Smigly und Göring müssten sich einigen, das sei der einzige Ausweg.[178]

In einer Unterhaltung mit Coulondre erwähnt Henderson ebenfalls seinen Vorschlag, dass Rydz-Smigly zu Verhandlungen nach Berlin kommen sollte. Es sei ja so, dass man in Berlin davon überzeugt sei, Warschau wolle nicht verhandeln, und in Warschau umgekehrt.[179]

Um 17.36 Uhr erhält die britische Botschaft vom Foreign Office den Text der an die deutsche Reichsregierung gerichteten britischen Note, in der mitgeteilt wird, dass England ohne Zögern seine Verpflichtungen Polen gegenüber

[Seite] 80

erfüllen werde, falls nicht die deutsche Reichsregierung bereit sei, der britischen Regierung die feste Versicherung abzugeben, dass die Reichsregierung alle An-

177 N 126.843.
178 N 126.862.
179 N 126.876.

griffe gegen Polen einstelle und alle Vorbereitungen getroffen habe, sofort ihre Streitkräfte aus dem polnischen Staatsgebiet wieder zurückzuziehen.[180]

Der 2. Sekretär der britischen Botschaft, Harrison, erklärt am Abend des 1.9. dem Legationsrat Stoker von der südafrikanischen Gesandtschaft gegenüber, bei der obigen britischen Note handele es sich nicht um ein Ultimatum, sondern nur um eine Warnung.[181]

Um 22.17 Uhr übermittelt Henderson dem Foreign Office einen Bericht über seine Unterhaltung mit dem Reichsaussenminister um 21.40 Uhr, in deren Verlauf er die Note seiner Regierung übermittelte.[182] *Gelegentlich der Übermittlung des Berichts äussert Botschaftssekretär Holman:*

„So ist die Sachlage jetzt. Vielleicht schicken wir später noch ein Telegramm mit einer persönlichen Darstellung des Botschafters, aus dem Sie dann den genauen Sachverhalt erkennen können. Es hängt nun davon ab, wo Hitler sich jetzt aufhält. Er ist vielleicht gar nicht in Berlin. Ich glaube, dass wir sehr wahrscheinlich eine Antwort bekommen werden, falls er in Berlin ist."

Die Überreichung des britischen Ultimatums

Am 2.9.39 um 19.50 Uhr übermittelt das Foreign Office der britischen Botschaft in Berlin den Text der Erklärung, die der Ministerpräsident Chamberlain um 19.30 Uhr im Unterhaus abgab.[183] *Im Anschluss daran heisst es: „Beachten*

[Seite] 81

Sie mein unmittelbar folgendes Telegramm."

Um 20.28 Uhr erzählt Henderson seinem französischen Kollegen Coulondre von dieser Mitteilung des Foreign Office und äussert, er wisse nicht, was das sein werde, aber er könne es sich denken.[184]

Am 3.9. um 0.24 trifft bei der britischen Botschaft die angekündigte Anweisung des Foreign Office ein: „Bitte suchen Sie für Sonntag morgen 09.00 Uhr (3.9.38) um eine Zusammenkunft mit dem Aussenminister nach. Instruktionen folgen noch."[185]

Botschaftssekretär Holman versucht anschliessend vergeblich, bei verschiedenen deutschen Amtsstellen eine Verbindung zu erhalten.

---

[180] N 127.005.
[181] N 127.018.
[182] N 127.034.
[183] N 127.230.
[184] N 127.241.
[185] N 127.240.

Um 07.43 Uhr äussert Botschaftsrat Ogilvie-Forbes gegenüber einem Unbekannten, Henderson werde um 9 Uhr hinübergehen und um Antwort für 11 Uhr nachsuchen; wenn eine solche nicht erfolgen werde, werde man die Pässe verlangen und alles sei vorbei.[186]

Um 09.40 Uhr berichtet Henderson dem Foreign Office, dass er seine Anweisung um 9 Uhr ausgeführt und Dr. Schmidt die britische Mitteilung überreicht habe.[187]

Gegen 11.20 Uhr teilt Henderson Coulondre mit, dass sich England seit 11 Uhr im Kriegszustand befinde. Solange die Truppen nicht zurückgezogen würden, sei nichts zu machen. Um 11.25 Uhr wolle er noch einmal zum Reichsaussenminister gehen, um ihm dieses mitzuteilen.[188]

Um 13 Uhr unterhalten sich Henderson und Coulondre über ihre Besuche beim Reichsaussenminister. Beide bemerken, dass sie bei dieser Gelegenheit ‚auf das Urteil der Geschichte Bezug genommen' hätten.[189]

Um 11.40 Uhr berichtet Botschaftssekretär Holman dem Foreign Office, Henderson habe bei seinem letzten Besuch

[Seite] 82

beim Reichsaussenminister die deutsche Antwort auf das britische Ultimatum erhalten. Die Antwort sei 11 Seiten lang und der Inhalt kurz, die deutsche Regierung weigere sich, irgendwelche Versicherungen bezüglich der Zurückziehung der deutschen Truppen zu geben. Die ganze Sache – so fährt Holman fort – sei Propaganda, um die Schuld Grossbritannien zuzuschieben.[190]

Holman erklärt weiter, die Konsulatsbeamten seien informiert, die Codes vernichtet. Ogilvie-Forbes und Harrison seien zum Auswärtigen Amt gegangen, um Vorkehrungen für die Abreise zu treffen. Die Deutschen seien sehr höflich gewesen.

[186] N 127.253.
[187] N 127.262.
[188] N 127.294.
[189] N 127.344.
[190] N 127.322.

Die „Führer-Berichte“

Die „Führer-Berichte“ des Gesandten Rudolf Likus, Dienststelle Ribbentrop, wurden weitgehend aus den Braunen Blättern des Forschungsamts umgeschrieben. Likus führte über diese „Führer-Berichte“ genau Buch und notierte sich, wann er Berichte welchen Inhalts an den Führer gegeben hat. Diese Liste ist in den Akten des Auswärtigen Amtes erhalten geblieben und zeigt den enormen Umfang der Forschungsergebnisse, die für die Führung des Reiches von großer Bedeutung waren. Quelle: Politisches Archiv des Auswärtigen Amtes, Bonn: Serial 146, Dienststelle Ribbentrop, Vertrauliche Berichte; oder auf Mikrofilm im NA, T-120, Rolle 31, 32 und 337.

1939

6. April 1939	Einladung Generals Sivory [sic; Sirový] nach Frankreich, um sich vor dem deutschen Zugriff in Sicherheit zu bringen.
6. April 1939	Skeptische Äusserung des sowjetrussischen Botschaftsrats über die Politik der Westmächte.
8. April 1939	Deutsch-italienische Generalstabsbesprechungen in Innsbruck, Franzosen stark deprimiert.
11. April 1939	London gibt Aussenminister Beck den Rat zu versuchen, mit Deutschland auf dem Wege der Verhandlung in der Danziger-Frage zur Lösung zu kommen. (Druck wird nicht ausgeübt.)
17. Mai 1939	Sir Neville Hendersons Haltung zur Danziger Frage.
17. Mai 1939	„Basler Nachrichten“, Information an englische, französische und amerikanische Journalisten.
31. Mai 1939	Eindrücke des amerikanischen Finanzmannes Mr. Blaine, von Deutschland.
5. August 1939	Äusserungen des Völkerbundkommissars Prof. Dr. Burckhardt zur Lage.
15. August 1939	Unterredung Guido Enderis mit dem Abgeordneten des nordamerikanischen Kongresses Hamilton Fish.

17. Oktober 1939	Schwedische Gesandtschaft lehnt Erklärung zum Empfang Sven Hedins beim Führer ab.
17. Oktober 1939	Diplomatisches Corp[s] in Berlin zur Lage.
29. Oktober 1939	Blossstellung der britischen Admiralität durch Korvettenkapitän Wolff.
1. November 1939	Äusserungen französischer Staatsmänner und Politiker zur derzeitigen Lage.

1940

19. März 1940	Die Besprechung am Brenner im diplomatischen Corps.
16. April 1940	Anschauung des belgischen Botschafters über Operationen in Nord-Europa.
3. Mai 1940	Berliner Auslandskreise zu den militärischen Ereignissen in Norwegen.
5. Juni 1940	Botschaftsrat Kirk begibt sich auf Anweisung von Washington auf dem Luftwege nach USA.
5. Juni 1940	Gespräch des hiesigen türkischen Botschafters mit griechischen Diplomaten.
5. Juni 1940	Grosse Depression in englisch-französischen Regierungskreisen. Über die militärischen Misserfolge der Alliierten.
8. Juni 1940	Diplomatisches Corps in Berlin zu den Berliner diplomatischen Vertretungen der drei baltischen Länder.
11. Juni 1940	Aufforderung des Ausw. Amts an in- und ausländische Pressevertreter zur Entgegennahme einer Erklärung der Reichsregierung.
11. Juli 1940	Stimmungseindrücke des Botschaftsrats Kirk nach seiner Rückkehr aus Washington.
23. Juli 1940	Furuuchi zur Kabinettsumbildung in Tokio.
31. Juli 1940	Tokio zu den angeblichen Friedenspunkten des Führers an den schwedischen König.
12. August 1940	Verhaftung des estnischen Kinderarztes Dr. Busch in Reval.
17. August 1940	Norwegische Journalisten-Delegation übt gegen das Reich gerichtete Propaganda aus.

26. August 1940	Schweizerische Gesandtschaft zur wieder Inbetriebsetzung der Leuchttürme an der französischen Südostküste.
27. September 1940	Wirkung des Unterzeichnungsaktes auf die Berliner Auslandskreise.
11. Oktober 1940	Dämmernde Erkenntnis in der türkischen Öffentlichkeit zur politischen Lage.
11. Oktober 1940	Türkei zum Dreierpakt.
11. Oktober 1940	SD zur Deutschlands-Reise des bulgarischen Landwirtschaftsminister Bagrianoff.
11. Oktober 1940	Bulgarische Gesandtschaft zum Deutschland-Besuch des bulgarischen Handelsministers Bagrianoff.
11. Oktober 1940	Die Tätigkeit der amerikanischen Gesandtschaft in Sofia.
30. Oktober 1940	Das deutsch-ungarische Verhältnis.
31. Oktober 1940	Japan hofft auf baldigen erfolgreichen Abschluss der Besprechungen mit Moskau.
31. Oktober 1940	Der jugoslawische Gesandte über den spanischen Botschafter.
31. Oktober 1940	Der griechische Gesandte über die Lage seines Landes.
31. Oktober 1940	Der brasilianische Botschafter zur Begegnung Führer–Pétain.
2. November 1940	USA-Botschaft Wiederwahl Roosevelts??
6. November 1940	USA-Botschaft für Wiederwahl Roosevelts.
6. November 1940	Italienische Diplomaten bagatellisieren deutsch-französische Annäherung.
7. November 1940	Berliner Auslandskreise zum Verlauf der militärischen Operationen Italiens gegen Griechenland.
7. November 1940	Unterredung zwischen jugoslawischen Gesandten und türkischen Botschafter.
7. November 1940	Berliner Auslandsdiplomatie über die Abwesenheit der Damen der deutschen Staatsmänner und Politiker.
22. November 1940	Diplomatisches Corps über den Nachfolger von Kirks.

22. November 1940	Der japanische Botschaftssekretär Furuuchi wird ins Aussenministerium nach Tokio zurückkehren.
22. November 1940	Spanische Journalisten beurteilen die Lage in Spanien.
22. November 1940	Diplomatisches Corps beglückwünscht griechischen Gesandten zu den militärischen Erfolgen im Krieg gegen Italien.
22. November 1940	Ungarns Beitritt zum Dreimächte-Pakt.
30. November 1940	Die Haltung Kennedys.
2. Dezember 1940	Äusserungen des jugoslawischen Gesandten gegenüber einem schweizerischen Journalisten.
11. Dezember 1940	Tokio über die Lage in England.
14. Dezember 1940	Berliner Auslandskreise über die militärische Lage Italiens.
19. Dezember 1940	Gespräch des jugoslawischen Gesandten mit einem ihm befreundeten Pressevertreter.
20. Dezember 1940	Berliner Auslandskreise kritisieren weiterhin die militärische Lage Italiens.
20. Dezember 1940	Amerikanische Kreise erörtern die Erklärungen Washingtons über die Finanzierung der Kriegsmateriallieferungen an Gross-Britannien.

1941

16. Januar 1941	Botschaftssekretär Furuuchi gibt seine Eindrücke von seiner Informationsreise in den Ländern des Südostens bekannt.
5. Februar 1941	Botschaftssekretär Mr. Harrison (Amerik. Botschaft) äussert sich über die derzeitige Haltung des Weissen Hauses in Washington.
5. Februar 1941	Brief des früheren Botschaftssekretärs der USA-Botschaft, Mr. Beam, an Botschaftssekretär Harrison.
8. Februar 1941	Der Herr RAM [Reichsaußenminister] spielt auf den Verkehr des japanischen Botschafters mit amerikanischen Journalisten an.
13. Februar 1941	Gerüchte in den Berliner Auslandskreisen über einen Besuch des jugoslawischen Aussenministers in Deutschland.

4. März 1941	Diplomatisches Corps zur Anschlusserklärung Bulgariens am Berliner Paktsystem.
5. März 1941	Jugoslawische Gesandtschaft erwartet Besuch des Prinzregenten Paul beim Führer.
1. April 1941	Optimistische Auffassung jugoslawischer Diplomaten über die Entwicklung in Jugoslawien.
22. Mai 1941	Botschafter Oshimas Eindrücke von seiner Rom-Reise.
30. Mai 1941	Die Rede Roosevelts in Berliner Kreisen der amerikanischen Diplomaten und Journalisten.
4. Juni 1941	Überstürzte Abreise des amerikanischen Botschafters Cudahy nach Washington.
6. Juni 1941	Abberufung des 1. Botschaftssekretärs der USA-Botschaft, Heath.
9. Juni 1941	Eindrücke des aus Washington zurückgekehrten Vertreters der „United-Press“, Herrn Öchsner.
11. Juni 1941	Weitere Äusserungen des Amerikaners Öchsner.
12. Juni 1941	Telefongespräch Botschaftssekretärs Furuuchi mit Botschafter Oshima.
12. Juni 1941	Der amerikanische Journalist Laird empfiehlt seinen Kollegen, sich für das deutschrussische Verhältnis zu interessieren.
12. Juni 1941	Deutscher Angriff auf die Sowjetunion??
12. Juni 1941	Empfang des japanischen Botschafters in Moskau von Molotow.
17. Juni 1941	Zwischenfall „Robin Moor“.
27. Juni 1941	Auslands-Diplomaten in Vichy erhalten Informationen über die Lage in Moskau.
27. Juni 1941	Ernstes Gespräch zwischen Aussenminister Matsuoka und Botschafter Oshima.
1. Juli 1941	Berliner Auslandskreise zeigen günstige Stimmung für die Auseinandersetzung Deutschlands mit der Sowjetunion.
17. Juli 1941	Japanische Journalisten beurteilen japanische Kabinettskrise.
1. August 1941	Botschafter Oshima über seinen Besuch im Führer-Hauptquartier.

1. August 1941	Feststellung der deutschen Verluste im Ostfeldzug durch den Amerikaner Oechsner.
15. August 1941	Treffen Roosevelt–Churchill in den Augen der amerikanischen Korrespondenten in Berlin.
19. August 1941	Verhältnis Deutschland–Amerika nach der Zusammenkunft Roosevelt–Churchill.
1. September 1941	Beschlagnahme der ausländischen Schiffe in allen amerikanischen Häfen.
1. September 1941	Aussprache des japanischen Botschafters in Washington mit Cordell Hull.
1. September 1941	Berliner amerikanische Kreise erwarten Zentralangriff auf Moskau.
1. September 1941	Botschafter Oshima beim Herrn RAM im Hauptquartier.
3. September 1941	USA-Botschaft zur Rundfunkrede Roosevelts.
5. September 1941	Japanische Diplomatenkreise halten eine Begegnung des jap. Ministerpräsidenten Fürst Konoye mit Roosevelt für unwahrscheinlich.
6. September 1941	Ein Mitglied der USA-Botschaft schildert seine Eindrücke nach den britischen Luftangriffen auf West- und Süd-Deutschland.
7. September 1941	Der amerikanische Sondergesandte beim Vatikan, Taylor, reist mit einer persönlichen Botschaft Roosevelts zum Papst.
13. September 1941	Überraschung in der USA-Botschaft über den Inhalt der Roosevelt-Erklärung.
13. September 1941	Die innere Einstellung des japanischen Botschaftsrats Kase.
15. September 1941	Diplomatisches Corps zur Reise des japanischen Botschaftssekretärs Uchida in die luftgefährdeten Gebiete.
15. September 1941	Japanische<r> Botschaft in Moskau zur inneren Lage in der Sowjetunion.
15. September 1941	Der spanische Botschafter und der dänische Gesandte berichtigen einiges über ihren Besuch im Führerhauptquartier.

15. September 1941 Informationen des spanischen Botschafters in London über die Zusammenkunft Roosevelts mit Churchill.

22. September 1941 Empfang führender amerikanischer Auslandskorrespondenten auf der finnischen Gesandtschaft.

2. Oktober 1941 Das Verhältnis zwischen Botschafter Gerede und Generalkonsul Paynan.

2. Oktober 1941 Die innere Lage Ungarns.

8. Oktober 1941 Botschafter Oshima berichtet einem V-Mann über den Inhalt eines Telegramm, das die japanische Botschaft in London nach Tokio gesandt hat.

16. Oktober 1941 Botschafter Oshima berichtet vom Rücktritt des japanischen Kabinetts.

21. Oktober 1941 Das neue japanische Kabinett.

31. Oktober 1941 Botschafter Oshima empfängt Gesandten v. Erdmannsdorf.

31. Oktober 1941 Amerikanische Diplomaten und Journalisten kritisieren Roosevelt-Rede.

31. Oktober 1941 Schweizer Journalisten berichte<t>[n] über die Lage in der Schweiz und England.

7. November 1941 Eine 2. Begegnung Roosevelt–Churchill?

7. November 1941 Berliner Auslandskreise stark beeindruckt von der Veröffentlichung der beiden Noten zur amerikanischen Politik.

7. November 1941 Berliner amerikanische Kreise schenken der Entsendung des früheren japanischen Botschafters in Berlin, Kurusu, nach Washington starke Beachtung.

10. November 1941 Japanische Botschaftsangehörige erwarten die grosse Entscheidung der japanischen Politik in etwa 3 Monaten.

10. November 1941 Berliner Auslandskreise zur Führer-Rede.

11. November 1941 Stimmungsbericht aus Italien.

22. November 1941 Oshima erhofft Entscheidung Japans in kürzester Zeit.

1. Dezember 1941 Diplomatisches Corps unterhält sich über die Einzelbesprechungen des Führers und des RAM anlässig [sic; anläßlich] der Anti-Kominterntagung.

8. Dezember 1941 Berliner Auslandskreise zum Ausbruch des Krieges im Fernen Osten.

8. Dezember 1941 Grosser Empfang beim finnischen Gesandten.

8. Dezember 1941 Japanische Botschaft unter dem Eindruck der Entscheidung in Tokio.

8. Dezember 1941 Grosse Erregung in den neutralen Auslandskreisen Berlins wegen der Ereignisse im Fernen Osten.

11. Dezember 1941 Berliner Auslandskreise stehen ganz unter dem Eindruck der Reichstagsrede des Führers.

15. Dezember 1941 Eine Erklärung Botschafter Oshimas auf einer Konferenz deutscher Schriftsteller.

15. Dezember 1941 Die grosse Rede des Führers immer noch Gesprächsstoff in Berliner Auslandskreisen.

22. Dezember 1941 Der brasilianische Botschafter über die Haltung seines Landes.

23. Dezember 1941 Berliner Auslandskreise zur Übernahme des Oberbefehls des deutschen Heeres durch den Führer.

23. Dezember 1941 Grosse Befriedigung auf der japanischen Botschaft über die militärische Entwicklung im Pazifik.

24. Dezember 1941 Die Stimmung der Engländer und Amerikaner in Madrid.

24. Dezember 1941 Reise des spanischen Generals Moscardo zur Blauen Division und ihre Hintergründe.

29. Dezember 1941 Sir Samuel Hoare<s> zur Kriegslage.

29. Dezember 1941 Ein Teil der Berliner Auslandskreise beurteilt die allgemeine Kriegslage Deutschlands wenig zuversichtlich.

29. Dezember 1941 Oshimas bevorstehende Reise ins Haupt-Quartier.

29. Dezember 1941 Haltung der Diplomaten zu den letzten militärischen Ereignissen.

30. Dezember 1941 Abreise des USA-Gesandten Earle aus Sofia.

30. Dezember 1941	Beunruhigung in Schweden über die Entwicklung der militärischen Lage am Nordabschnitt der Ostfront.

1942

7. Januar 1942	Botschafter Oshima kehrt stark beeindruckt aus de<r>[m] Führer-Hauptquartier zurück.
9. Januar 1942	Grösste Zurückhaltung in Berliner Auslandskreisen bei der Beurteilung der militärischen Lage.
14. Januar 1942	Konsolidierung der Stimmung der Diplomaten und Ausländer in Berlin.
18. Januar 1942	Botschafter Oshima entwickelt seinen Eindruck von der derzeitigen Kriegslage.
21. Januar 1942	Die Einstellung skandinavischer Diplomaten und Journalisten gegenüber dem baltischen Problem.
21. Januar 1942	Die Verlogenheit der nordamerikanischen Propaganda.
21. Januar 1942	Berliner Auslandskreise zum Tod von Generalfeldmarschall von Reichenau.
22. Januar 1942	Stimmungbericht aus der Schweiz.
24. Januar 1942	Der chilenische Botschafter erhofft die Neutralität seines Landes und Argentiniens.
26. Januar 1942	Amerikanisch-schweizerische Bemühungen[,] Finnland zum Abschluss eines Sonderfriedens mit der Sowjetunion zu bewegen.
31. Januar 1942	Berliner Auslandskreise in Erwartung der Rede des Führers und ihre Wirkung.
31. Januar 1942	Unterredung des argentinischen Geschäftsträgers mit einem ungarischen Diplomaten.
31. Januar 1942	Berliner Diplomatenkreise zur angeblichen Reise des Reichsmarschalls nach Italien.
5. Februar 1942	Botschafter Oshima berichtet Allgemeines über seine Reise nach Rom.
6. Februar 1942	Botschafter Oshima möchte eine Auskunft über die Treibstofflage erhalten.
6. Februar 1942	Die Höhe der rumänischen Verluste im bisherigen Verlauf des Krieges.

6. Februar 1942	Chilenische Botschaft vertritt die Meinung, dass Chile und Argentinien ihre Beziehungen zu den Dreierpaktmächten nicht abbrechen würden.
6. Februar 1942	Türkische Diplomaten in Berlin über die Haltung der Türkei.
14. Februar 1942	Längerer Gedankenaustausch Botschafter Oshimas mit einem deutschen Vertrauensmann.
16. Februar 1942	Dänische Journalisten in Berlin berichten über die derzeitige Stimmung in Dänemark.
21. Februar 1942	Die Kampfhandlungen im Pazifik.
25. Februar 1942	Japanische Diplomaten über den Fall von Singapur.
4. März 1942	Beunruhigung in Schweden über eine mögliche Kriegsausweitung in Nordeuropa.
5. März 1942	In der japanischen Botschaft hofft man, dass die Entscheidung auf Java und vielleicht auch in Birma in wenigen Tagen fallen wird.
9. März 1942	Information aus der Schweiz über England, Russland und Südamerika.
10. März 1942	Deutschland soll angeblich einen Friedensfühler nach der Sowjetunion ausgestreckt haben.
17. März 1942	Botschafter Oshima reist nach Wien und Pressburg, vielleicht auch nach Ankara.
28. April 1942	Führer-Rede.
23. Mai 1942	Eine ausserordentliche positive Einstellung zeigt der spanische Botschaftssekretär Serat.
6. Juni 1942	Briten und Amerikaner wollen in nächster Zeit Berlin und Tokio mit starken Kräften angreifen.
17. Juni 1942	Das derzeitige Verhältnis des Marschalls Antones<k>[c]u zum rumänischen Königshaus.
22. Juni 1942	Berliner Auslandskreise zum Fall von Tobruk.
22. Juni 1942	Oberstleutnant Ruitz de la Sierm berichtet über Munoz Grandes.
26. Juni 1942	Berliner Auslandskreise sind tief beeindruckt von den Kämpfen in Nordafrika.
27. Juni 1942	Degrelle, der sich besuchsweise in Deutschland aufhält, berichtet aus Belgien.

3. Juli 1942	Längere Aussprache Oshimas mit einem deutschen Vertrauensmann.
8. Juli 1942	Oshima reist ins Führerhauptquartier.
23. Juli 1942	Derzeitige Lage in England.
23. Juli 1942	Der amerikanische Gesandtschaftsrat Max Naile über die Spannung in der britischen Regierung.
27. Juli 1942	Der schweizerische Kommunistenführer Käfer über Russland.
30. Juli 1942	Madrid: Deutschfreundliche Persönlichkeiten verlieren auf Intervention der Kirche ihre Stellung.
30. Juli 1942	Die Politik der Türkei.
1. August 1942	Schweizerische Kreise<n> zur „Zweiten Front“.
2. August 1942	Die Türkei im bulgarischen Urteil I.
2. August 1942	Informationen aus USA-Kreisen in der Türkei.
2. August 1942	Die Türkei im bulgarischen Urteil II.
2. August 1942	Die Türkei im bulgarischen Urteil III.
6. August 1942	Der neue französische Botschafter in Bern und seine ersten Amtshandlungen.
6. August 1942	Die Tätigkeit der angelsächsischen Diplomatie in Bern.
10. August 1942	Eindrücke der Berliner Auslandsdiplomatie zu den grossen Waffensiegen im Osten.
11. August 1942	Oshima berichtet über seine Reise an die Ostfront.
22. August 1942	Portugiesischer Staatspräsident Carmona schwer erkrankt.
24. August 1942	Botschafter Oshima über die militärpolitische Situation in Tokio.
26. August 1942	Äusserungen britischer Diplomaten in Bern zur Moskau-Reise Churchills.
2. September 1942	Der portugiesische Gesandte in Vichy, Dr. Caeiro de Mata[,] beim Ministerpräsidenten Dr. Salazar.
3. September 1942	Die derzeitige Lage in der Türkei.
7. September 1942	Die Öffentlichkeit in Spanien zur dortigen Regierungsumbildung.
7. September 1942	Truppentransporte in der Türkei.

7. September 1942 Einiges aus der Türkei.

8. September 1942 Das Problem der französischen Flotte.

17. September 1942 Äusserungen des irischen Geschäftsträgers.

2. Oktober 1942 Stimmen zur Führerrede.

2. November 1942 Mitarbeiter M. über seine Informationsreise in die Türkei.

5. November 1942 Oshima zum Personalwechsel der jap. Botschaft in Rom.

14. November 1942 Botschaftssekretär Lanza über die Münchener Besprechungen.

15. Dezember 1942 Spanische Diplomaten und Journalisten zum Besuch Munoz Grandes in Berlin.

18. Dezember 1942 Eindrücke schwedischer Diplomaten aus Ku<j>[i]byschew.

18. Dezember 1942 Schweizer Diplomat kritisiert Vermittlungsschritt des Bundesrats in der Frage der Entfesselung der Kriegsgefangenen.

Vorlagen beim Führer

Braune Blätter erreichten Hitler nicht nur auf dem Umweg über die Likus-Berichte, sondern auch auf direktem Wege. Walther Hewel, als Ständiger Beauftragter Ribbentrops beim Führer, führte über alle Vorgänge, die er Hitler vorlegte, sorgfältig Buch. Dabei fällt die große Zahl Brauner Blätter auf, die zur Vorlage kamen. In den Kriegsjahren erreichten sie eine fast tägliche Dichte. Im folgenden wurde eine Zusammenstellung der Braunen Blätter diplomatischen Inhalts aus dem Hewel-Register vorgenommen, die dem Führer 1940–42 vorgelegt wurden. Quelle: US National Archives, Mikrofilm T-120, Rolle 1073.

N 150.721	v. 11.2.1940: Mitteilung Cianos an den belgischen Botschafter in Rom.
N 153.161	v. 2.3.1940: Bericht Attolicos über die 1. Unterredungen Sumner Welles' in Berlin.
N 153.282	v. 3.3.1940: Äußerungen von Welles in einer Unterhaltung mit Attolico am 2.3.1940.
N 155.697	v. 23.3.1940: Bericht des belgischen Botschafters an den Außenminister in Brüssel.
N 157.895	v. 11.4.1940: Äußerung des schwedischen Gesandten in Berlin über seine Unterredung mit dem Reichsaußenminister.
N 158.383	v. 14.4.1940: Gerüchte über den bevorstehenden Rücktritt des Grafen Ciano.
N 158.399	v. 15.4.1940: Zur Frage einer Beteiligung Italiens am Kriege.
N 158.437	v. 15.4.1940: Botschafter Attolico: Deutsches Dementi zur Abreise von Truppen an die slowakische Grenze.
N 158.833	v. 17.4.1940: Italienischer Diplomatenbericht über die deutschen militärischen Aktionen in Norwegen.
N 158.897	v. 18.4.1940: Angeblich bevorstehender Rücktritt Cianos und Eintritt Italiens in den Krieg als Verbündeter Deutschlands.

N 158.903	v. 18.4.1940: Angeblicher Bericht François-Poncets über die Möglichkeit eines Eingreifens Italiens in den Krieg.
N ——	v. 19.4.1940: Japanischer Botschafter berichtet über Lage in Italien.
N 180.361	v. 17.10.1940: Angebliche Verärgerung General Weygands über die französische Regierung.
N 183.387	v. 11.11.1940: Zur Haltung der Türkei.
N 186.834	v. 10.12.1940: Zum deutsch-bulgarischen Verhältnis; Draganow über Unterredung mit führenden deutschen Persönlichkeiten.
N 187.051	v. 12.12.1940: Braune Freunde: Angebliche Umstellung Spaniens.
N 187.971	v. 19.12.1940: Bericht des USA-Geschäftsträgers über eine Unterredung mit Pétain in Vichy.
N 188.467	v. 27.12.1940: Magistrati über die Rede Filows.
N 189.011	v. 4.1.1941: Türkei über Gebiet des Kaspischen Meeres.
N 189.518	v. 10.1.1941: Zu den angeblichen deutschen Absichten im Balkan
N 189.563	v. 10.1.1941: Bulgarisch-türkische Beziehungen.
N 189.566	v. 10.1.1941: Zum Verhältnis Jugoslawiens zu Bulgarien.
N 190.322	v. 17.1.1941: Zur Haltung der Türkei.
N 190.437	v. 20.1.1941: Haltung der UdSSR im Falle deutscher militärischer Aktion im Balkan.
N 190.441	v. 20.1.1941: Über die mögliche britische Reaktion auf einen Einmarsch deutscher Truppen in Bulgarien.
N 190.955	v. 24.1.1941: Warnung spanischer Generäle an Franco wegen Durchmarsch deutscher Truppen.
N 191.046	v. 24.1.1941: türkischer Botschafter in Moskau über die deutsch-sowjetrussischen Beziehungen.
N 191.079	v. 24.1.1941: bulgarischer Diplomatenbericht aus London (militärische Absichten Deutschlands).

N 191.202	v. 25.1.1941: Besprechungen des Obersten Donovan in Sofia.
N 191.209	v. 25.1.1941: Bericht des polnischen „Gesandten" in Madrid über Unterredung mit französischem Botschafter.
N 191.217	v. 26.1.1941: zur russischen Haltung bei einem evt. deutschen Einmarsch in Bulgarien.
N 191.242	v. 27.1.1941: Oberst Donovan in Athen mit General Wavell zusammengetroffen.
N 191.707	v. 30.1.1941: Exkönig Carol angeblich im Hungerstreik.
N 191.730	v. 31.1.1941: Codreanu steht zu Antonescu.
N 192.480	v. 7.2.1941: Besuch Donovans in Nordafrika.
N 192.814	v. 10.2.1941: Bericht des türkischen Botschafters.
N 192.840	v. 11.2.1941: Englands Reaktion auf Deutschlands Vorgehen in Bulgarien.
N 192.937	v. 12.2.1941: Aufenthalt Willkies in London.
N 192.943	v. 12.2.1941: Türkei im Falle Krieg auf Balkan.
N 193.132	v. 13.2.1941: Über angebliche Bedingungen USA.
N 193.322	v. 15.2.1941: Politik UdSSR auf dem Balkan.
N 193.391	v. 16.2.1941: Lage Türkei.
N 193.400	v. 16.2.1941: Angebliche Verständigung Rußland–Japan.
N 194.044	v. 22.2.1941: Sog. deutsche Südostarmee.
N 194.068	v. 23.2.1941: Balkanfragen.
N 194.069	v. 23.2.1941: Balkanfragen.
N 194.073	v. 23.2.1941: Balkanfragen.
N 194.076	v. 24.2.1941: Balkanfragen.
N 194.159	v. 24.2.1941: Angriffsabsichten Deutschlands auf Rußland.
N 194.464	v. 27.2.1941: Angebliche britische Gegenmaßnahmen bei Einmarsch deutscher Truppen in Bulgarien.

N 194.521 v. 27.2.1941: Maßnahmen Irlands gegen englische Invasion.

N 194.769 v. 3.3.1941: Deutsch-russische Beziehungen.

N 195.416 v. 8.3.1941: Betr. deutsche Truppentransporte.

N 195.498 v. 10.3.1941: Reaktion Rußlands auf deutschen Einmarsch Bulgarien.

N 195.557 v. 10.3.1941: Besuch Edens Athen.

N 195.923 v. 12.3.1941: Britische Truppenlandungen in Patras.

N 197.111 v. 24.3.1941: Japanisch-französisches Abkommen.

N 198.382 v. 3.4.1941: Englische Propaganda gegen Italien.

N 198.836 v. 6.4.1941: Russisch-jugoslawischer Pakt.

N 199.458 v. 10.4.1941: Zu den jugoslawisch-sowjetrussischen Beziehungen.

N 199.483 v. 11.4.1941: Botschaft Churchills an den japanischen Außenminister.

N 199.503 v. 12.4.1941: Gerüchte Krieg gegen Rußland.

N 199.753 v. 15.4.1941: Englische Aufhetzung Moskaus.

N 199.916 v. 16.4.1941: Vorgänge bei Abreise Matsuokas aus Moskau.

N 200.511 v. 21.4.1941: Unterredung Ciano–Duce.

N 200.522 v. 22.4.1941: Deutsch-italienisches Verhältnis in Wien.

N 200.984 v. 25.4.1941: Beziehungen England–Rußland.

N 201.193 v. 27.4.1941: Deutsch-russische Beziehungen.

N 201.196 v. 27.4.1941: Unterhaltung der italienischen Königin mit Prinz Petrovic von Montenegro.

N 201.231 v. 28.4.1941: Britische Absichten im Irak.

N 201.885 v. 3.5.1941: Französischer Bericht aus Washington.

N 202.157 v. 6.5.1941: Informationsaustausch zwischen Ciano und Alfieri.

N 202.516 v. 8.5.1941: Regierungsumbildung in Moskau.

N 202.623 v. 9.5.1941: Deutsch-russische Beziehungen.

N 203.349 v. 15.5.1941: Alfieri zum Fall Heß.

N 203.573 v. 16.5.1941: Alfieri zum Fall Heß.

N 204.171 v. 21.5.1941: Angeblich Ihn Saud für England.

N 204.450 v. 24.5.1941: Beziehungen Japan–USA.

N 207.184 v. 17.6.1941: Schweden über Deutschland–Rußland.

N 207.229 v. 17.6.1941: Rüschdi-Aras mit Butler.

N 211.226 v. 19.7.1941: Britisches Ersuchen um Übernahme der britischen Interessen in der Sowjetunion durch die USA.

N 211.252 v. 19.7.1941: Meldungen über eine bevorstehende Umbildung des britischen Kabinetts.

N 211.294 v. 21.7.1941: Zum sowjetrussischen Konflikt. Stellungnahme der japanischen Regierung zu den Gefahrens…e im Fernen Osten.

N 211.453 v. 22.7.1941: Panikartige Stimmung im Ölgebiet von Batum.

N 211.550 v. 22.7.1941: Haltung der Türkei im deutsch-russischen Konflikt.

N 211.611 v. 23.7.1941: Lage in Moskau.

N 211.611 v. 23.7.1941: Verlegung der Regierung nach Kasan.

N 211.674 v. 24.7.1941: Erster Luftangriff auf Moskau.

N 213.542 v. 8.8.1941: Zur Frage von britischen Transporten zur Unterstützung der Sowjetunion durch den Iran.

N 214.376 v. 18.8.1941: Britischer Druck auf den Iran.

N 214.897 v. 23.8.1941: Sowjetisches Angebot, mit England bei militärischer Aktion gegen den Iran zusammenzuarbeiten.

N 215.185 v. 26 8.1941: Britischer Bericht aus Ankara v. 28.7.1941: angebliche Äußerung des türkischen Generalstabschefs Cakmak über deutsch-türkisches Verhältnis.

N 215.263 v. 27.8.1941: Türkischer Außenminister Saracoglu an türkische Botschaft London zum türkisch-iranischen Verhältnis.

N 215.362 v. 28.8.1941: Eden an britische Botschaft in Washington über britische Hilfe für Niederländisch-Indien im Angriffsfalle.

N 215.502 v. 28.8.1941: Bericht der britischen Botschaft in Ankara über türkische Reaktion auf britisch-sowjetischen Einmarsch in den Iran.

N 215.728 v. 30.8.1941: Japanischer Gesandter in Teheran über angebliche Meinungsverschiedenheiten zwischen Sowjets und England betr. Waffenstillstand.

N 215.739 v. 31.8.1941: Haidar Aktai über britische Absichten betr. Iran (Absetzung iranischer Herrscherfamilie).

N 217.105 v. 13.9.1941: Britischer Gesandter in Teheran über sowjetrussisches Vorgehen im Iran.

N 218.229 v. 23.9.1941: Britische Vorbereitungen zum Bau einer Straße von der Grenze Britisch-Indiens durch den östlichen Iran.

N 218.365 v. 23.9.1941: Britische Propaganda-Richtlinien.

N 218.637 v. 26.9.1941: Lagebesprechung zwischen Admiral Kelly und dem Stellvertretenden türkischen Generalstabschef. Vertrauliche Information von General Asim Gündür über angebliche deutsche Wünsche bezüglich Kaukasus.

N 218.811 v. 27.9.1941: Britischer Botschafter in Ankara, Knatchbull-Hugessen, über in Ankara umlaufende Gerüchte von bevorstehender britischer Truppenentsendung nach dem Kaukasus.

N 219.008 v. 30.9.1941: Britische Pläne gegen Afghanistan.

N 219.025 v. 30.9.1941: Bulgarischer Diplomatenbericht aus Moskau über Stimmung und militärische Maßnahmen und Wirkung der deutschen Luftangriffe.

N 219.117 v. 30.9.1941: Britische Pläne gegen Afghanistan. Indien hält Vorgehen gegen Afghanistan für schweren Fehler, lehnt gemeinsame Aktion mit Rußland ab.

N 219.122 v. 30.9.1941: Absicht der britischen Regierung, den abgedankten Schah nach Mauritius zu schicken.

N 219.123 v. 1.10.1941: Britischer Gesandter in Teheran über Unterredung mit Ministerpräsident Furuglu betr. Plan eines Bündnisses Iran–Großbritannien–Sowjetunion.

N 219.534 v. 3.10.1941: Differenzen zwischen Briten und Sowjets im Iran.

N 219.601 v. 4.10.1941: Redaktionelle Behandlung der Führerrede durch amerikanische Pressevertreter in Berlin.

N 220.278 v. 10.10.1941: Lage im Iran. Umtriebe sowjetischer Besatzung. Französische Vertretung. Iranische Aufstandsbewegung.

N 220.342 v. 10.10.1941: Britisch-sowjetische Spannung im Iran. Unterredung Eden–Maisky.

N 220.471 v. 12.10.1941: Jugoslawischer Gesandter Gavrilovic zur Lage in Moskau.

N 221.278 v. 19.10.1941: Japanischer Botschaftsbericht über Lage in Moskau.

N 222.008 v. 24.10.1941: Jugoslawischer Gesandter Gavrilovic über Lage in Moskau.

N 222.062 v. 25.10.1941: Türkischer Bericht über Moskau; Abtransport von Maschinen.

N 222.063 v. 25.10.1941: Italienischer Diplomatenbericht aus Bukarest über sowjetische Rückzugs- und Evakuierungsmaßnahmen.

N 222.398 v. 28.10.1941: Bulgarischer Bericht über Lage in Moskau.

N 223.185 v. 4.11.1941: Entsendung Militärmission nach Irak.

N 224.120 v. 12.11.1941: Japanischer Bericht über Truppenparade in Kuibyschew vom 7.11.

N 224.592 v. 15.11.1941: Britischer Botschafter Cripps in Moskau über britisch-russisches Verhältnis im Iran.

N 225.351 v. 22.11.1941: Gründe für Abberufung Weygands. Veränderungen in Afrika.

N 225.353 v. 22.11.1941: Britisch-russische Vorbereitung, russische Tonnage aus Schwarzem Meer herauszubringen.

N 225.425 v. 22.11.1941: Besuch des rumänischen stellv. Ministerpräsidenten in Berlin.

N 225.780 v. 25.11.1941: Energische Forderung des finnischen Ministerpräsidenten an Witting zur Rückkehr bis 28.11.

N 226.156 v. 28.11.1941: Britische kriegswirtschaftliche Auswirkung für Kriegsfall mit Japan.

N 227.291 v. 8.12.1941: Zum Ausbruch japanisch-amerikanischer Feindseligkeiten.

N 228.033 v. 13.12.1941: Haltung Sowjetunion im Pazifikkrieg.

N 228.060 v. 14.12.1941: Haidar Aktai über britisch-russische Verhandlungen.

N 228.334 v. 16.12.1941: Japanisch-sowjetische Beziehungen.

N 228.378 v. 17.12.1941: Französische Haltung gegenüber Deutschland.

N 228.464 v. 17.12.1941: Bulgarischer Bericht: Erschießung deutscher Kriegsgefangener.

N 228.467 v. 18.12.1941: Britisch-sowjetische Zusammenarbeit.

N 228.494 v. 18.12.1941: Lage in Nord-Ostasien.

N 228.826 v. 20.12.1941: Sowjetisch-japanische Beziehungen.

N 228.852 v. 20.12.1941: Reise Eden nach Teheran, dgl. General Sikorski.

N 228.894 v. 20.12.1941: Britisch-amerikanischer Kriegsrat.

N 229.189 v. 24.12.1941: Besprechung Ciano–Darlan.

N 229.583 v. 2.1.1942: England wünscht französische Neutralitätserklärung im Indischen Ozean.

N 229.696 v. 3.1.1942: Chinesisch-japanischer Konflikt.

N 229.734 v. 5.1.1942: Protest des US-Geschäftsträgers in Kuibyschew gegen „Prawda"-Artikel.

N 229.791 v. 5.1.1942: Londoner Zweifel an türkischem Widerstandswillen.

N 229.950 v. 7.1.1942: Bulgarischer Bericht aus Kuibyschew über militärische Operationen im Osten und innerpolitische Lage.

N 230.041 v. 8.1.1942: Stimmung in den USA.

N 230.120 v. 8.1.1942: Türkischer Diplomatenbericht über Haltung Deutschlands gegenüber Portugal.

N 230.799 v. 15.1.1942: Britische Getreideverknappung im Nahen Osten.

N 230.996 v. 17.1.1942: Unterredung des Botschafters Bullitt mit türkischem Botschafter Taray.

N 231.258 v. 20.1.1942: Türkischer Konsul in Batum über militärische Maßnahmen; Verhaftung 4 russischer Marineoffiziere.

N 231.259 v. 20.1.1942: Türkischer Bericht aus Moskau über militärische Lage Ende 1941 und Maßnahmen und Pläne russischer Heeresleitung.

N 231.444 v. 21.1.1942: Information des türkischen Außenministeriums an Botschafter Vichy zur Kriegslage; Wiedergabe Ausführung de Gaulles.

N 231.541 v. 22.1.1942: Mangel an Flugbenzin in England.

N 231.653 v. 22.1.1942: Sowjetrussisch-polnische Meinungsverschiedenheiten über Zugehörigkeit verschiedener Städte, Lemberg u.a.

N 231.661 v. 23.1.1942: Polnische Ansicht über kommende Entwicklung in der Sowjetunion.

N 232.647 v. 31.1.1942: Äußerung Mihail Antonescus über deutsch-rumänisches Verhältnis.

N 232.790 v. 1.2.1942: Türkischer Botschafter in London über Unterredung mit Maisky nach der Moskauer Besprechung.

N 232.905 v. 2.2.1942: Finnischer Bericht aus Tokio über japanische militärische Vorbereitungen an Sowjetgrenze.

N 233.334 v. 6.2.1942: Lage in der Sowjetunion.

N 234.265 v. 14.2.1942: Britische Lösung ägyptischer Regierungskrisis.

N 235.155 v. 21.2.1942: Türkische Diplomatenberichte aus Budapest betr. Offensivvorbereitung.

N 235.311 v. 23.2.1942: Türkischer Botschafter in London über Unterredung mit Churchill.

N 235.560 v. 26.2.1942: Türkische Haltung gegenüber Deutschland und Großbritannien.

N 235.893 v. 2.3.1942: Gerüchte über bevorstehende deutsche Aktion gegen Schweden.

N 236.131 v. 3.3.1942: Angebliche Unzufriedenheit Stalins mit britischer Politik.

N 236.511 v. 7.3.1942: Jugoslawischer Bericht aus Kuibyschew. Vortrag des Sowjetkommissars über politische und militärische Lage.

N 236.530 v. 7.3.1942: Besorgnisse Südafrikanischer Union wegen Madagaskar.

N 236.543 v. 7.3.1942: Japanischer Außenminister über Erdölversorgung Japans.

N 236.662: Lage in Serbien und Slowenien.

N 236.915 v. 11.3.1942: Bericht des portugiesischen Gesandten in Ankara zur Haltung der Türkei.

N 236.931 v. 11.3.1942: Bericht des italienischen Gesandten in Kabul zur Lage in Indien.

N 237.028 v. 12.3.1942: Türkischer Bericht über Lage in Moskau am Jahrestag der Roten Armee.

N 237.880 v. 19.3.1942: Jugoslawischer Bericht: US-Botschafter Steinhardt über Entschlossenheit der USA zur Kriegführung bis zum Sieg.

N 238.087 v. 20.3.1942: Zur Lage im Iran.

N 238.415 v. 25.3.1942: Britische Begründung der Einschränkung von Kriegsmateriallieferung an Türkei.

N 238.501 v. 25.3.1942: Bericht des türkischen Geschäftsträgers in Teheran.

N 239.406 v. 2.4.1942: Diplomatische und militärische Lage der Alliierten im Nahen Osten.

N 239.454 v. 4.4.1942: Bulgarischer Diplomatenbericht aus Kuibyschew über Winteroffensive.

N 239.457 v. 4.4.1942: Jugoslawischer Bericht aus Kuibyschew betr. Kombinationen über deutsche Frühjahrsoffensive.

N 239.528 v. 4.4.1942: Lage in China.

N 239.540 v. 7.4.1942: Lage in Indien.

N 239.572 v. 7.4.1942: Versorgung der Roten Armee mit Lebensmitteln.

N 239.656 v. 7.4.1942: Polnischer Bericht aus Kuibyschew über drohende Hungersnot in Sowjetunion.

N 239.714 v. 8.4.1942: Türkischer Diplomatenbericht aus Budapest über Frühjahrsoffensive.

N 239.715 v. 8.4.1942: Jugoslawischer Bericht aus Kuibyschew über deutsche Frühjahrsoffensive.

N 239.782 v. 9.4.1942: Angebliche Äußerung des japanischen Geschäftsträgers in Kuibyschew über Ziele der deutschen Frühjahrsoffensive gegen die Sowjetunion.

N 239.972 v. 10.4.1942: Türkischer Bericht aus Tokio über angebliche Verschiebung deutscher Offensive.

N 240.173 v. 13.4.1942: USA-Presse zur Lage der Verbündeten.

N 240.175 v. 13.4.1942: Haidar Aktai über Unterredung Clark-Kerrs mit Stalin am 28.3.

N 240.199 v. 13.4.1942: Entwicklung japanisch-sowjetischer Beziehungen.

N 240.260 v. 13.4.1942: Bevorstehende Reise Haidar Aktais nach Ankara.

N 240.274 v. 13.4.1942: Zum Attentat auf von Papen.

Dokumente

Geheime Reichssache!

1. Dies ist ein Staatsgeheimnis im Sinne des RStGB. (Abschnitt Landesverrat) in der Fassung des Gesetzes vom 24.4.1934.
2. Nur für die vom FA verpflichteten und zum Empfang berechtigten Personen bestimmt und diesen gegen Empfangsbescheinigung auszuhändigen.
3. Beförderung nur in doppeltem Umschlag und durch Kurier oder Vertrauensperson.
4. Vervielfältigung jeder Art, Weitergabe im Wortlaut oder Herstellung von Auszügen im Wortlaut verboten.
5. Empfänger haftet für sichere Aufbewahrung im Geheimschrank. Nachweisbarkeit und Rückgabe. Verstoß hiergegen zieht schwerste Strafen nach sich.

№00286 ✲

Teil I

Auszug
aus den Bestimmungen
über die Kontrolle der Forschungsergebnisse des FA
(für Ausgabe an Behörden durch das FA)

1) **Zuständigkeit und Aufgabe:**

Die Kontrolle aller Forschungsergebnisse des FA obliegt dem „Geheim-Nachrichten-Nachweis" des FA (V-GNN).

2) **Behandlung der Empfangs- und Begleitscheine:**

a) Die Empfangs- und Begleitscheine sind in 2 verschiedenen Farben gehalten.

b) Der **rote Empfangsschein** dient der Quittungsleistung durch den Außenempfänger gegenüber dem FA (V-GNN); er ist nach Quittungsleistung zur Rückgabe und zum Verbleib beim GNN bestimmt.

c) Der **gelbe Begleitschein** ist zum Verbleib beim Außenempfänger bestimmt und dient gleichzeitig der Quittungsleistung durch den GNN nach Rückerhalt der Forschungsergebnisse vom Außenempfänger.

3) **Verpackung von Forschungsergebnissen:**

Forschungsergebnisse werden
- a) in Briefen,
- b) in Sondermappen,
- c) in Taschen,
- d) in Fernrohrpostbüchsen

verpackt.

a) **Briefverpackung:**

Doppelter Umschlag:
Auf dem äußeren Umschlag steht:
Empfänger sowie
Nummern und Stückzahl der Sendung.

Im inneren Umschlag liegt die Sendung (zusammen mit Empfangs- und Begleitschein), deren Umschlag mit dem beschrifteten Außenumschlag innen verklebt wird. Ausnahmen nur auf besondere Anordnung. Die Empfänger erhalten besonders dringende Meldungen (×) in einem roten Umschlag.

b) **Sondermappen:**

Empfänger von Sondermappen erhalten Forschungsergebnisse in loser Form nach besonderen Gesichtspunkten in Aktendeckeln eingeordnet. **Schlüssel** zu diesen Taschen haben nur die Empfänger, der Leiter des FA und V-GNN. (Schlüsselquittung s. Anlage 1). Die Empfänger erhalten besonders dringende Meldungen (x) in einem roten Umschlag.

c) **Taschen:**

Empfänger von Taschen erhalten die Forschungsergebnisse in loser Form nach Nummern geordnet zusammen mit Empfangs- und Begleitschein. **Schlüssel** zu diesen Taschen haben nur die Empfänger und der V-GNN. (Schlüsselquittung s. Anlage 2). Die Empfänger erhalten besonders dringende Meldungen (x) in einem roten Umschlag.

d) **Fernrohrpost:**

Empfänger von Fernrohrpostbüchsen erhalten die Forschungsergebnisse nach Nummern geordnet zusammen mit Empfangs- und Begleitschein in verschlossenen Büchsen. **Schlüssel** hierzu haben die Empfänger an den jeweiligen Endstationen und der V-GNN.

4) **Ausgabe von Forschungsergebnissen:**

An Stellen außerhalb des Amtes übernimmt die Kurierstelle (V-Kur) die Weiterbeförderung der fertigen Briefe, Mappen und Taschen zusammen mit den ausgefertigten Quittungsbüchern oder Quittungsheften (soweit nicht Übermittlung durch Rohrpost oder Fernschreiber erfolgt, die nach besonderen Anweisungen durchgeführt wird).

5) **Empfangende Stellen:**

Über die empfangenden Stellen und Personen werden beim FA Listen geführt. Diese Listen enthalten die Namen

der zur Geheimhaltung Verpflichteten,
der zum Empfang Berechtigten,
der zur Bearbeitung Berechtigten.

Nur der Empfangsberechtigte darf den Empfang der Forschungsergebnisse quittieren. Den Kurieren ist streng verboten, Briefe, Sondermappen oder Taschen an nichtempfangsberechtigte Personen auszuhändigen.

6) **Empfangsbescheinigung:**

Grundsätzlich muß über jedes empfangene Forschungsergebnis quittiert werden. Der Empfänger muß empfangsberechtigt sein.

a) Stellen außerhalb des FA, die **Sondermappen** erhalten, bescheinigen in einem Quittungsbuch den Empfang der Sondermappe und der erhaltenen Sondermappennummer durch Eintragen der Uhrzeit und Unterschrift.

b) Die **Empfänger von Taschen, Fernrohrpostbüchsen und Doppelumschlägen** (Briefverpackung) bestätigen auf Annahmebescheinigungen (Quittungsheften) den Erhalt der Sendung sowie auf Empfangsbescheinigungen den Erhalt der Forschungsergebnisse durch eigenhändiges Eintragen des Datums, der Uhrzeit (gegebenenfalls des Ortes des Empfanges) und Unterschrift.

7) **Rückgabe und Rücknahme:**

a) **Grundsätzlich müssen alle Forschungsergebnisse an das FA zurückgegeben werden, die den Aufdruck „Geheime Reichssache" tragen.** Die übrigen für „Geheim" erklärten Forschungsergebnisse sind von den Empfängern unter eigener Verantwortung selbst zu vernichten, wenn sie nicht dem FA zurückgegeben werden. An die Rückgabepflicht werden die Empfänger gegebenenfalls durch V (V-GNN) erinnert. (Durch die beim V-GNN laufend nach Nummern geführten Belegstücke ist jederzeit ein Zurückgreifen auf frühere Meldungen möglich.)

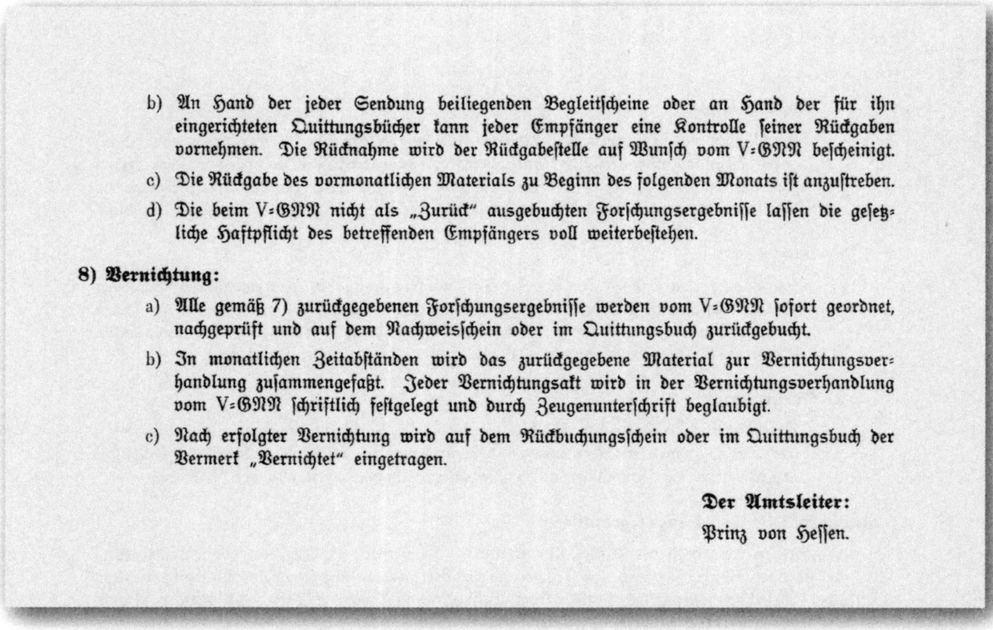

b) An Hand der jeder Sendung beiliegenden Begleitscheine oder an Hand der für ihn eingerichteten Quittungsbücher kann jeder Empfänger eine Kontrolle seiner Rückgaben vornehmen. Die Rücknahme wird der Rückgabestelle auf Wunsch vom V-GNN bescheinigt.

c) Die Rückgabe des vormonatlichen Materials zu Beginn des folgenden Monats ist anzustreben.

d) Die beim V-GNN nicht als „Zurück" ausgebuchten Forschungsergebnisse lassen die gesetzliche Haftpflicht des betreffenden Empfängers voll weiterbestehen.

8) Vernichtung:

a) Alle gemäß 7) zurückgegebenen Forschungsergebnisse werden vom V-GNN sofort geordnet, nachgeprüft und auf dem Nachweisschein oder im Quittungsbuch zurückgebucht.

b) In monatlichen Zeitabständen wird das zurückgegebene Material zur Vernichtungsverhandlung zusammengefaßt. Jeder Vernichtungsakt wird in der Vernichtungsverhandlung vom V-GNN schriftlich festgelegt und durch Zeugenunterschrift beglaubigt.

c) Nach erfolgter Vernichtung wird auf dem Rückbuchungsschein oder im Quittungsbuch der Vermerk „Vernichtet" eingetragen.

Der Amtsleiter:
Prinz von Hessen.

Zu S. 246–248
Form und Inhalt der Geheimhaltungsbestimmungen wurden im Laufe der Zeit geringfügig abgeändert. Eine der erhalten gebliebenen Versionen ist mit „Februar 1938" datiert. Das hier abgebildete Dokument ist später entstanden, es trägt handschriftlich ein Datum: „erhalten 17.10.40". Diese Version hatte mindestens bis zum 20. März 1945 Gültigkeit, wie die abgedruckten Braunen Blätter, die noch denselben Kopf tragen, zeigen. Später gab es noch eine weitere verkürzte Form. (Quelle: Budesarchiv-Militärarchiv, Freiburg/Br., RL 1/15)

Zu Seite 249:
Das Deckblatt des FA-Berichtes zur englischen Politik, der in diesem Buch auf S. 166 ff. abgedruckt ist. (Quelle: Politisches Archiv des Auswärtigen Amtes, Bonn)

Geheime Reichssache!

1. Dies ist ein Staatsgeheimnis im Sinne des RStGB. (Abschnitt Landesverrat) in der Fassung des Gesetzes vom 24.4.1934.
2. Nur für die vom FA verpflichteten und zum Empfang berechtigten Personen bestimmt und diesen gegen Empfangsbescheinigung auszuhändigen.
3. Beförderung nur in doppeltem Umschlag und durch Kurier oder Vertrauensperson.
4. Vervielfältigung jeder Art, Weitergabe im Wortlaut oder Herstellung von Auszügen im Wortlaut verboten.
5. Empfänger haftet für sichere Aufbewahrung im Geheimschrank, Nachweisbarkeit und Rückgabe. Verstoß hiergegen zieht schwerste Strafen nach sich.

N140098

Zu der englischen Politik
vom Münchner Abkommen bis zum Kriegsausbruch

Gl Zo TF/Ne Mn Kl

Vst. Auswärtiges - Amt

323510

Geheime Reichssache!

1. Dies ist ein Staatsgeheimnis im Sinne des RStGB. (Abschnitt Landesverrat) in der Fassung des Gesetzes vom 24. 4. 1934.
2. Nur für die vom FA verpflichteten und zum Empfang berechtigten Personen bestimmt und diesen gegen Empfangsbescheinigung auszuhändigen.
3. Beförderung nur in doppeltem Umschlag und durch Kurier oder Vertrauensperson.
4. Vervielfältigung jeder Art, Weitergabe im Wortlaut oder Herstellung von Auszügen im Wortlaut verboten.
5. Empfänger haftet für sichere Aufbewahrung im Geheimschrank, Nachweisbarkeit und Rückgabe. Verstoß hiergegen zieht schwerste Strafen nach sich.

(12A) v.Hae./Ry. **Forschungsamt** 19. März 1945.

N 450237

West
W/1

Abkommen der Schweiz mit den Alliierten über die Regelung schweizerischer Verkehrsfragen.

Einsatz von täglich 3 schweizerischen Zügen zwischen Cerbère und Genf.

Benutzung des Hafens von Toulon durch schweizerische Schiffe.

Das Politische Departement in Bern verständigt am 14.3.45 die schweizerische Gesandtschaft in Lissabon, dass das mit den Alliierten getroffene Abkommen den Betrieb von täglich 3 Zügen zwischen Cerbère und Genf mit je 600 t Ladung vorsehe. Die schweizerischen Schiffe könnten in Zukunft den Hafen von Toulon benutzen, doch seien die Umschlagsmöglichkeiten auf 400 t täglich beschränkt. Der Eisenbahnverkehr in Frankreich werde mit schweizerischen Waggons und Lokomotiven durchgeführt werden. Die alliierten Regierungen gewährten der Schweiz weiterhin das Kontingent und die Navicerts für Lebensmittel im Rahmen der früher bezogenen Mengen. Ferner habe die Schweiz für verschiedene industrielle Rohstoffe neue Quoten erlangt. Da die Transportmittel im Augenblick nicht ausreichten, werde für den Transport von Waren nach der Schweiz eine Vorrangliste aufgestellt.

Das mit den Alliierten getroffene Abkommen erstreckte sich ausserdem auf verschiedene Finanzangelegenheiten und Fragen bezüglich des Warentransits durch die Schweiz nach Deutschland, Italien und umgekehrt sowie auf die wirtschaftlichen Beziehungen zum Reich.

(Vergl. E 8/209/ 3.45 Eing.:17.3.)

Schaprincke

Geheime Reichssache!

1. Dies ist ein Staatsgeheimnis im Sinne des RStGB. (Abschnitt Landesverrat) in der Fassung des Gesetzes vom 24. 4. 1934.
2. Nur für die vom FA verpflichteten und zum Empfang berechtigten Personen bestimmt und diesen gegen Empfangsbescheinigung auszuhändigen.
3. Beförderung nur in doppeltem Umschlag und durch Kurier oder Vertrauensperson.
4. Vervielfältigung jeder Art, Weitergabe im Wortlaut oder Herstellung von Auszügen im Wortlaut verboten.
5. Empfänger haftet für sichere Aufbewahrung im Geheimschrank, Nachweisbarkeit und Rückgabe. Verstoß hiergegen zieht schwerste Strafen nach sich.

(12A) v.Hae./Ry. 19. März 1945.

West

N 450 250

Geplanter Rückkauf des von der Vichy-Regierung an die Türkei verkauften französischen Tankers "Adour".

Auf eine nicht bekannt gewordene Anfrage des französischen Aussenministeriums berichtet am 6.3.45 die französische Botschaft in Ankara, der britische Marineattaché habe auf Befragen erklärt, dass seines Erachtens die türkische Regierung Frankreich gern den Tanker "Adour"+) (FA: zurückgeben?) würde, da die Verwendung des Schiffes der Türkei anscheinend Schwierigkeiten bereite. Die Türkei würde wahrscheinlich als Gegenleistung die Überlassung eines Tankers mit geringerer Tonnage auf Charterbasis fordern. Das betreffende Schiff müsse ca. 5000 t Brennstoff befördern können und der Türkei vom interalliierten Schiffahrtspool für die Dauer des Krieges zur Verfügung gestellt werden.

Die Botschaft bitte um Nachricht, ob dieser Vorschlag den alliierten Behörden unterbreitet werden könne. Andererseits, so bemerkt die Botschaft abschliessend, (FA: sei anzunehmen?), dass der Kriegszustand nicht die Einbeziehung der türkischen Flotte in den interalliierten Pool nach sich ziehen werde, da die Mehrzahl der türkischen Schiffe tatsächlich nur in der (Küsten?)-schiffahrt beschäftigt werde.

(Vergl. E 8/212/ 3.45 Eing.: 13.3.)

+) "Adour", Marinetanker, 4220 t.

Geheime Reichssache!

1. Dies ist ein Staatsgeheimnis im Sinne des RStGB. (Abschnitt Landesverrat) in der Fassung des Gesetzes vom 24.4.1934.
2. Nur für die vom FA verpflichteten und zum Empfang berechtigten Personen bestimmt und diesen gegen Empfangsbescheinigung auszuhändigen.
3. Beförderung nur in doppeltem Umschlag und durch Kurier oder Vertrauensperson.
4. Vervielfältigung jeder Art, Weitergabe im Wortlaut oder Herstellung von Auszügen im Wortlaut verboten.
5. Empfänger haftet für sichere Aufbewahrung im Geheimschrank, Nachweisbarkeit und Rückgabe. Verstoß hiergegen zieht schwerste Strafen nach sich.

(12 A) Reu/Bl. 20. März 1945

N 450255

T ü r k e i

Beabsichtigter Erwerb dreier, von den zuständigen USA-Behörden zum Verkauf freigegebener instandsetzungsbedürftiger Flugzeuge durch die Türkei.

Vorschläge der türkischen Botschaft in Washington an das türkische Aussenministerium bezüglich der für dieses Geschäft zu vereinbarenden Lieferbedingungen.

Der Botschaftsrat bei der türkischen Botschaft in Washington, E r o l , übermittelte dem türkischen Aussenministerium am 5.3. eine dem FA erst jetzt bekanntgewordene Mitteilung folgenden Inhalts:

Bei der im Wirtschaftsbüro des us-amerikanischen Aussenministeriums veranstalteten Verlosung seien auf die Türkei drei in bestem Zustand befindliche Flugzeuge entfallen. Vor der Abreise des türkischen Generaldirektors für den Luftverkehr sei auf dessen Forderung und Einwilligung und auf die Empfehlung der us-amerikanischen Regierung hin beschlossen worden, mit der 'TWA' (FA: vielleicht 'Transcontinental & Western Air Inc.; New York City) einen Vertrag abzuschliessen, um diese Maschinen in einen dienstfähigen Zustand zu bringen. Im folgenden gebe er (Erol) die Hauptpunkte des Vertragsentwurfes wieder, den 'TWA' ausgearbeitet habe.

1.) 'TWA' werde für dieses Projekt einen Verdienst oder eine Kommission nicht berechnen.

- 2 -

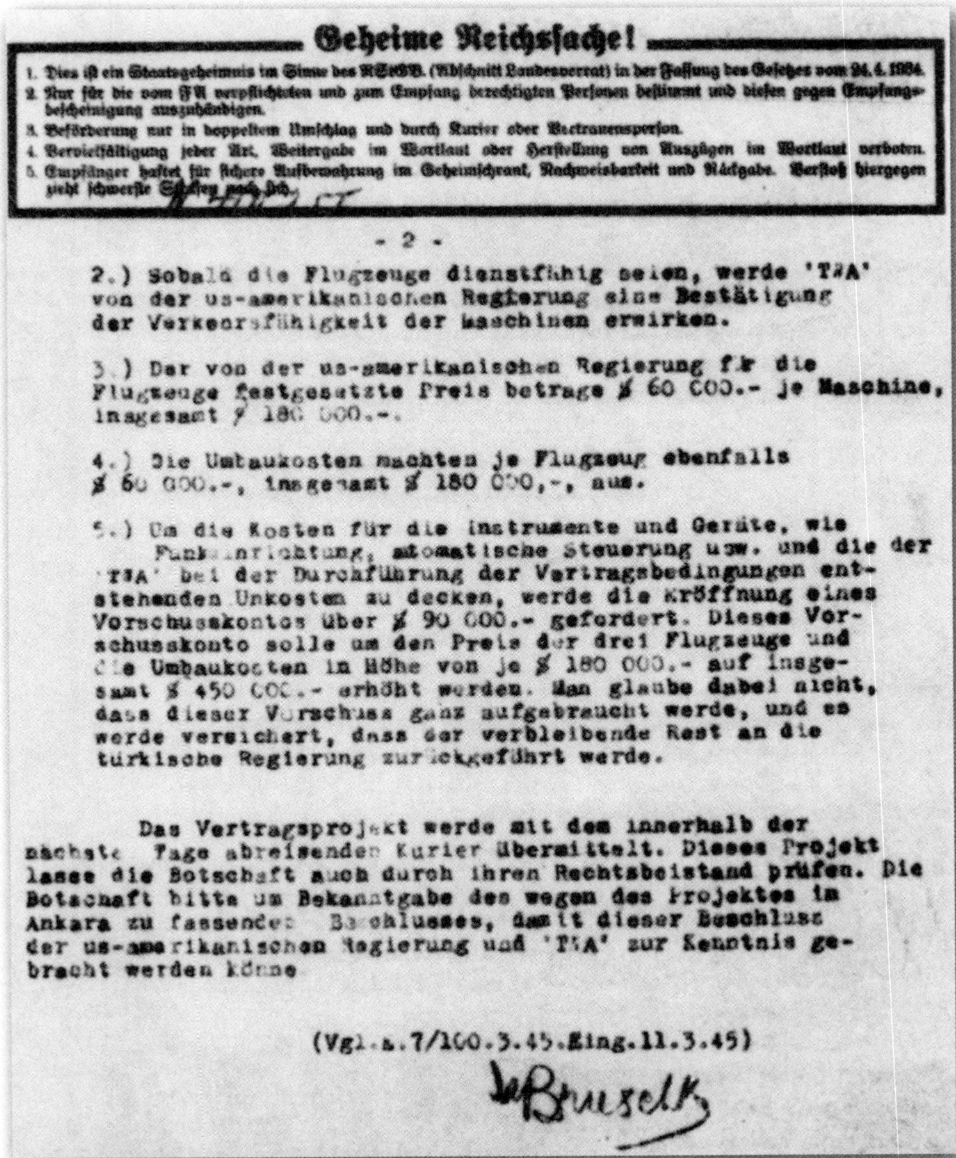

Geheime Reichssache!

1. Dies ist ein Staatsgeheimnis im Sinne des RStGB. (Abschnitt Landesverrat) in der Fassung des Gesetzes vom 24. 4. 1934.
2. Nur für die vom FA verpflichteten und zum Empfang berechtigten Personen bestimmt und diesen gegen Empfangsbescheinigung auszuhändigen.
3. Beförderung nur in doppeltem Umschlag und durch Kurier oder Vertrauensperson.
4. Vervielfältigung jeder Art, Weitergabe im Wortlaut oder Herstellung von Auszügen im Wortlaut verboten.
5. Empfänger haftet für sichere Aufbewahrung im Geheimschrank, Nachweisbarkeit und Rückgabe. Verstoß hiergegen zieht schwerste Strafen nach sich.

- 2 -

2.) Sobald die Flugzeuge dienstfähig seien, werde 'TWA' von der us-amerikanischen Regierung eine Bestätigung der Verkehrsfähigkeit der Maschinen erwirken.

3.) Der von der us-amerikanischen Regierung für die Flugzeuge festgesetzte Preis betrage $ 60 000.- je Maschine, insgesamt $ 180 000.-.

4.) Die Umbaukosten machten je Flugzeug ebenfalls $ 60 000.-, insgesamt $ 180 000,-, aus.

5.) Um die Kosten für die Instrumente und Geräte, wie Funkeinrichtung, automatische Steuerung usw. und die der 'TWA' bei der Durchführung der Vertragsbedingungen entstehenden Unkosten zu decken, werde die Eröffnung eines Vorschusskontos über $ 90 000.- gefordert. Dieses Vorschusskonto solle um den Preis der drei Flugzeuge und die Umbaukosten in Höhe von je $ 180 000.- auf insgesamt $ 450 000.- erhöht werden. Man glaube dabei nicht, dass dieser Vorschuss ganz aufgebraucht werde, und es werde versichert, dass der verbleibende Rest an die türkische Regierung zurückgeführt werde.

Das Vertragsprojekt werde mit dem innerhalb der nächsten Tage abreisenden Kurier übermittelt. Dieses Projekt lasse die Botschaft auch durch ihren Rechtsbeistand prüfen. Die Botschaft bitte um Bekanntgabe des wegen des Projektes in Ankara zu fassenden Beschlusses, damit dieser Beschluss der us-amerikanischen Regierung und 'TWA' zur Kenntnis gebracht werden könne

(Vgl. a.7/100.3.45.Eing.11.3.45)

Zu S. 250–253:
Hier sind vier Seiten der wenigen erhaltenen Braunen Blätter faksimiliert. Sie sind handschriftlich mit ihrer jeweiligen N-Nummer versehen. An diesen Beispielen kann man die rein wissenschaftliche Arbeitsweise erkennen und die Thematik, mit der sich das Forschungsamt gegen Ende des Krieges beschäftigt.
(Quelle: Politisches Archiv des Auswärtigen Amtes, Bonn)

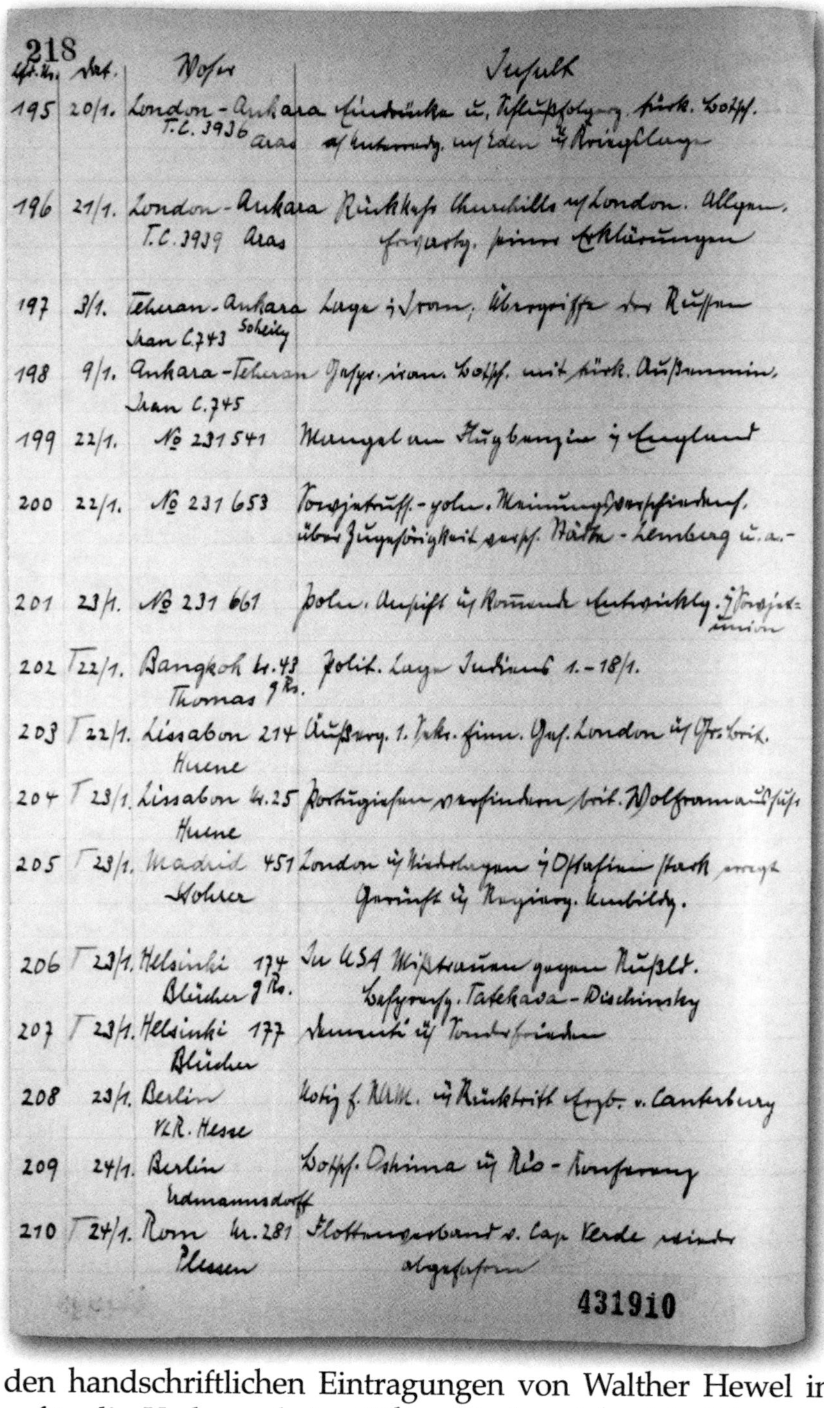

218

Lfd. Nr.	Dat.	Woher	Inhalt
195	20/1.	London-Ankara T.C. 3936 Aras	Eindrücke u. Schlußfolgerung türk. Botsch. Aras [illegible] Eden [illegible] Kriegslage
196	21/1.	London-Ankara T.C. 3939 Aras	Rückkehr Churchills nach London. Allgem. [illegible] Erklärungen
197	3/1.	Teheran-Ankara Iran C.743 Soheily	Lage in Iran; Übergriffe der Russen
198	9/1.	Ankara-Teheran Iran C.745	Gespr. iran. Botsch. mit türk. Außenminister
199	22/1.	No 231541	Mangel an Flugbenzin in England
200	22/1.	No 231653	[illegible] poln. Meinungsverschiedenh. über Zugehörigkeit westl. Städte - Lemberg u.a.
201	23/1.	No 231661	poln. Ansicht üb. kommende Entwicklg. i. Sowjetunion
202	T 22/1.	Bangkok Nr. 43 Thomas g.Rs.	Polit. Lage Indiens 1.-18/1.
203	T 22/1.	Lissabon 214 Huene	Äußerg. 1. Sekr. finn. Ges. London [illegible]
204	T 23/1.	Lissabon Nr. 25 Huene	Portugiesen verhindern brit. Wolframausfuhr
205	T 23/1.	Madrid 451 Stohrer	London üb. Niederlagen in Ostasien stark erregt. Gerücht üb. Regierg. Umbildg.
206	T 23/1.	Helsinki 174 Blücher g.Rs.	In USA Mißtrauen gegen Rußld. [illegible] Tatekawa-[illegible]
207	T 23/1.	Helsinki 177 Blücher	Ansicht üb. Sonderfrieden
208	23/1.	Berlin VLR. Hesse	Notiz f. RAM. üb. Rücktritt Erzb. v. Canterbury
209	24/1.	Berlin Erdmannsdorff	Botsch. [illegible] üb. Rio-Konferenz
210	T 24/1.	Rom Nr. 281 Plessen	Flottenverband v. Cap Verde [illegible] abgefahren

431910

Unter den handschriftlichen Eintragungen von Walther Hewel in das Register für die Vorlagen beim Führer finden sich viele Hinweise auf Braune Blätter, wie hier z.B. die lfd. Nr. 199, 200 und 201 vom Januar 1942. (Quelle: Politisches Archiv des Auswärtigen Amtes, Bonn)

Abkürzungen und verkürzt zitierte Quellen in den Anmerkungen

AA	Auswärtiges Amt. Ein Verzeichnis der Seriennummern mit den entsprechenden NA-Mikrofilmnummern findet man bei George A. Kent: A Catalog of Files and Microfilms of the German Foreign Ministry Archives 1920–1945. Bd. III, S. 525ff.
BA	Bundesarchiv in Koblenz
BA-MA	Bundesarchiv-Militärarchiv, Freiburg/Br.
BDC	Berlin Document Center der US-Mission in Berlin
BAOR	British Army on the Rhine
BAOR-Bericht	im OSS-Dossier, NA
CCPWE	Befragungsserie der US Army, im NA
CIB	Counter Intelligence Branch, Spionageabwehrabteilung der USFET
CIC	Counter Intelligence Corps der US Army
CIR	Consolidated Interrogation Report (US Army)
CSDIC	Combined Services Detailed Interrogation Center. Diese in englischem Gewahrsam (Public Record Office, London) befindlichen Berichte werden weiterhin als „top secret" klassifiziert
DI	Direct Interrogation, Serienbezeichnung der Befragungen durch die US-Army, im NA
DIC	Detailed Interrogation Center, im NA
ED-	Serienbezeichnung von IfZ-Dokumenten
FA	Forschungsamt des Reichsluftfahrtministeriums

FBI	Federal Bureau of Investigation, das Bundeskriminalamt der USA
FO	Foreign Office
Goebbels	Dr. Joseph Goebbels, Tagebuch, Original im Hoover-Archiv, Kalifornien, bzw. auf Mikrofilm im NA, T-84
IfZ	Institut für Zeitgeschichte, München
III H-	Wehrmachtdokumente, im BA-MA
IMT	International Military Tribunal: Trial of the Major German War Criminals at Nuremberg
Kittel, MS	Ulrich Kittel: „RLM-Forschungsamt. Geschichte und Arbeitsweise eines Nachrichtendienstes“, IfZ, ZS-1734. Eine Kopie befindet sich in: BA, Kl. Erw. 272
Kl. Erw.	Kleine Erwerbung durch das Bundesarchiv Koblenz
Körner	Beweisstück Körner, CIC-Befragung vom 18. Juli 1945, Vernehmungsakten des U.S. State Department
MGFA	Militärgeschichtliches Forschungsamt, Freiburg/Br.
MI	Military Intelligence-Abt. der Engländer
MISC	Military Intelligence Service Center (der „Interrogation“-Abteilung der US-Army)
MS	Manuskript
N	Nachlaß; nachgelassene Dokumente deutscher Militärs im Bundesarchiv Freiburg/Br.
NA	National Archives, Washington D.C.
ND	Nuremberg Document, IMT-Dokument
Neuenhoff, Interview	Gespräch des Verfassers mit Dr. Gerhard Neuenhoff, 1986

Neuenhoff, MS	unveröffentlichtes Manuskript, im IfZ, Sammlung Irving
NS-	Sammlung von NS-Dokumenten im Bundesarchiv Koblenz
NSA	National Security Agency
OCMH	Office of the Chief of Military History, Washington D.C.
OSS	Office of Strategic Services
OSS-Dossier	SHAEF-Bericht in der OSS-Akte, NA, RG-226, Dossier XE-4986
Peipe	Befragung von Walter Peipe, im OSS-Dossier
PG/	Akten der deutschen Seekriegsleitung, im Besitz des Bundesarchivs Freiburg/Br.
PRO	Public Record Office, London
-PS	Serienbezeichnung von IMT-Dokumenten
PSF	President's Secretary's File, in: Roosevelt Library, Hyde Park, New York
R	Sammlung von Dokumenten über das Dritte Reich im Bundesarchiv Koblenz
Rebien	Befragung von Hermann Rebien, im OSS-Dossier
RG-	Record Group, in: National Archives
RH	Wehrmachtdokumente im Bundesarchiv Freiburg/Br.
RL	Wehrmachtdokumente im Bundesarchiv Freiburg/Br.
RLM	Reichsluftfahrtministerium
SAIC	U.S. Seventh Army Interrogation Center
Schröder, Georg	Befragung von Georg Schröder, im OSS-Dossier
Schröder, Oskar	Befragung von Oskar Schröder, im OSS-Dossier
Schwarz	Klaus Schwarz, MS und Befragung: OSS-Dossier

Seifert	Interview mit Walther Seifert, geführt von David Kahn am 19. August 1970 in Osnabrück, im IfZ, Sammlung Irving
SHAEF	Supreme Headquarters Allied Expeditionary Force
SIR	eine CSDIC-Dokumentenserie
Soltikow	Brief von Michael Graf Soltikow an den Verfasser vom 28. März 1981
T	Serienbezeichnung von NA-Mikrofilmen
USFET	U.S. Forces, European Theater
VfZ	vom IfZ veröffentlichte „Vierteljahrshefte für Zeitgeschichte"
ZS-	Zeugenschrift. Sammlung von schriftlichen oder mündlichen Aussagen im Besitz des IfZ

Personenregister

Inhalt

Aus unserem zeitgeschichtlichen Programm

DAVID IRVING
DIE GEHEIMWAFFEN DES DRITTEN REICHES
384 S. – s/w. Abb. – geb. im Großformat – € 25,95. – Irving rekonstruiert minutiös die Geschichte der deutschen Geheimwaffen und schildert den verbissenen Kampf der gegnerischen Geheimdienste um die Aufklärung dieser für sie tödlichen Bedrohung.

DAVID IRVING
GOEBBELS
Macht und Magie
640 S. – viele s/w. Abb. – geb. im Großformat – € 24,80. – Mit dieser quellengesättigten Biographie schuf der Autor eine fesselnde Schilderung vom Leben und Wirken des Reichsministers für Volksaufklärung und Propaganda.

DAVID IRVING
GÖRING
Eine Biographie
528 S. – viele s/w. u. farb. Abb. – geb. im Großformat – € 24,80. – Als „zweiter Mann" nach Hitler übernahm Hermann Göring bereitwillig die Repräsentation des NS-Staates und war eine der zentralen Führungspersonen des Zweiten Weltkrieges.

ERICH KERN
REPUBLIK UND REICH
Von Versailles zu Adolf Hitler
352 S. – davon 16 Bildseiten – geb. im Großformat – € 25,95. – Mitreißend und reich an Informationen rollt der Autor die Geschichte der Weimarer Republik auf – von der Matrosenmeuterei 1918 bis zur Reichskanzlerschaft Hitlers 1933.

THEODOR KELLENTER
DAS ERBE HITLERS
Fortbestehende Bauwerke, Erfindungen, Gesetze und Verordnungen aus dem Dritten Reich. Ein Lexikon
400 S. – viele s/w. Abb. – geb. im Großformat – € 25,95. – Unter rund 1.000 Stichwörtern handelt der Autor das Erbe des Dritten Reiches ab, das unsere Gegenwart bis heute prägt.

LORENZ PORSCH
DER „MANN DES JAHRHUNDERTS"
Meinungsstreit um Adolf Hitler
416 S. – geb. im Großformat – € 25,95. – Hier werden über 1.500 Einschätzungen über Hitler von Bewunderern und Gegnern aus aller Welt zusammengetragen, viele davon erstmals ins Deutsche übersetzt.

ARNDT-Verlag, Postfach 3603, D-24035 Kiel